四方图志·心安一隅

TUJIE JINGDIAN
SIWEI KESHI

图解经典 思维可视

几何篇

祝维男　黄　锋　刘剑平◎编著

江苏凤凰科学技术出版社 · 南京

图书在版编目(CIP)数据

图解经典 思维可视.几何篇/祝维男,黄锋,刘剑平编著.—南京:江苏凤凰科学技术出版社,2024.4

ISBN 978-7-5713-3979-1

Ⅰ.①图… Ⅱ.①祝… ②黄… ③刘… Ⅲ.①几何课—高中—教学参考资料 Ⅳ.①G634.603

中国国家版本馆 CIP 数据核字(2024)第 023958 号

图解经典 思维可视 几何篇

编　　著	祝维男　黄　锋　刘剑平
责任编辑	卢海春
责任设计	孙达铭
责任校对	仲　敏
责任监制	周雅婷
出版发行	江苏凤凰科学技术出版社
出版社地址	南京市湖南路 1 号 A 楼　邮编:210009
编读信箱	skqsfs@163.com
联系电话	(025)83657623
印　　刷	常州金坛教学印刷有限公司
开　　本	787 mm×1 092 mm　1/16
印　　张	16
字　　数	256 000
版　　次	2024 年 4 月第 1 版
印　　次	2024 年 4 月第 1 次印刷
标准书号	ISBN 978-7-5713-3979-1
定　　价	68.00 元

图书如有印装质量问题,可随时向我社印务部调换。

前　言

数学高考试题突出对数学学科基本概念、基本原理的考查，强调知识之间的内在联系，引导学生形成学科知识体系；注重本原性方法，淡化解题技巧，强调通性通法的综合运用，促进学生将教材上的知识和方法内化为自身的知识结构。研透高考经典试题，有助于学生了解高考内容改革的新特点，减少死记硬背和机械刷题，也有助于教师深入思考教学与考试的关系，将教学重点从总结解题技巧转向提升学生关键能力、培养学生学科核心素养。研透高考经典试题能有效提升教师解题能力，培养学生的数学学科核心素养。

深刻研究习题是高中数学教师和全体学生的一项基本任务。师生研题有四重境界：多思精解，深入比较不同解法的效率差异；探求规律，深化对试题内在本质属性的理解；探寻题根，深刻挖掘试题背后的命题思路；有效迁移，深度开发试题蕴含的教学价值。本书精选历年经典高考试题，力求通过"图解"的方式帮助师生达到上述研题的四重境界。

"图解经典"是解题研究的创新，也是本书的特色与亮点。本书具有以下五大特点：(1) 直观性，通过"图解"，师生对数学试题有了直观认识；(2) 思维性，通过"图解"，呈现了解题的思维过程；(3) 指导性，通过"图解"，师生能深刻认识数学试题本质；(4) 可读性，通过"图解"，解题路径一目了然；(5) 实用性，通过"图解"，丰富了解题教学功能。本书为师生研题提供思维路径图，为习题教学提供整体结构图，为优化学法提供方法指导图。

本书结合高考中的重点、热点、难点，精心设置专题。每个专题精选经典试题，深度剖析，以一当十。本书以图为核心，以图明意，以图明理，以图明法，通过对图的构建、分析，达到聚焦思维、提升素养的目的。

《图解经典　思维可视》是南通市高中数学教育专家们长期以来研题经验与实践的提炼，是集体智慧的结晶。在本册“几何篇”编写的过程中，卢勇、金鑫、陆王华、夏华等老师参与了本书的编写、审校，为本书提供了丰富的素材。本书能顺利出版，要特别感谢江苏省著名数学特级教师徐泽洲先生的指导与帮助。

在本书的编写过程中，虽然我们付出了艰苦的努力，但由于水平有限，书中对某些问题的研究可能还不够深刻。恳请读者朋友多提宝贵意见，我们将在本书修订、再版时，将您的智慧融入书中，进一步提升书的质量，以期更好地服务于师生们的学习、研究。

目录

第一章 立体几何 001

第二章 解析几何

第一章 立体几何

1. 侧棱相等　圆锥模型

若圆锥的底面圆周上的点和顶点 P 都在球 O 的表面上，则球心 O 在圆锥的高上，过 PO 的平面截球 O 所得的截面圆是球 O 的大圆.因为大圆的半径等于球 O 的半径，所以要求解球 O 的半径，只需要求解大圆的半径.过 PO 的平面截圆锥所得的截面是等腰三角形，且大圆是该三角形的外接圆，所以只需要利用正弦定理即可求出球 O 的半径.

在圆锥中，取其顶点 P 和底面圆周上的点构成的棱锥，则该棱锥的各顶点均在球 O 的表面.因此，对于侧棱长相等的棱锥，其外接球问题可以转化为圆锥的外接球问题处理.

典例 1　(2021 年天津卷 6)两个圆锥的底面是一个球的同一截面，顶点均在球面上，若球的体积为 $\frac{32\pi}{3}$，两个圆锥的高之比为 $1:3$，则这两个圆锥的体积之和为　(　　)

A. 3π　　B. 4π　　C. 9π　　D. 12π

关键点击　直击靶心

1. 由球的体积求出球的半径.

2. 因为球心 O 在两圆锥的高上，所以过两圆锥的高的截面圆是大圆.由勾股定理可求得圆锥的底面圆的半径，代入圆锥体积公式得答案.

图析路径 思维可视

已知球的体积 →(逆用球的体积公式)→ 球的半径 →(已知两圆锥高之比)→ 两圆锥之高 →(过高截面)→ 圆锥底面半径 →(圆锥的体积公式)→ 两个圆锥的体积之和

规范解答 精准示范

B **解析**:如图 1-1,设球 O 的半径为 R,两个圆锥的顶点分别为 A,B,底面圆心为 O_1.

由题意得 $\frac{4}{3}\pi R^3=\frac{32\pi}{3}$,所以 $R=2$,则球 O 的直径为 4.

因为两个圆锥的高之比为 1∶3,且 $AO_1+BO_1=2R$,所以 $AO_1=1$,$BO_1=3$.

设底面圆 O_1 的半径为 r,则 $r=\sqrt{R^2-OO_1^2}=\sqrt{3}$.

这两个圆锥的体积之和 $V=\frac{1}{3}\pi r^2(AO_1+BO_1)=\frac{1}{3}\pi\times(\sqrt{3})^2\times(1+3)=4\pi$.故选 B.

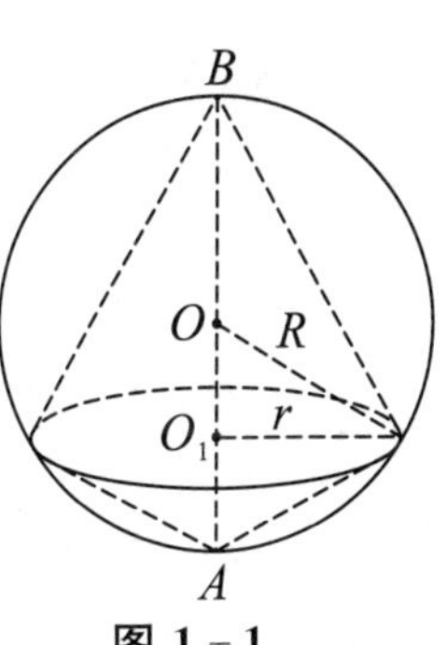

图 1-1

典例 2 已知某圆锥的底面圆周和顶点 P 均在球 O 的表面上,若该圆锥的母线长为 l,高为 h,则球 O 的半径为________.

关键点击 直击靶心

1. 因为球心 O 在圆锥的高上,所以经过 PO 的截面圆是大圆,其半径即球 O 的半径.

2. 在经过 PO 的截面截圆锥所得的三角形中,利用正弦定理求出外接圆半径,即球 O 的半径.

图析路径 思维可视

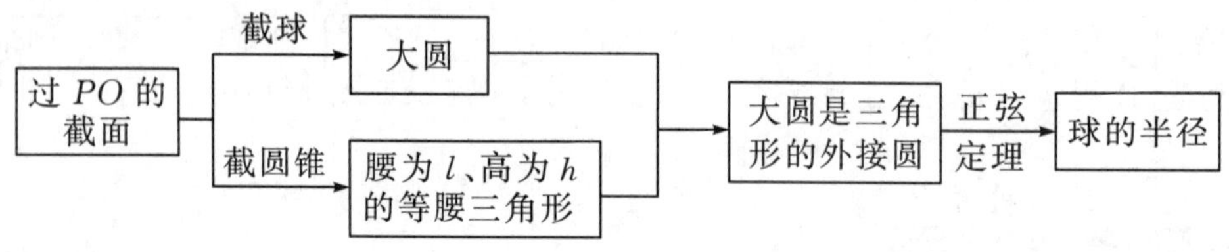

规范解答 精准示范

$\frac{l^2}{2h}$ **解析**：如图 1-2，因为球心 O 在圆锥的高上，所以过 PO 截球 O 所得的截面圆是大圆，其半径即球 O 的半径.

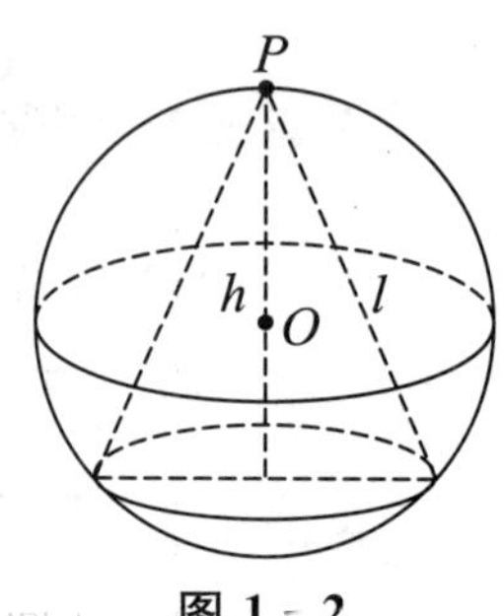

图 1-2

因为 PO 在圆锥的高上，所以过 OP 截圆锥所得的是腰为 l、高为 h 的等腰三角形，其外接圆是大圆.

设等腰三角形底角为 θ，则 $\sin\theta=\frac{h}{l}$，则由正弦定理，有 $2R=\frac{l}{\sin\theta}$，其中 R 为外接圆半径，即 $R=\frac{l^2}{2h}$. 故球 O 的半径为 $\frac{l^2}{2h}$.

典例 3 (2022 年新高考Ⅰ卷 8)已知正四棱锥的侧棱长为 l，其各顶点都在同一球面上. 若该球的体积为 36π，且 $3\leqslant l\leqslant 3\sqrt{3}$，则该正四棱锥体积的取值范围是 (　　)

A. $\left[18,\frac{81}{4}\right]$　　B. $\left[\frac{27}{4},\frac{81}{4}\right]$　　C. $\left[\frac{27}{4},\frac{64}{3}\right]$　　D. $[18,27]$

关键点击 直击靶心

1. 由题意可求出球的半径 $R=3$，结合典例 2 可知 $l^2=6h$.

2. 该正四棱锥体积 $V(h)=-\frac{2}{3}h^3+4h^2$，利用导数即可求出 $V(h)$ 的取值范围.

图析路径 思维可视

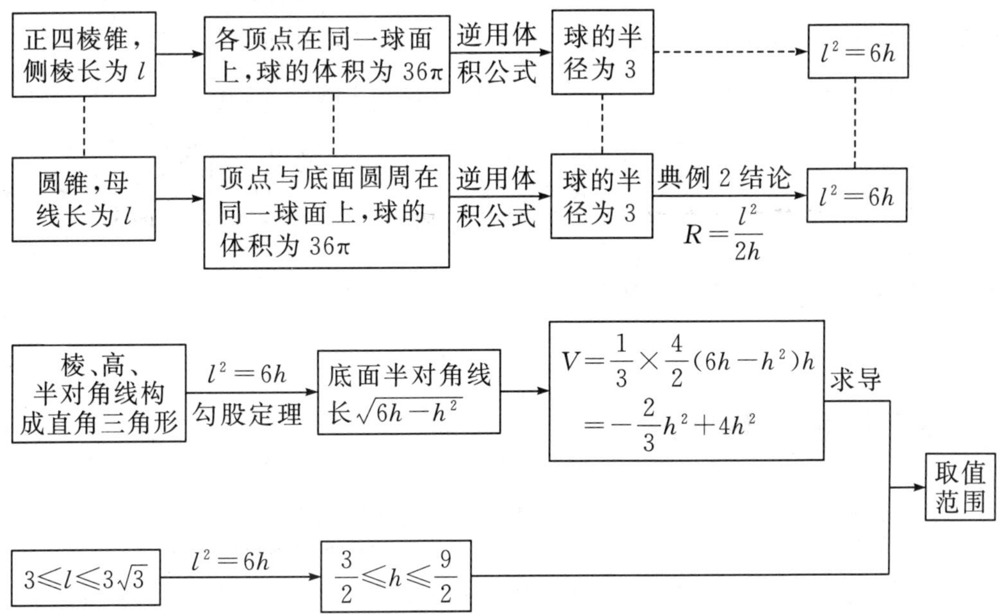

规范解答 精准示范

C **解析**：如图 1－3，正四棱锥 $P-ABCD$ 各顶点都在同一球面上，连接 AC 与 BD 交于点 E，连接 PE. 底面 $ABCD$ 截球 O 所得的截面圆为圆 E，则正四棱锥 $P-ABCD$ 各顶点均在以 P 为顶点、圆 E 为底面的圆锥上.

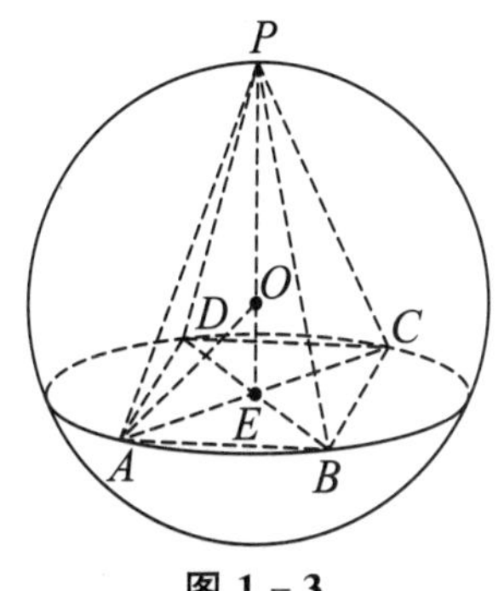

图 1－3

因为球 O 的体积为 36π，所以球 O 的半径 $R=3$.

由典例 2 可知，$\frac{l^2}{2h}=3$，所以 $l^2=6h$.

设正四棱锥的底面半对角线之长为 a，则由棱、高、半对角线组成直角三角形，可得 $a=\sqrt{l^2-h^2}=\sqrt{6h-h^2}$. 又因为 $3\leqslant l\leqslant 3\sqrt{3}$，所以 $\frac{3}{2}\leqslant h\leqslant\frac{9}{2}$，则该正四棱锥体积 $V(h)=\frac{1}{3}\times 4\times\frac{1}{2}a^2h=\frac{1}{3}(12h-2h^2)h=-\frac{2}{3}h^3+4h^2\left(\frac{3}{2}\leqslant h\leqslant\frac{9}{2}\right)$.

因为 $V'(h)=-2h^2+8h=2h(4-h)$，所以当 $\frac{3}{2}<h<4$ 时，$V'(h)>0$，$V(h)$ 单调递增；当 $4<h<\frac{9}{2}$ 时，$V'(h)<0$，$V(h)$ 单调递减.

因此，$V(h)_{\max}=V(4)=\frac{64}{3}$. 又因为 $V\left(\frac{3}{2}\right)=\frac{27}{4}$，$V\left(\frac{9}{2}\right)=\frac{81}{4}$，且 $\frac{27}{4}<\frac{81}{4}$，所以 $\frac{27}{4}\leqslant V(h)\leqslant\frac{64}{3}$，即该正四棱锥体积的取值范围是 $\left[\frac{27}{4},\frac{64}{3}\right]$. 故选 C.

解后反思 迁移提升

圆锥的母线长 l、高 h 与其外接球的半径 R 之间满足 $R=\frac{l^2}{2h}$.

对于侧棱长均为 l、高为 h 的棱锥，易知其各顶点均在母线长为 l，高为 h 的圆锥上，故其外接球的半径 $R=\frac{l^2}{2h}$.

2. 棱面垂直　圆柱背景

若圆柱的上、下底面圆周上的点都在球 O 的表面上，则球心 O 是圆柱的上、下底面圆心连线的中点.过圆柱的上、下底面圆心的平面截球 O 所得的截面圆是球 O 的大圆.因为大圆的半径等于球 O 的半径，所以要求解球 O 的半径，只需要求解大圆的半径.过圆柱上、下底面圆心的平面截圆柱所得的截面是矩形，所以只需要利用勾股定理即可求出球 O 的半径.

在圆柱中，取其一条母线的两个端点和一个底面圆周上的部分点构成棱锥，则该棱锥的各顶点均在球 O 的表面上.因此，对于存在侧棱垂直于底面的棱锥，其外接球问题一般可以转化为圆柱的外接球问题处理.

典例 1　已知圆柱的上、下底面圆周上的点都在球 O 的表面上，若该圆柱的底面半径为 r，高为 h，则球 O 的半径为________.

关键点击　直击靶心

1. 过圆柱的上、下底面圆心的平面截球 O 所得的截面圆是球 O 的大圆，大圆的半径等于球 O 的半径.

2. 过圆柱的上、下底面圆心的平面截圆柱所得的截面是矩形，利用勾股定理求出矩形的对角线的长度，即其外接圆的直径，可得球 O 的半径.

图析路径 思维可视

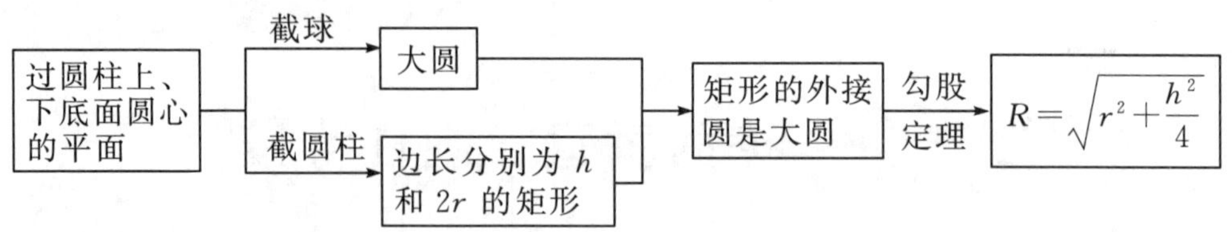

规范解答 精准示范

$\frac{\sqrt{4r^2+h^2}}{2}$ **解析**:如图 2-1,过圆柱的上、下底面圆心的平面截球 O 所得的截面圆是球 O 的大圆,大圆的半径等于球 O 的半径.过圆柱的上、下底面圆心的平面截圆柱所得的截面是矩形,该矩形为大圆的内接矩形.

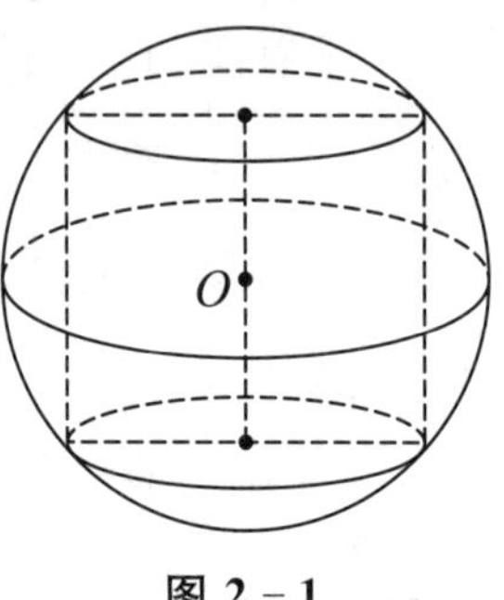

图 2-1

因为圆柱的底面半径为 r,高为 h,所以矩形的邻边长分别为 h,$2r$,所以对角线长为$\sqrt{4r^2+h^2}$,所以球 O 的半径为$\frac{\sqrt{4r^2+h^2}}{2}$.

典例 2 (2023 年全国乙卷文 16)已知点 S,A,B,C 均在半径为 2 的球面上,$\triangle ABC$ 是边长为 3 的等边三角形,$SA\perp$平面 ABC,则 $SA=$________.

关键点击 直击靶心

1. 利用正弦定理求底面外接圆半径.
2. 把棱锥放入圆柱,结合典例 1 求出结果.

图析路径 思维可视

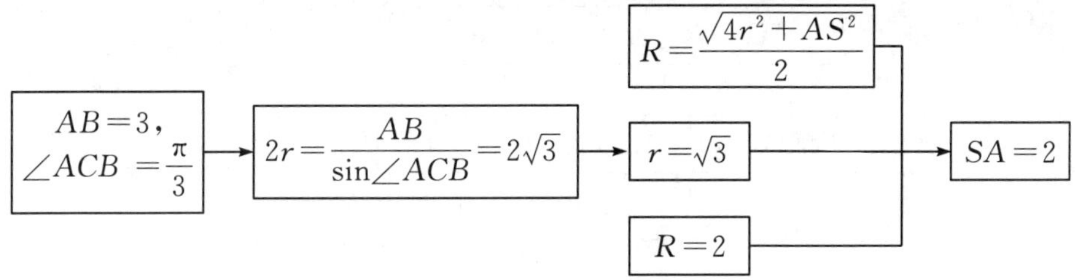

规范解答 精准示范

2 **解析：** 如图 2 - 2，设$\triangle ABC$的外接圆圆心为O_1，半径为r，则$2r=\frac{AB}{\sin\angle ACB}=\frac{3}{\frac{\sqrt{3}}{2}}=2\sqrt{3}$，解得$r=\sqrt{3}$.

结合典例 1 以及球的半径为 2，有$2=\frac{\sqrt{4r^2+SA^2}}{2}=\frac{\sqrt{12+SA^2}}{2}$，解得$SA=2$.

图 2 - 2

典例 3 半径为 2 的球面上有A,B,C,D四点，且AB,AC,AD两两垂直，则$\triangle ABC$，$\triangle ACD$与$\triangle ADB$的面积之和的最大值为________.

关键点击 直击靶心

1. 将棱锥放入圆柱，结合典例 1 得到外接球的半径与棱长的关系.
2. 利用三角形的面积和不等式求出结果.

图析路径 思维可视

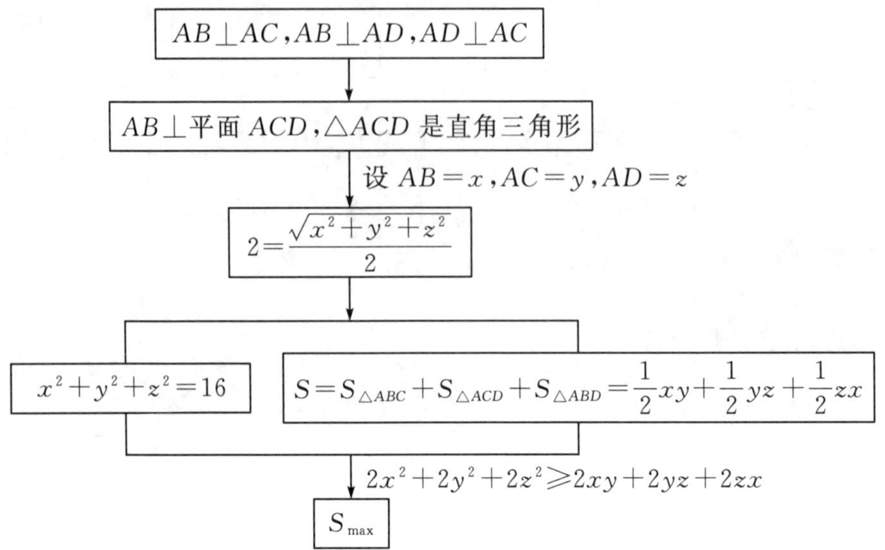

规范解答 精准示范

8 **解析**:因为 AB,AC,AD 两两垂直,$AC\cap AD=A$,$AC,AD\subset$平面 ACD,所以 $AB\perp$平面 ACD,且$\triangle ACD$ 是以$\angle CAD$ 为直角的直角三角形.因此,$\triangle ACD$ 的外接圆的半径为$\frac{\sqrt{AC^2+AD^2}}{2}$.

设 $AB=x,AC=y,AD=z$,则由典例 1 的结论及球的半径为 2,可得$2=\frac{\sqrt{x^2+y^2+z^2}}{2}$,所以 $x^2+y^2+z^2=16$.

因为 $S=S_{\triangle ABC}+S_{\triangle ACD}+S_{\triangle ABD}=\frac{1}{2}xy+\frac{1}{2}yz+\frac{1}{2}zx$,而 $2(x^2+y^2+z^2)-4S=(x-y)^2+(y-z)^2+(x-z)^2\geqslant 0$,当且仅当 $x=y=z=\frac{4\sqrt{3}}{3}$时取得等号,所以 $4S\leqslant 2\times 16=32$,故 $S\leqslant 8$,故面积之和的最大值为 8.

解后反思 迁移提升

表 2－1

图形	结构特征	关系
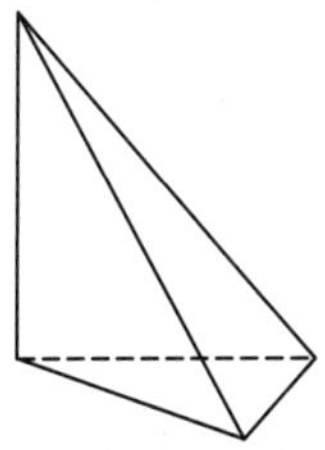	一条侧棱垂直于底面,底面的顶点都在圆 O 上	在底面多边形中,用正弦定理求外接圆的半径
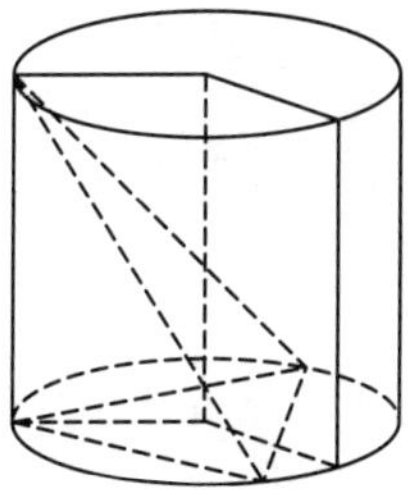	把垂直于底面的侧棱作为一条母线,底面的外接圆作为一个底面,构造圆柱	棱锥的所有顶点均在圆柱的上、下底面圆周上,且该侧棱为圆柱的一条母线
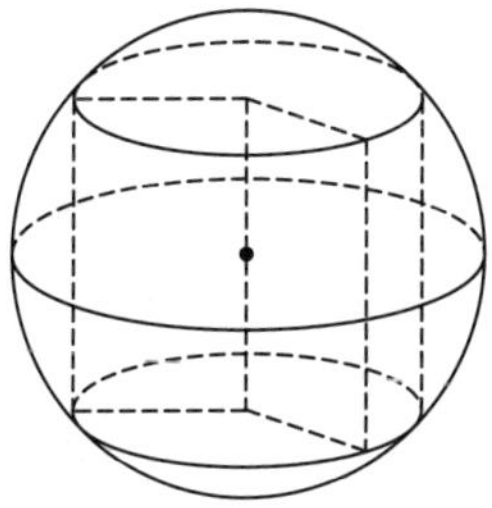	圆柱的上、下底面圆周均在球面上	过上、下底面圆心的平面与球面形成的交线是该球的大圆

3. 球面相交　定心构形

已知球 O 和直线 l，则过球心 O 和直线 l 的平面截球 O 所得圆 O 为大圆.若 P 是球 O 的表面与直线 l 的交点，则 P 也是圆 O 与直线 l 的交点.因此，研究球 O 和直线 l 的交点可以转化为研究点 O 与直线 l 的距离.若研究球 O 和线段 AB 的交点，则还要考虑线段端点的位置.

已知球 O 和平面 α，若平面 α 过球心 O，则平面 α 截球 O 所得圆为大圆.若平面 α 不过球心 O，且平面 α 与球 O 相交，则平面 α 截球 O 所得圆为小圆，记为圆 O'.连接 OO'，则 $OO'\perp$ 平面 α.若 P 是圆 O' 上的点，则 $\triangle OO'P$ 是直角三角形，可以根据勾股定理解决相关问题.

典例 1　(2023 年全国甲卷理 15)在正方体 $ABCD-A_1B_1C_1D_1$ 中，E，F 分别为 CD，A_1B_1 的中点，则以 EF 为直径的球面与正方体每条棱的交点总数为________.

关键点击　直击靶心

1. 根据正方体的性质，得到 EF 的长度和中点位置.
2. 根据正方体的性质，判断 EF 的中点到一条棱的距离.

图析路径 思维可视

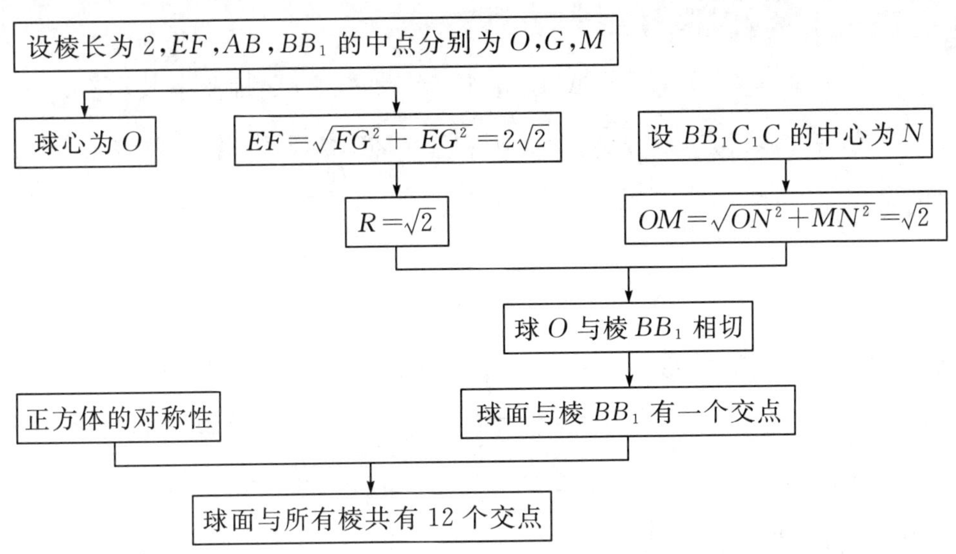

规范解答 精准示范

12 **解析**:在正方体 $ABCD-A_1B_1C_1D_1$ 中,E,F 分别为 CD,A_1B_1 的中点,设正方体 $ABCD-A_1B_1C_1D_1$ 的棱长为2,EF 中点为 O,则 O 为球心.

如图3-1,分别取 AB,BB_1 中点 G,M,侧面 BB_1C_1C 的中心 N,连接 FG,EG,OM,ON,MN,则 $EF=\sqrt{FG^2+EG^2}=\sqrt{4+4}=2\sqrt{2}$,所以以 EF 为直径的球的半径 $R=\sqrt{2}$.

因为球心 O 到 BB_1 的距离为 $OM=\sqrt{ON^2+MN^2}=\sqrt{1+1}=\sqrt{2}$,所以球 O 与棱 BB_1 相切,球面与棱 BB_1 只有一个交点,同理,根据正方体 $ABCD-A_1B_1C_1D_1$ 的对称性可知,其余各棱和球面也只有一个交点,所以以 EF 为直径的球面与正方体每条棱的交点总数为12.

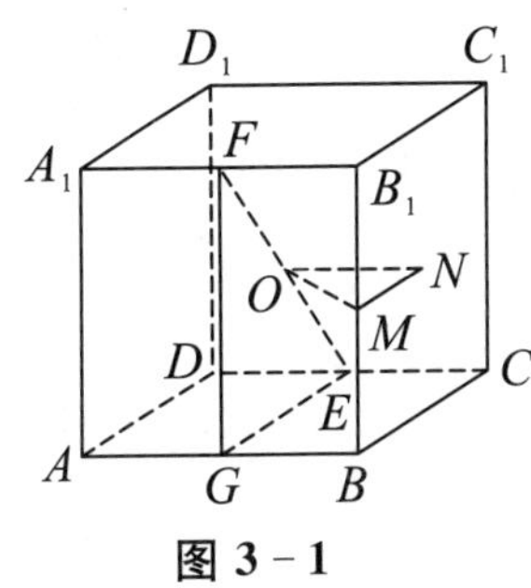

图 3-1

典例2 (2023年全国甲卷文16)在正方体 $ABCD-A_1B_1C_1D_1$ 中,$AB=4$,O 为 AC_1 的中点,若该正方体的棱与球 O 的球面有公共点,则球 O 的半径的取值范围是________.

关键点击 直击靶心

1. 根据正方体 $ABCD-A_1B_1C_1D_1$ 的对称性,分析一条棱即可.

2. 根据正方体 $ABCD-A_1B_1C_1D_1$ 的几何性质,求出临界位置处的半径.

图析路径 思维可视

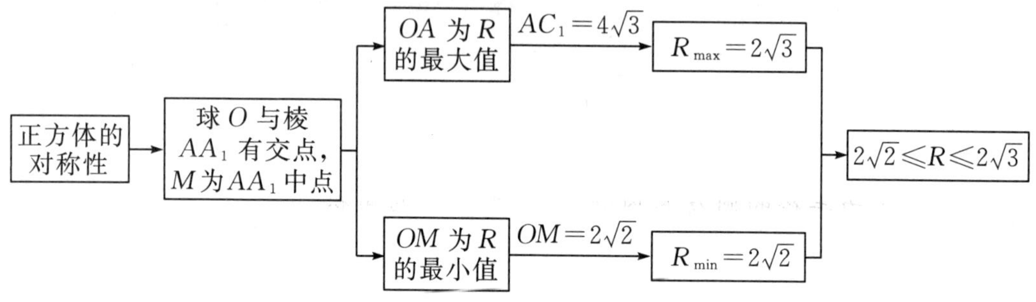

规范解答 精准示范

$[2\sqrt{2},2\sqrt{3}]$ **解析**:设球的半径为 R,根据正方体 $ABCD-A_1B_1C_1D_1$ 的对称性,只要棱 AA_1 与球 O 的球面有公共点即可.

如图 3-2,当球是正方体的外接球时,恰好经过正方体的每个顶点,此时球的半径最大.正方体的外接球直径 $2R'$ 为体对角线长 $AC_1=\sqrt{4^2+4^2+4^2}=4\sqrt{3}$,即 $2R'=4\sqrt{3}$,$R'=2\sqrt{3}$,故 $R_{max}=2\sqrt{3}$.

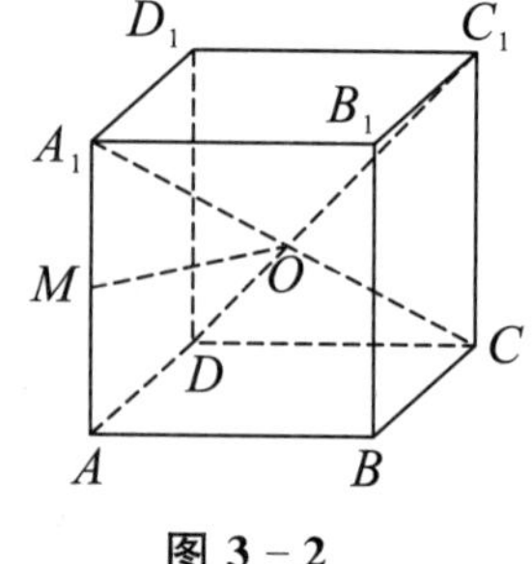

图 3-2

当球与侧棱 AA_1 相切时,球的半径最小.取侧棱 AA_1 的中点 M,则 $OM=2\sqrt{2}$,所以 $R_{min}=2\sqrt{2}$.

综上,球 O 半径的取值范围是$[2\sqrt{2},2\sqrt{3}]$.

典例3 (2022年北京卷9)已知正三棱锥 $P-ABC$ 的六条棱长均为6，S 是△ABC 及其内部的点构成的集合.设集合 $T=\{Q\in S\mid PQ\leqslant 5\}$，则 T 表示的区域的面积为 ( )

A. $\frac{3\pi}{4}$　　B. π　　C. 2π　　D. 3π

关键点击 直击靶心

1. 理解集合 T 的几何意义:球与三角形的相交图形.

2. 设点 P 在平面 ABC 内的投影为点 O，连接 OA，根据正三角形的性质求得 OA 的长，并由勾股定理求得 OP 的长，进而知 T 表示的区域是以 O 为圆心、1为半径的圆及其内部，计算截面圆的面积.

图析路径 思维可视

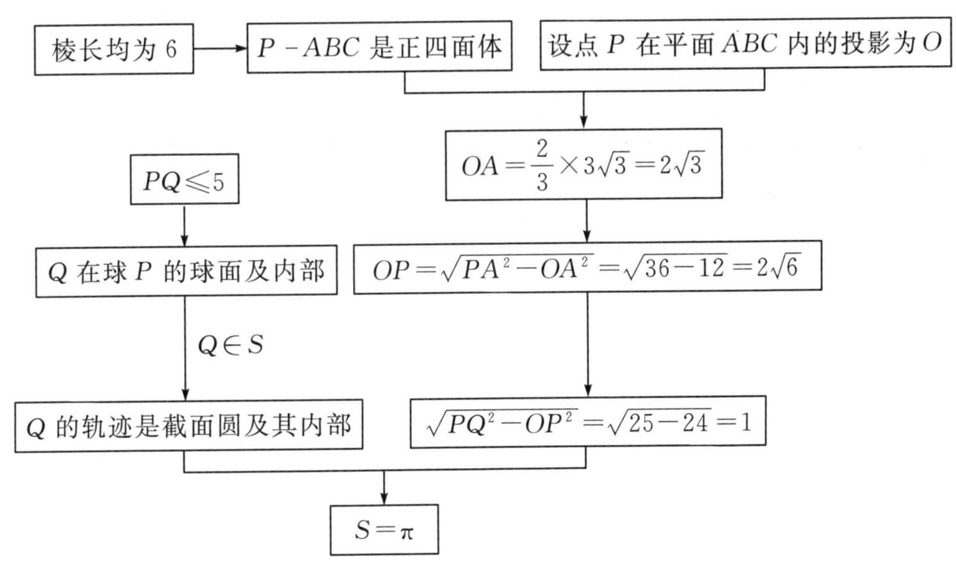

规范解答 精准示范

B **解析**：如图 3－3，设点 P 在平面 ABC 内的投影为点 O，连接 OA，则 $OA=\frac{2}{3}\times3\sqrt{3}=2\sqrt{3}$，所以 $OP=\sqrt{PA^2-OA^2}=\sqrt{36-12}=2\sqrt{6}$.

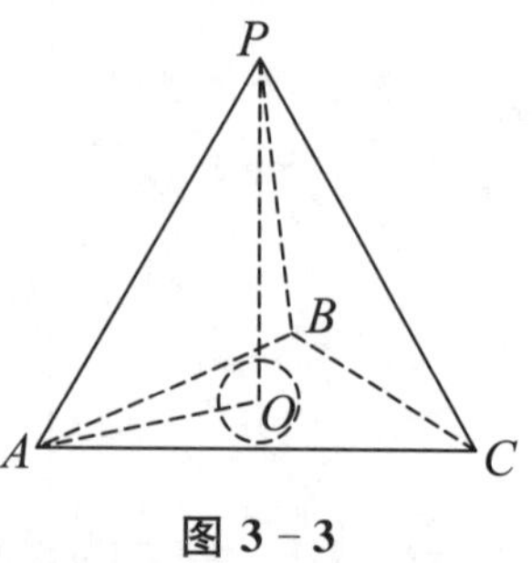

图 3－3

由 $OQ=\sqrt{PQ^2-OP^2}\leqslant\sqrt{25-24}=1$，知 T 表示的区域是以 O 为圆心、1 为半径的圆及其内部，所以其面积 $S=\pi$. 故选 B.

典例 4 （2020 年新高考Ⅰ卷 16）已知直四棱柱 $ABCD-A_1B_1C_1D_1$ 的棱长均为 2，$\angle BAD=\frac{\pi}{3}$. 以 D_1 为球心，$\sqrt{5}$ 为半径的球面与侧面 BCC_1B_1 的交线长为________.

关键点击 直击靶心

1. 找到球面与侧面 BCC_1B_1 的交线，并判断形状.
2. 求出半径及圆心角，再根据弧长公式计算.

图析路径 思维可视

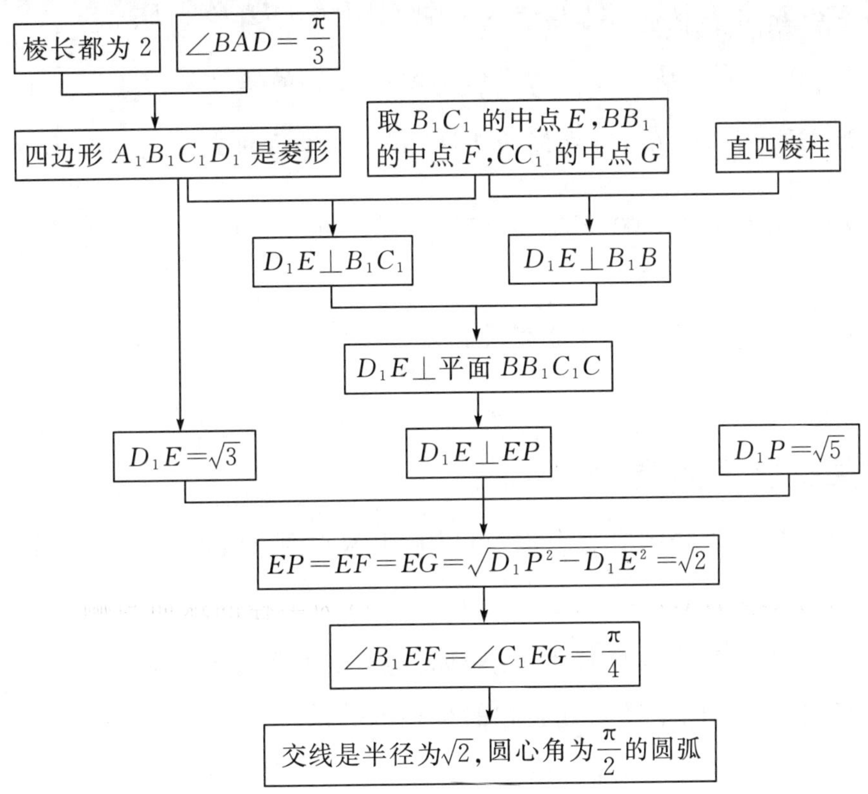

规范解答 精准示范

$\frac{\sqrt{2}\pi}{2}$ **解析：**如图 3－4，取 B_1C_1 的中点为 E，BB_1 的中点为 F，CC_1 的中点为 G，连接 B_1D_1.

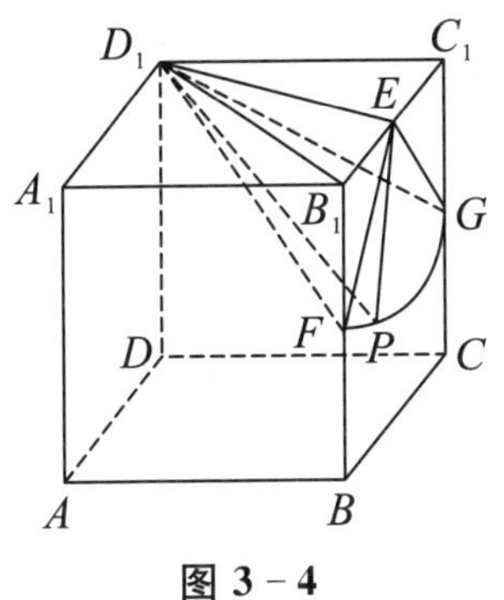

图 3－4

因为$\angle BAD=\frac{\pi}{3}$，直四棱柱 $ABCD-A_1B_1C_1D_1$ 的棱长均为 2，所以$\triangle D_1B_1C_1$ 为等边三角形，所以 $D_1E=\sqrt{3}$，$D_1E\perp B_1C_1$.

又因为四棱柱 $ABCD-A_1B_1C_1D_1$ 为直四棱柱，所以 $BB_1\perp$平面 $A_1B_1C_1D_1$，而 $D_1E\subset$平面 $A_1B_1C_1D_1$，所以 $BB_1\perp D_1E$.因为 $BB_1\cap B_1C_1=B_1$，BB_1，$B_1C_1\subset$平面 B_1C_1CB，所以 $D_1E\perp$平面 B_1C_1CB.

设 P 为侧面 B_1C_1CB 与球面的交线上的点，则 $D_1E \perp EP$.

因为球的半径为$\sqrt{5}$，$D_1E=\sqrt{3}$，所以 $EP=\sqrt{D_1P^2-D_1E^2}=\sqrt{5-3}=\sqrt{2}$，所以侧面 B_1C_1CB 与球面的交线上的点到 E 的距离为$\sqrt{2}$.

因为 $EF=EG=\sqrt{2}$，所以侧面 B_1C_1CB 与球面的交线是扇形 EFG 的弧 FG. 因为 $\cos\angle B_1EF=\cos\angle C_1EG=\frac{1}{\sqrt{2}}$，所以$\angle B_1EF=\angle C_1EG=\frac{\pi}{4}$，所以 $\angle FEG=\frac{\pi}{2}$. 根据弧长公式可得交线长为$\frac{\pi}{2}\times\sqrt{2}=\frac{\sqrt{2}\pi}{2}$.

解后反思 迁移提升

1. 判断球与直线的交点个数，可以利用球心到直线的距离与半径的大小关系.

2. 求球与平面的截面交线长，要抓住球心与圆心的连线垂直于截面，利用勾股定理得到球的半径与截面圆的半径的关系.

3. 要判断交线是一个圆，还是一段圆弧. 如果是一段圆弧就要求出圆弧所对的圆心角，再利用弧长公式求交线长.

4. 体积面积　回归模型

立体几何的体积和表面积(侧面积)问题是高考的一个热点.这类问题通常以生活中的具体事物为载体,体现数学的应用价值,考查空间想象能力和逻辑思维能力.解决这类问题,需要根据图形的特征,将实际图形转化为基本的立体图形或基本立体图形的组合体,然后根据体积、面积公式计算,进而得到实际问题的解.

典例 1　(2020 年全国Ⅰ卷理 3)埃及胡夫金字塔是古代建筑,它的形状可视为一个正四棱锥.以该四棱锥的高为边长的正方形面积等于该四棱锥一个侧面三角形的面积,则其侧面三角形底边上的高与底面正方形的边长的比值为　　(　　)

A. $\frac{\sqrt{5}-1}{4}$　　B. $\frac{\sqrt{5}-1}{2}$　　C. $\frac{\sqrt{5}+1}{4}$　　D. $\frac{\sqrt{5}+1}{2}$

关键点击　直击靶心

1. 根据正四棱锥的几何性质列出等量关系.

2. 解方程组进而得出结论.

图析路径 思维可视

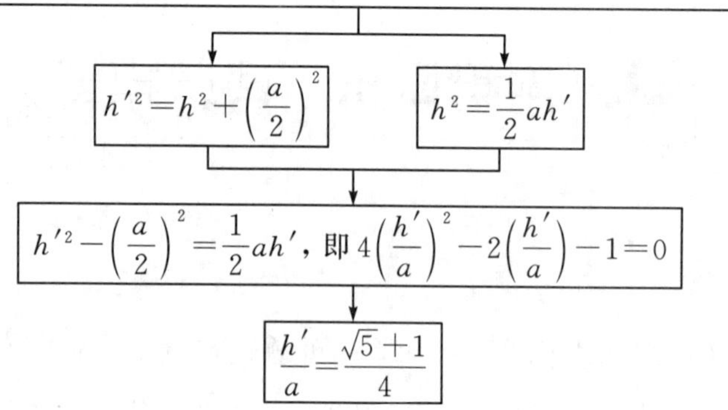

规范解答 精准示范

C **解析**：设正四棱锥的高为 h，底面边长为 a，侧面三角形底边上的高为 h'，则依题意有 $\begin{cases} h^2=\frac{1}{2}ah', \\ h^2=h'^2-\left(\frac{a}{2}\right)^2, \end{cases}$ 因此有 $h'^2-\left(\frac{a}{2}\right)^2=\frac{1}{2}ah'$，两边同时除以 $\frac{a^2}{4}$，并移项，得 $4\left(\frac{h'}{a}\right)^2-2\left(\frac{h'}{a}\right)-1=0$，解得 $\frac{h'}{a}=\frac{\sqrt{5}+1}{4}$ $\left(负值\frac{-\sqrt{5}+1}{4}舍去\right)$. 故选 C.

典例 2 已知三棱锥 $S-ABC$ 中，$\angle SAB=\angle ABC=\frac{\pi}{2}$，$SB=4$，$SC=2\sqrt{13}$，$AB=2$，$BC=6$，则三棱锥 $S-ABC$ 的体积是 （　　）

A. 4　　B. 6　　C. $4\sqrt{3}$　　D. $6\sqrt{3}$

关键点击 直击靶心

1. 根据题给条件可以计算出 AC，进而判断出 $SA\perp AC$，所以 $SA\perp$ 平面 ABC.

2. 利用 $V_{三棱锥S-ABC}=\frac{1}{3}\times SA\times S_{\triangle ABC}$，计算出结果即可.

图析路径 思维可视

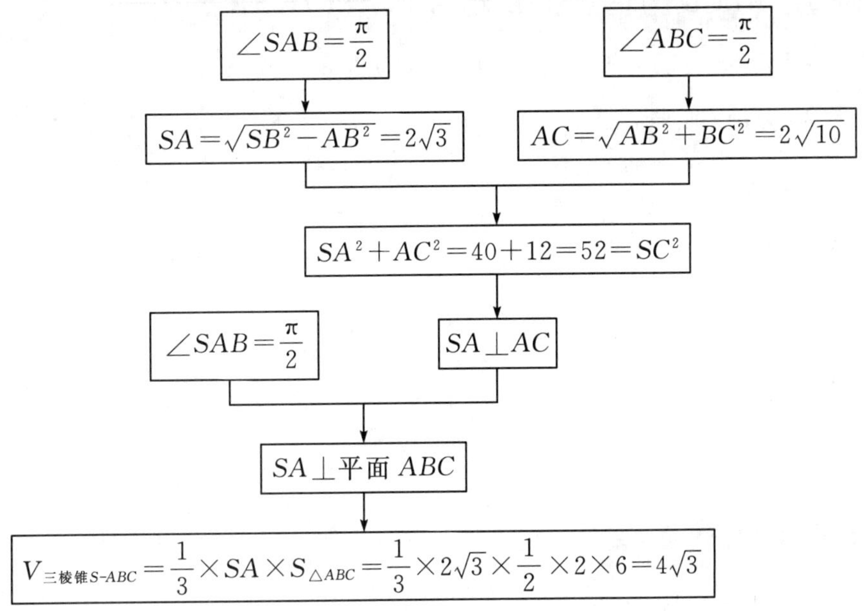

规范解答 精准示范

C **解析：**因为$\angle SAB=\frac{\pi}{2}$，所以 $SA=\sqrt{SB^2-AB^2}=2\sqrt{3}$.

因为$\angle ABC=\frac{\pi}{2}$，所以 $AC=\sqrt{AB^2+BC^2}=2\sqrt{10}$，则 $SA^2+AC^2=40+12=52=SC^2$，所以 $SA\perp AC$.

又因为$\angle SAB=\frac{\pi}{2}$，即 $SA\perp AB$，$AB\cap AC=A$，AB，$AC\subset$平面 ABC，所以 $SA\perp$平面 ABC，所以 $V_{三棱锥S\text{-}ABC}=\frac{1}{3}\times SA\times S_{\triangle ABC}=\frac{1}{3}\times 2\sqrt{3}\times\frac{1}{2}\times 2\times 6=4\sqrt{3}$.故选 C.

典例 3 (2022 年新高考Ⅱ卷 11)(多选)如图 4-1,四边形 $ABCD$ 为正方形,$ED\perp$平面 $ABCD$,$FB/\!/ED$,$AB=ED=2FB$.记三棱锥 $E-ACD$,$F-ABC$,$F-ACE$ 的体积分别为 V_1,V_2,V_3,则 ( )

A. $V_3=2V_2$

B. $V_3=V_1$

C. $V_3=V_1+V_2$

D. $2V_3=3V_1$

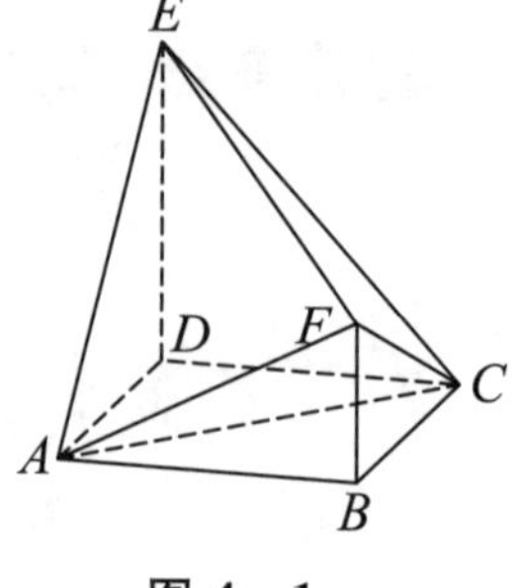

图 4-1

关键点击 直击靶心

1. 不妨设 $AB=ED=2FB=2$,利用直接法计算 V_1,V_2.

2. 利用割补法计算 V_3,进而可得 V_1,V_2,V_3 之间的关系.

图析路径 思维可视

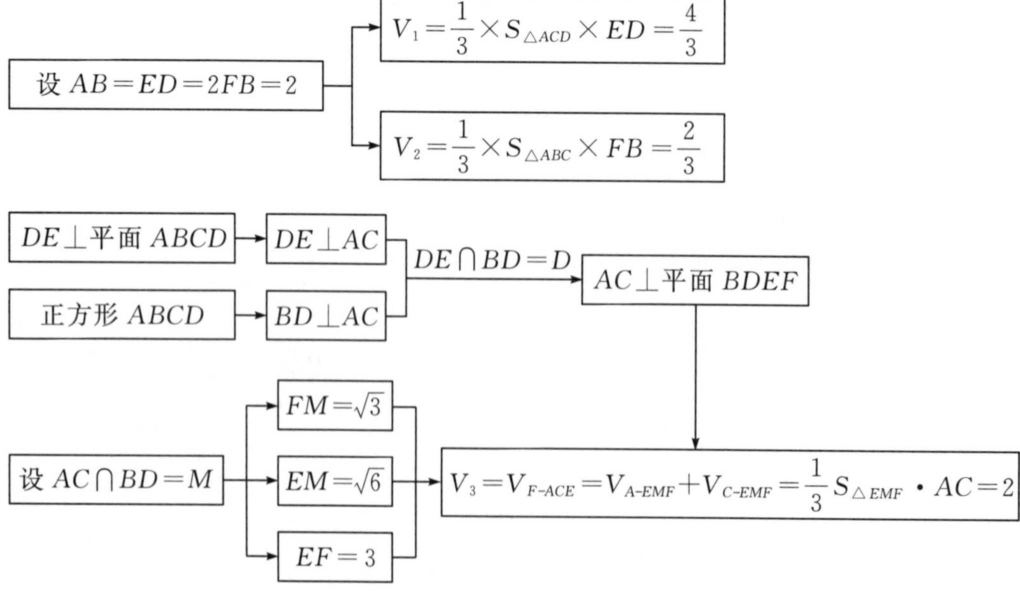

规范解答 精准示范

CD **解析**:如图 4-2,设 $AB=ED=2FB=2$,则 $V_1=\frac{1}{3}\times S_{\triangle ACD}\times ED=\frac{4}{3}$,$V_2=\frac{1}{3}\times S_{\triangle ABC}\times FB=\frac{2}{3}$.

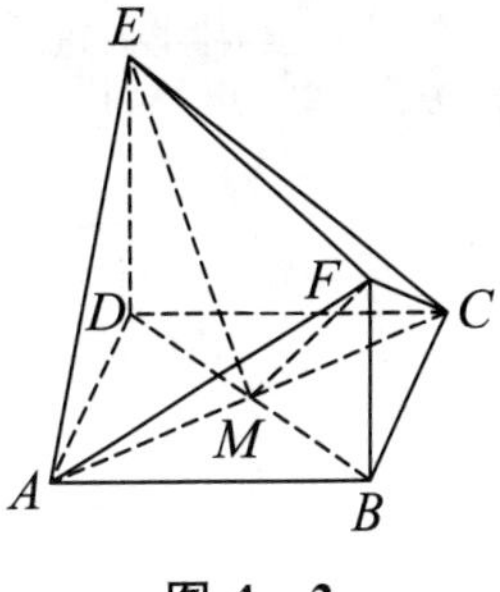

图 4-2

因为 $DE\perp$ 平面 $ABCD$,$AC\subset$ 平面 $ABCD$,所以 $DE\perp AC$,又因为四边形 $ABCD$ 是正方形,所以 $AC\perp BD$,又 $DE\cap BD=D$,DE,$BD\subset$ 平面 $BDEF$,所以 $AC\perp$ 平面 $BDEF$.

连接 BD,交 AC 于点 M,连接 EM,FM,则 $FM=\sqrt{3}$,$EM=\sqrt{6}$,$EF=3$,故 $S_{\triangle EMF}=\frac{1}{2}\times\sqrt{3}\times\sqrt{6}=\frac{3\sqrt{2}}{2}$,所以 $V_3=V_{F\text{-}ACE}=V_{A\text{-}EMF}+V_{C\text{-}EMF}=\frac{1}{3}S_{\triangle EMF}\cdot AC=\frac{1}{3}\times\frac{3\sqrt{2}}{2}\times 2\sqrt{2}=2$,故 C,D 正确,A,B 错误.故选 CD.

典例 4 (2022 年全国甲卷理 9)甲、乙两个圆锥的母线长相等,侧面展开图的圆心角之和为 2π,侧面积分别为 $S_{甲}$ 和 $S_{乙}$,体积分别为 $V_{甲}$ 和 $V_{乙}$.若 $\frac{S_{甲}}{S_{乙}}=2$,则 $\frac{V_{甲}}{V_{乙}}$ 的值为 ( )

A. $\sqrt{5}$　　B. $2\sqrt{2}$　　C. $\sqrt{10}$　　D. $\frac{5\sqrt{10}}{4}$

关键点击 直击靶心

1. 设圆的半径(即圆锥母线)为 l,甲、乙两个圆锥的底面半径分别为 r_1,r_2,高分别为 h_1,h_2.

2. 根据题意列出方程组,解方程组可得变量间的等量关系,进而求得体积之比.

图析路径 思维可视

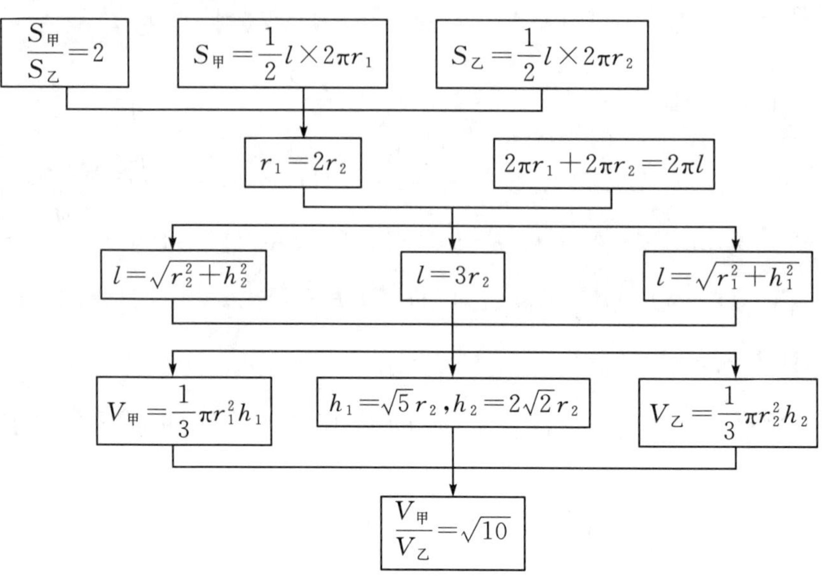

规范解答 精准示范

C **解析**:因为甲、乙两个圆锥的侧面展开图刚好拼成一个圆,所以设该圆的半径即圆锥母线长为 l,甲、乙两个圆锥的底面半径分别为 r_1,r_2,高分别为 h_1,h_2,则 $2\pi r_1+2\pi r_2=2\pi l$.

因为$\frac{S_甲}{S_乙}=2$,所以$\frac{\frac{1}{2}l\times 2\pi r_1}{\frac{1}{2}l\times 2\pi r_2}=\frac{r_1}{r_2}=2$,解得$r_1=2r_2,3r_2=l$.

由勾股定理可得 $h_1=\sqrt{5}r_2,h_2=2\sqrt{2}r_2$,所以$\frac{V_甲}{V_乙}=\frac{\frac{1}{3}\pi r_1^2 h_1}{\frac{1}{3}\pi r_2^2 h_2}=\sqrt{10}$.故选 C.

解后反思 迁移提升

1. 通过直观想象理解空间图形的结构特征,将空间问题转化为平面问题处理.

2. 通过题干描述或直观图,获取几何体的图形形状、相关数值及位置关系,然后结合公式计算体积、面积.

5. 妙用割补 化繁为简

在计算一个复杂图形的长度、角度、面积或体积的过程中，我们可以借助割补法，把复杂图形分割成若干个简单图形，或者补形为常见的几何图形.在平面几何中，常把梯形割补成平行四边形、矩形、直角三角形，把斜三角形割补成直角三角形.在立体几何中，常把斜棱柱割补成直棱柱，将特殊的三棱锥、四棱锥补形为长方体、正方体，把多面体切割成锥体.把不规则的几何图形割补成规则的几何图形，把不够直观的图形转化为直观易懂的图形，可以让原问题中复杂的线面关系在新的模型下变得清晰、简单，从而把复杂的问题转化为简单的问题，实现将问题求解程序化和规律化.借助这些特殊模型容易探究空间线线、线面、面面间的关系，同时这些模型中的长度关系、位置关系能为计算带来方便.

典例 1 已知直三棱柱 $ABC-A_1B_1C_1$ 中，$\angle ABC=120°$，$AB=2$，$BC=CC_1=1$，则异面直线 AB_1 与 BC_1 所成角的余弦值为 ( )

A. $\frac{\sqrt{3}}{2}$　　B. $\frac{\sqrt{15}}{5}$　　C. $\frac{\sqrt{10}}{5}$　　D. $\frac{\sqrt{3}}{3}$

关键点击 直击靶心

1. 本题考查立体几何中的异面直线所成角的求解.

2. 把直三棱柱补为直四棱柱进行求解.

图析路径 思维可视

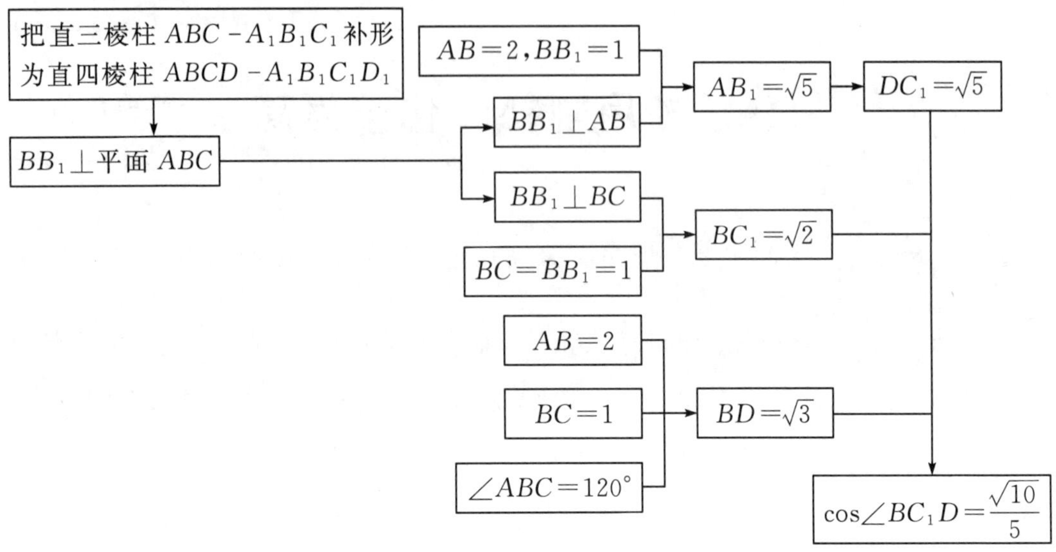

规范解答 精准示范

C **解析:** 如图 5-1，把直三棱柱 $ABC-A_1B_1C_1$ 补形为直四棱柱 $ABCD-A_1B_1C_1D_1$，其中四边形 $ABCD$ 是平行四边形.

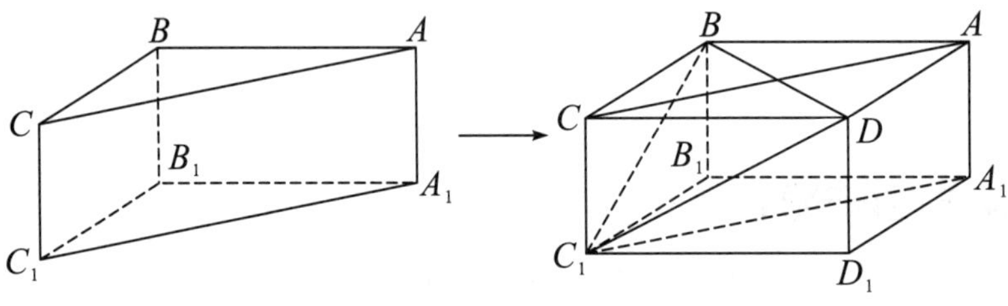

图 5-1

在直四棱柱 $ABCD-A_1B_1C_1D_1$ 中，$\angle BC_1D$ 或其补角为异面直线 AB_1 和 BC_1 所成的角.

在直四棱柱 $ABCD-A_1B_1C_1D_1$ 中，因为 $BB_1\perp$ 平面 ABC，AB，$AC\subset$ 平面 ABC，所以 $BB_1\perp AB$，$BB_1\perp BC$.

因为 $AB=2$，$BB_1=1$，所以 $AB_1=DC_1=\sqrt{5}$.

因为 $BC=BB_1=1$，所以 $BC_1=\sqrt{2}$.

在$\triangle BCD$中，因为$CD=2$，$BC=1$，$\angle BCD=60°$，所以$BD^2=CD^2+CB^2-2CD\times CB\times\cos\angle BCD=3$，所以$BD=\sqrt{3}$.

在$\triangle BC_1D$中，$\cos\angle BC_1D=\dfrac{(\sqrt{5})^2+(\sqrt{2})^2-(\sqrt{3})^2}{2\times\sqrt{5}\times\sqrt{2}}=\dfrac{\sqrt{10}}{5}$，故选C.

典例2 中国有悠久的金石文化，印信是金石文化的代表之一.印信的形状多为长方体、正方体或圆柱体，但独孤信的印信形状是半正多面体(图5-2).半正多面体是由两种或两种以上的正多边形围成的多面体.半正多面体体现了数学的对称美.图5-3是一个棱数为48的半正多面体，它的所有顶点都在同一个正方体的表面上，且此正方体的棱长为1.则该半正多面体共有________个面，其棱长为________.

图5-2

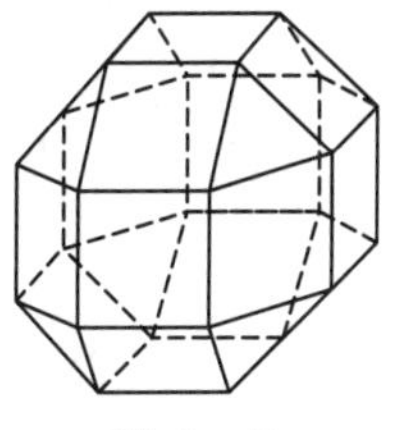

图5-3

关键点击 直击靶心

1. 第一空可以数出来.

2. 第二空需在正方体中简单还原出物体位置，利用对称性、平面几何解决.

图析路径　思维可视

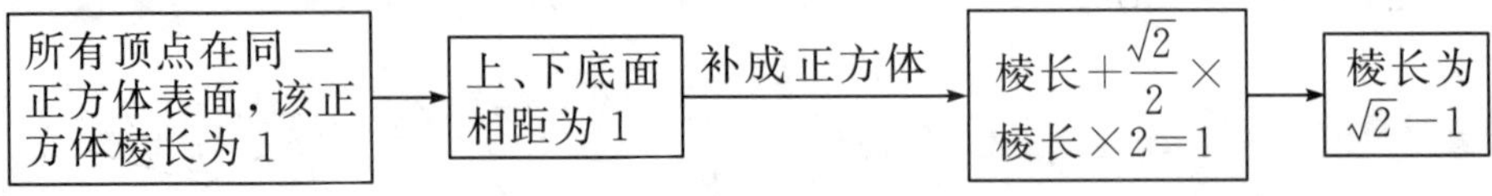

规范解答　精准示范

26　$\sqrt{2}-1$　**解析：**由图可知第一层与第三层各有9个面，计18个面，第二层共有8个面，所以该半正多面体共有$18+8=26$(个)面(可以用欧拉点面棱公式检验，即顶点数＋面数－棱数＝2).

设该半正多面体的棱长为x.如图5－4，将半正多面体补成正方体，延长半正多面体的棱MN和EF交于点P，因为$MN /\!/ A_1D_1$，$EF /\!/ A_1A$，$A_1D_1\perp A_1A$，所以$MN\perp EF$，因为$PM=\frac{PQ-MN}{2}=\frac{A_1D_1-MN}{2}$，$PE=\frac{A_1A-EF}{2}=\frac{A_1A-MN}{2}$，则$\triangle MPE$是等腰直角三角形.因为$ME=x$，所以$MP=PE=\frac{\sqrt{2}}{2}x$，同理可得$NQ=\frac{\sqrt{2}}{2}x$.因为$PM+MN+NQ=\frac{\sqrt{2}}{2}x+x+\frac{\sqrt{2}}{2}x=1$，所以$x=\sqrt{2}-1$.

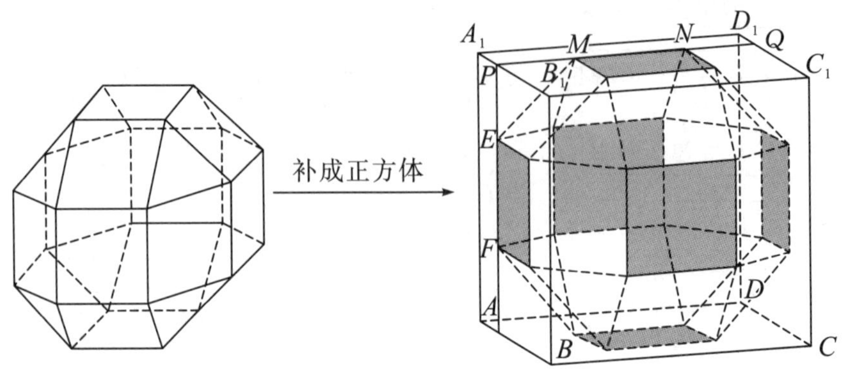

图5－4

典例 3 (2022 年全国甲卷文 19)小明同学参加综合实践活动,设计了一个封闭的包装盒,如图5-5.底面 $ABCD$ 是边长为 8(单位:cm)的正方形,$\triangle EAB$,$\triangle FBC$,$\triangle GCD$,$\triangle HDA$ 均为正三角形,且它们所在的平面都与平面 $ABCD$ 垂直.

(1) 求证:$EF\parallel$平面 $ABCD$;

(2) 求该包装盒的容积(不计包装盒材料的厚度).

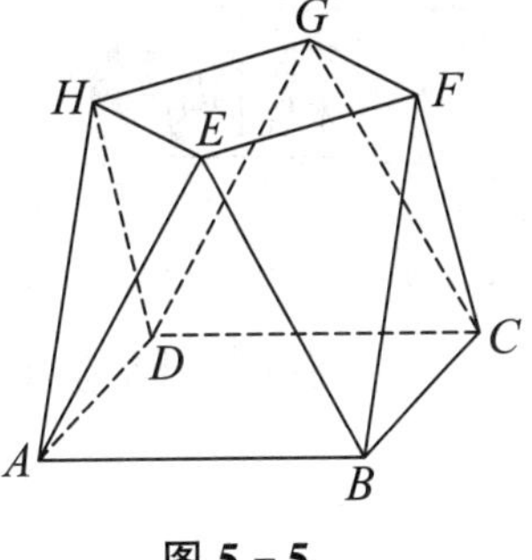

图 5-5

关键点击 直击靶心

1. 将几何体补形之后结合线面平行的判断定理即可证得 $EF\parallel$平面 $ABCD$.

2. 首先确定几何体的空间特征,然后结合相关条件计算其体积即可.

图析路径 思维可视

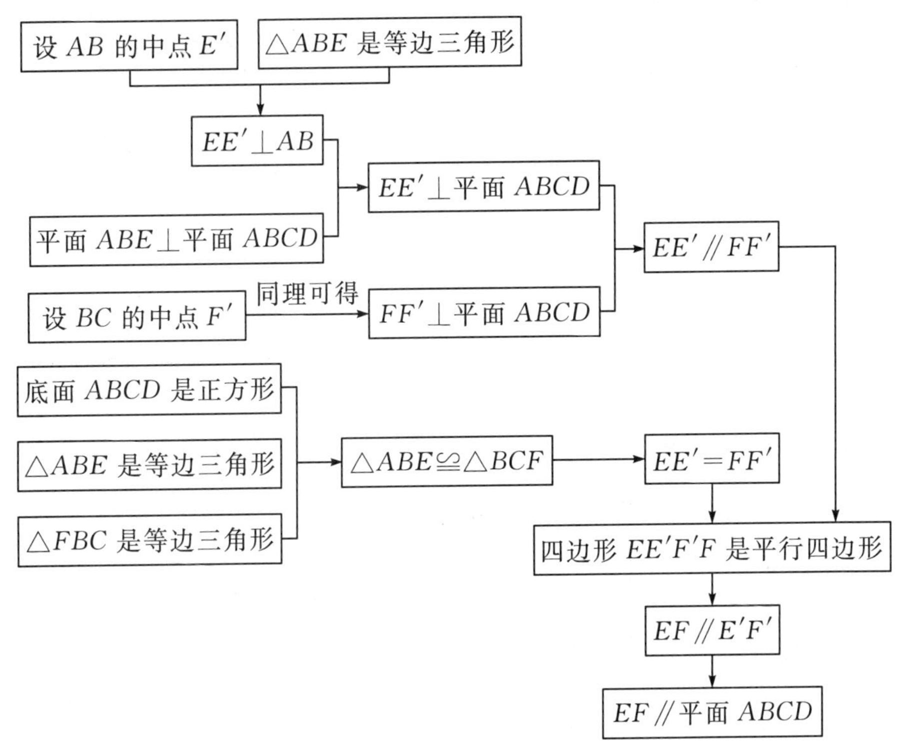

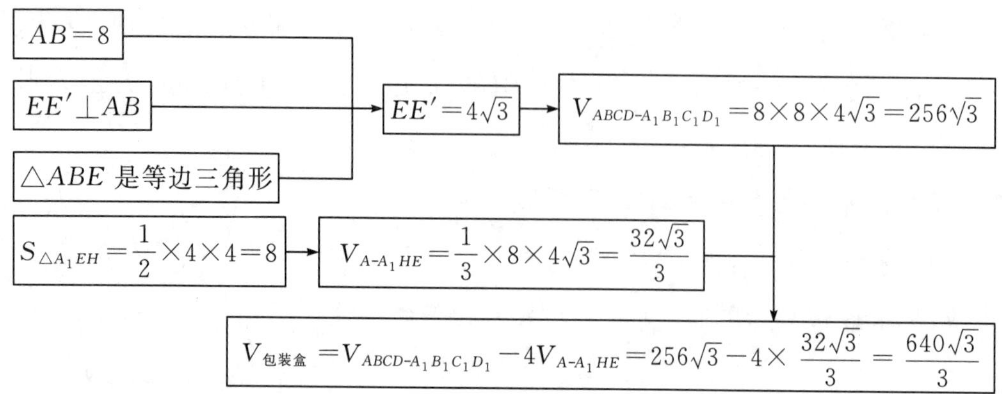

规范解答　精准示范

解：(1) 证明：如图 5－6，将包装盒补成长方体，设 AB 的中点为 E'，BC 的中点为 F'，连接 EE'，FF'，$E'F'$.

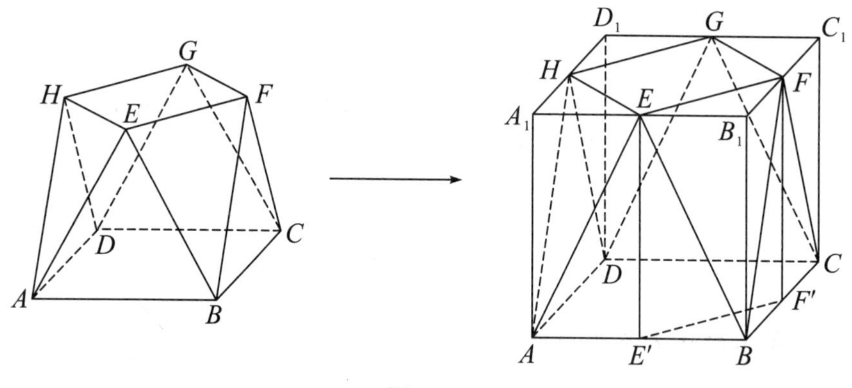

图 5－6

因为 $\triangle ABE$ 为等边三角形，所以 $EE'\perp AB$.

又因为平面 ABE 与平面 $ABCD$ 垂直，平面 $ABE\cap$ 平面 $ABCD=AB$，$EE'\subset$ 平面 ABE，所以 $EE'\perp$ 平面 $ABCD$. 同理可得，$FF'\perp$ 平面 $ABCD$，所以 $EE'/\!/FF'$.

因为底面为正方形，所以等边三角形全等，所以高相等，即 $EE'=FF'$，所以四边形 $EE'F'F$ 是平行四边形，所以 $EF/\!/E'F'$.

又因为 $EF\not\subset$ 平面 $ABCD$，$E'F'\subset$ 平面 $ABCD$，所以 $EF/\!/$ 平面 $ABCD$.

(2) 易知包装盒的容积为长方体的体积减去四个三棱锥的体积，其中长方体的高 $AA_1=EE'=4\sqrt{3}$，所以长方体的体积 $V_1=8\times8\times4\sqrt{3}=256\sqrt{3}(\text{cm}^3)$. 一个三棱锥的体积 $V_2=\frac{1}{3}\times\left(\frac{1}{2}\times4\times4\right)\times4\sqrt{3}=\frac{32\sqrt{3}}{3}(\text{cm}^3)$，则包装盒的容积 $V=V_1-4V_2=256\sqrt{3}-4\times\frac{32\sqrt{3}}{3}=\frac{640\sqrt{3}}{3}(\text{cm}^3)$.

解后反思 迁移提升

表 5-1

分法	思路	图示
分割	对复杂的几何体进行分割，使得分割后的几何体是常见的几何体	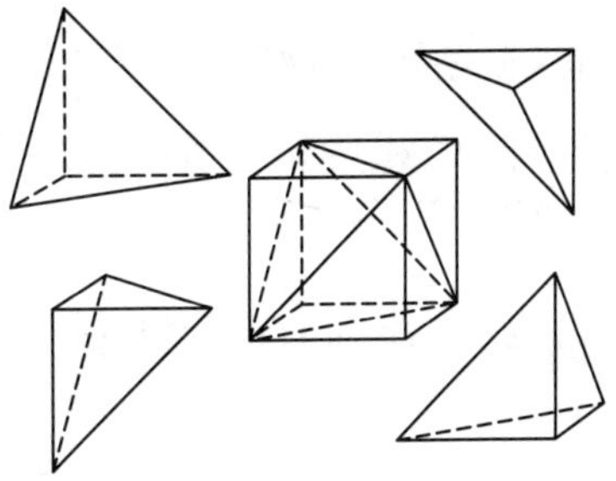
补形	对抽象的或者不规则的几何体进行补形，使得补形后的几何体是常见的几何体	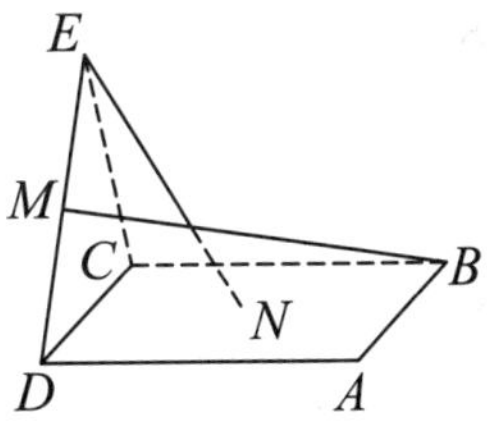 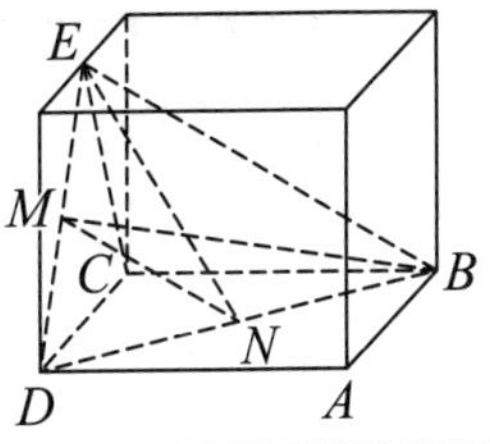 E M C B N D A E M C B N D A

6. 图形翻折　前后关联

图形的翻折问题通常有平面图形折叠和立体图形展开两类.平面图形折叠是指将平面图形沿折痕翻折至某特定位置,从而构建一个确定的空间图形,在新的环境中考查我们对线线关系、线面关系和面面关系的理解与认识.立体图形展开是指将立体图形沿着某条线(棱)展开成平面图形,考查平面展开图的各种边角关系和度量关系.解决翻折问题,核心就是寻找翻折前、后的对应边和对应角,找出其中的不变量,然后借助正弦定理和余弦定理求解其他量,从而解决问题.这类问题考查了立体几何的主干知识和基本方法,考查了空间想象能力和逻辑思维能力,要求综合运用知识来解决问题.

典例 1　(多选)图 6－1 是一个正方体的平面展开图,则在该正方体中　(　　)

A. $AE \parallel CD$

B. $CH \parallel BE$

C. $DG \perp BH$

D. $BG \perp DE$

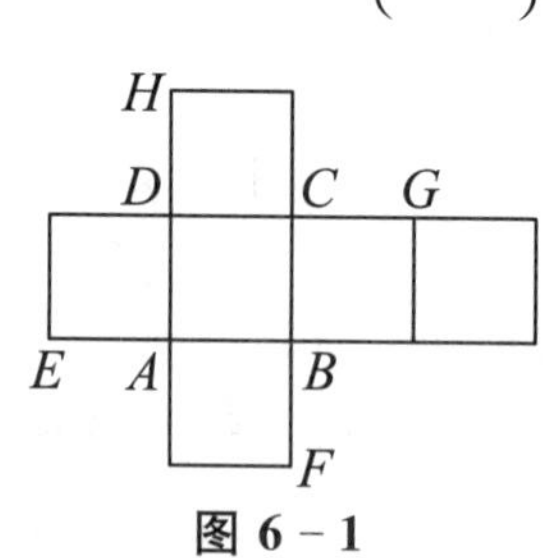

图 6－1

关键点击　直击靶心

1. 把展开图恢复成正方体,找到点的对应关系.
2. 在还原图中,利用正方体的特征,判断各选项的正误.

图析路径 思维可视

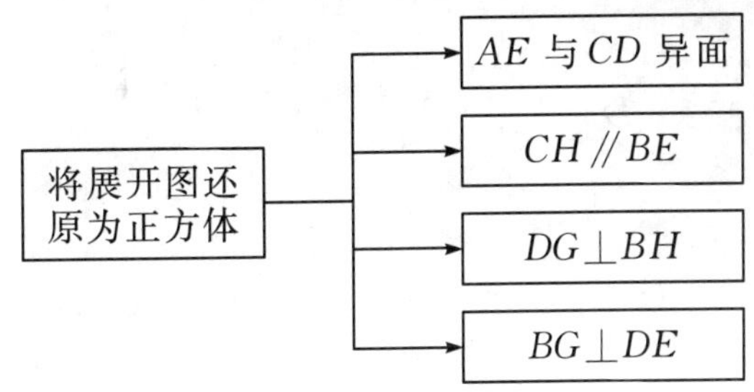

规范解答 精准示范

BCD **解析**：还原正方体直观图如图 6－2，可知 AE 与 CD 为异面直线，故选项 A 不正确；由 $EH /\!/ BC$，$EH=BC$，可得四边形 $BCHE$ 是平行四边形，故 $CH /\!/ BE$，故选项 B 正确；在正方形中易得 $DG\perp$ 平面 BCH，所以有 $DG\perp BH$，故选项 C 正确；因为 $BG /\!/ AH$，且 $DE\perp AH$，所以 $BG\perp DE$，故选项 D 正确. 故选 BCD.

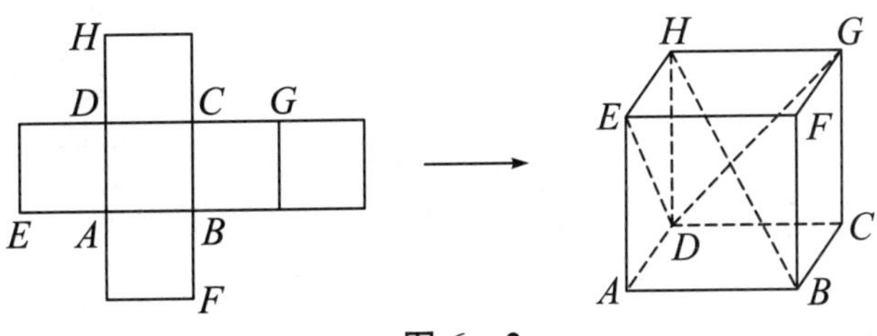

图 6－2

典例 2 （2020 年全国Ⅰ卷理 16）如图 6－3，在三棱锥 $P-ABC$ 的平面展开图中，$AC=1$，$AB=AD=\sqrt{3}$，$AB\perp AC$，$AB\perp AD$，$\angle CAE=30°$，则 $\cos\angle FCB=$________.

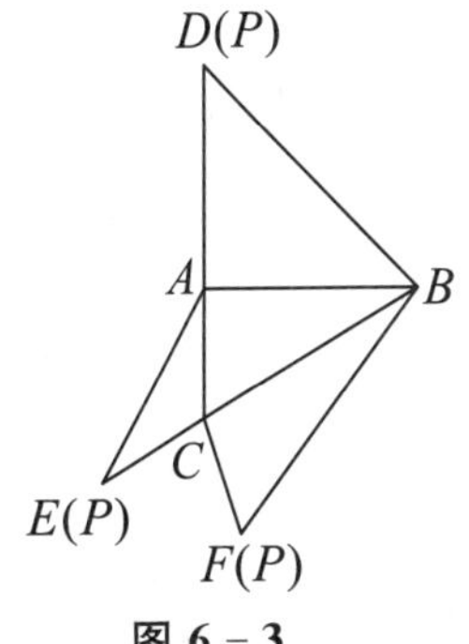

图 6－3

关键点击 直击靶心

1. 根据条件可知 D,E,F 三点重合，可得 $AD=AE,CE=CF,BD=BF$.

2. 分别求得 BC,CF,BF，再利用余弦定理即可求得 $\cos\angle FCB$.

图析路径 思维可视

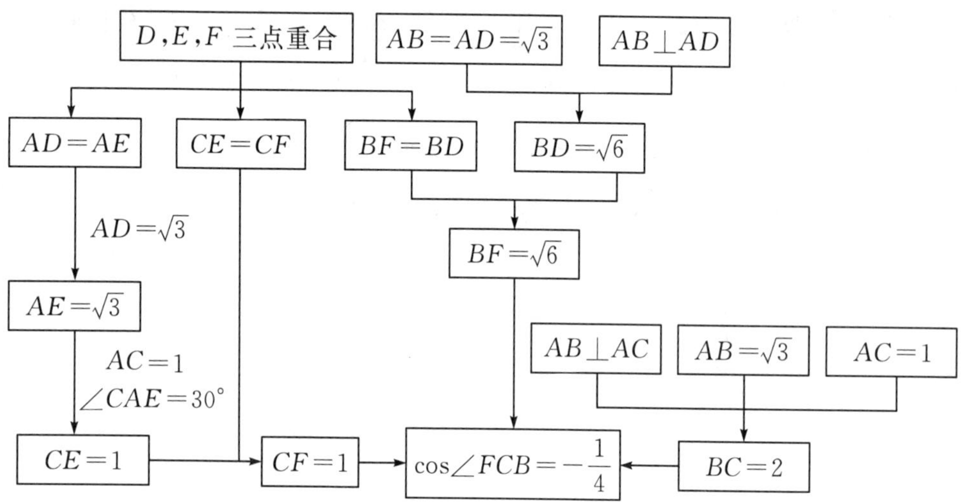

规范解答 精准示范

$-\frac{1}{4}$ **解析**：因为 $AB\perp AC,AB=\sqrt{3},AC=1$，由勾股定理得 $BC=\sqrt{AB^2+AC^2}=2$，同理得 $BD=\sqrt{6}$.又因为在立体图形中，D,F 两点重合，所以 $BF=BD=\sqrt{6}$.

在$\triangle ACE$ 中，$AC=1,AE=AD=\sqrt{3}$（点 D,E 在空间图形中重合），$\angle CAE=30^\circ$，由余弦定理得$CE^2=AC^2+AE^2-2AC\cdot AE\cos 30^\circ=1+3-2\times1\times\sqrt{3}\times\frac{\sqrt{3}}{2}=1$，所以 $CF=CE=1$（点 E,F 在空间图形中重合）.

在$\triangle BCF$中，$BC=2$，$BF=\sqrt{6}$，$CF=1$，由余弦定理得$\cos\angle FCB=\dfrac{CF^2+BC^2-BF^2}{2CF\cdot BC}=\dfrac{1+4-6}{2\times1\times2}=-\dfrac{1}{4}$.

典例 3 如图 6-4，圆形纸片的圆心为O，半径为 5 cm，该纸片上的等边三角形ABC的中心为O.D，E，F为圆O上的点，$\triangle DBC$，$\triangle ECA$，$\triangle FAB$分别是以BC，CA，AB为底边的等腰三角形.沿虚线剪开后，分别以BC，CA，AB为折痕折起$\triangle DBC$，$\triangle ECA$，$\triangle FAB$，使得点D，E，F重合，得到三棱锥.当$\triangle ABC$的边长变化时，所得三棱锥体积(单位：cm^3)的最大值为________.

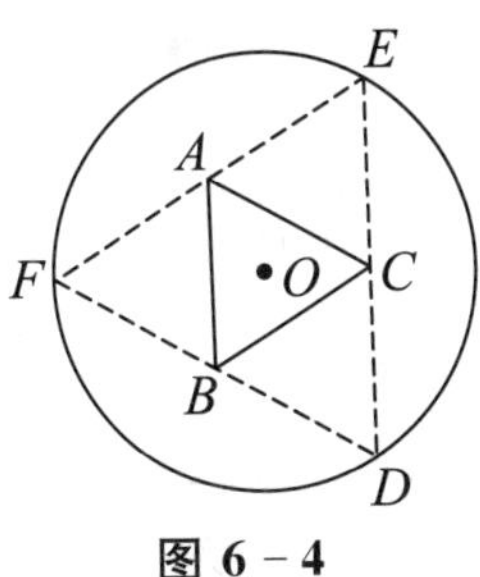

图 6-4

关键点击 直击靶心

1. 通过折叠，构建三棱锥，找到折叠前后对应的点和棱.
2. 构造变量，将体积表示成关于变量的函数，从而求得函数的最大值.

图析路径 思维可视

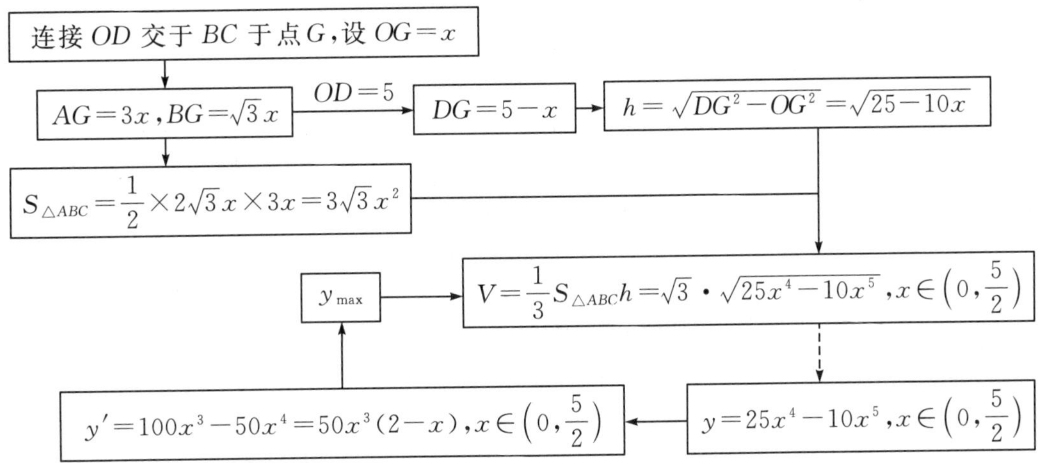

规范解答 精准示范

$4\sqrt{15}$ **解析**：连接 OD 交 BC 于点 G，易证 $OD\perp BC$，$OG=\frac{1}{3}AG=\frac{\sqrt{3}}{3}BG=\frac{\sqrt{3}}{6}BC$.

设 $OG=x$，则 $BC=2\sqrt{3}x$，$DG=5-x$，三棱锥的高 $h=\sqrt{DG^2-OG^2}=\sqrt{(5-x)^2-x^2}=\sqrt{25-10x}\left(0<x<\frac{5}{2}\right)$，$S_{\triangle ABC}=\frac{1}{2}\times\frac{\sqrt{3}}{2}\times(2\sqrt{3}x)^2=3\sqrt{3}x^2$，$V=\frac{1}{3}S_{\triangle ABC}h=\frac{1}{3}\times(3\sqrt{3}x^2)\times\sqrt{25-10x}=\sqrt{3}\cdot\sqrt{25x^4-10x^5}$，$x\in\left(0,\frac{5}{2}\right)$，下求 $y=25x^4-10x^5$，$x\in\left(0,\frac{5}{2}\right)$的最大值.

$y'=100x^3-50x^4=50x^3(2-x)$，$x\in\left(0,\frac{5}{2}\right)$. 当 $y'=0$ 时，得 $x=2$，所以当 $0<x<2$ 时，y 单调递增，当 $2<x<\frac{5}{2}$ 时，y 单调递减，所以当 $x=2$ 时，$y_{\max}=80$，所以 $V\leqslant\sqrt{3}\times\sqrt{80}=4\sqrt{15}$，所以体积（单位：$cm^3$）最大值为 $4\sqrt{15}$.

典例 4 如图 6－5，在平行四边形 $ABCM$ 中，$AB=AC=3$，$\angle ACM=90°$，以 AC 为折痕将$\triangle ACM$ 折起，使点 M 到达点 D 的位置，且 $AB\perp DA$.

(1) 求证：平面 $ACD\perp$平面 ABC；

(2) Q 为线段 AD 上一点，P 为线段 BC 上一点，且 $BP=DQ=\frac{2}{3}DA$，求三棱锥 $Q-ABP$ 的体积.

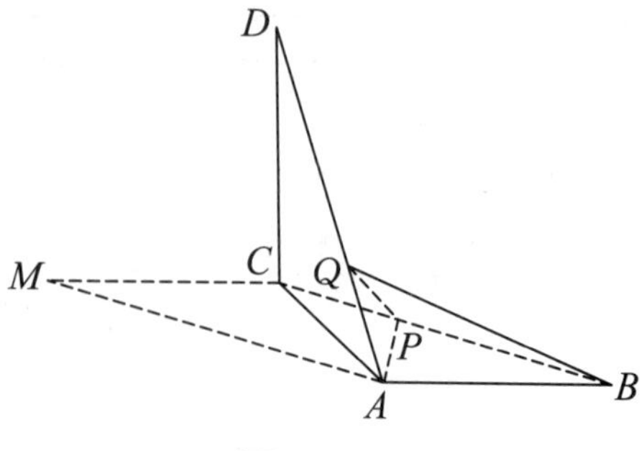

图 6－5

关键点击 直击靶心

1. 由 $ABCM$ 为平行四边形，$\angle ACM=90^{\circ}$，可得 $AB\perp AC$，结合已知条件 $AB\perp DA$，可得 AB 和平面 ACD 内的两条相交直线垂直，从而得到 $AB\perp$ 平面 ACD，即可证到面面垂直.

2. 由(1)中的面面垂直，利用面面垂直的性质定理得到线面垂直，结合 $DQ=\frac{2}{3}DA$，即可得到点 Q 到平面 ABP 的距离，由 $BP=\frac{2}{3}DA=\frac{2}{3}BC$ 可得 $S_{\triangle ABP}=\frac{2}{3}S_{\triangle ABC}$，从而求得 $Q-ABP$ 的体积.

图析路径 思维可视

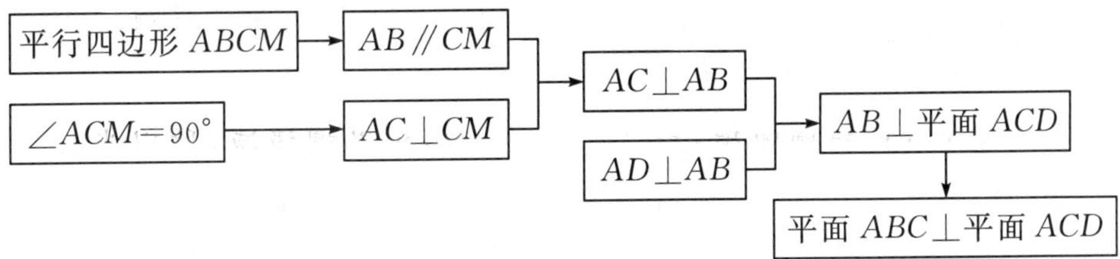

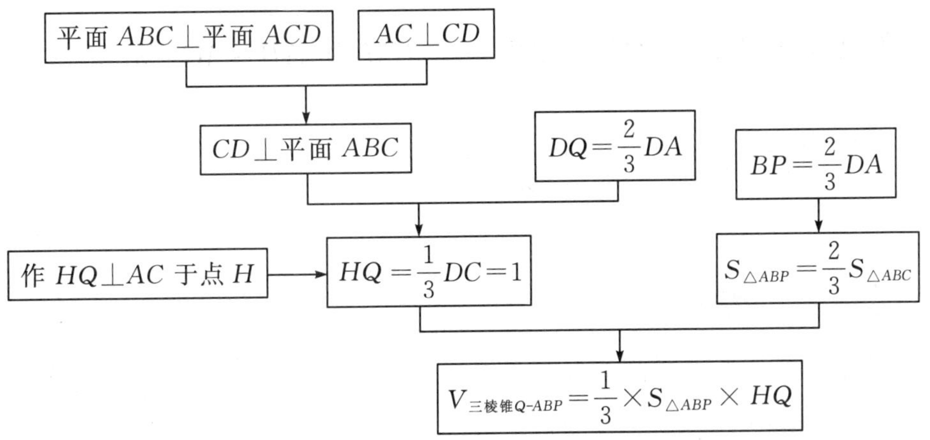

规范解答 精准示范

解:(1) 证明:因为四边形 $ABCM$ 为平行四边形且 $\angle ACM=90°$,所以 $AB\perp AC$.

因为 $AB\perp DA$,$DA\cap AC=A$,DA,$AC\subset$ 平面 ACD,所以 $AB\perp$ 平面 ACD.

因为 $AB\subset$ 平面 ABC,所以平面 $ABC\perp$ 平面 ACD.

(2) 如图 6－6,过点 Q 作 $QH\perp AC$ 交 AC 于点 H.

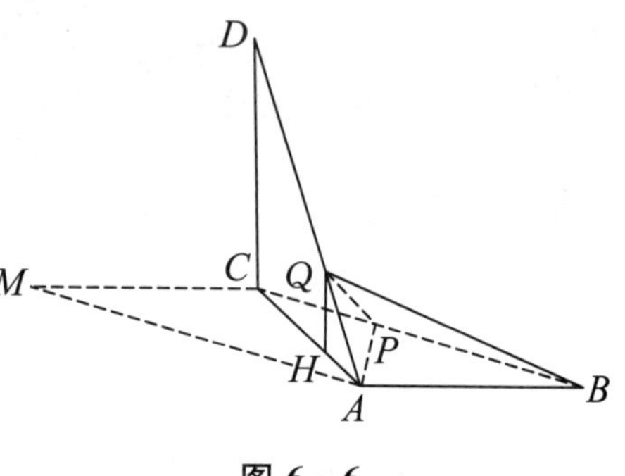

图 6－6

由(1)知平面 $ABC\perp$ 平面 ACD,因为平面 $ABC\cap$ 平面 $ACD=AC$,$CD\perp AC$,$CD\subset$ 平面 ACD,所以 $CD\perp$ 平面 ABC.

因为在平面 ACD 中,$CD\perp AC$,$QH\perp AC$,所以 $CD/\!/HQ$,所以 $\dfrac{HQ}{CD}=\dfrac{AQ}{AD}=\dfrac{1}{3}$.

因为 $CD=3$,所以 $HQ=1$,所以点 Q 到平面 ABP 的距离为 1.

因为 $AB=AC=3$,$\angle BAC=\angle ACM=90°$,所以 $BC=\sqrt{AB^2+AC^2}=3\sqrt{2}$,所以 $AD=AM=BC=3\sqrt{2}$,$BP=\dfrac{2}{3}DA=2\sqrt{2}$,又因为 $\triangle ABC$ 为等腰直角三角形,$BP=\dfrac{2}{3}DA=\dfrac{2}{3}BC$,所以 $S_{\triangle ABP}=\dfrac{2}{3}S_{\triangle ABC}=\dfrac{2}{3}\times\dfrac{1}{2}\times3\times3=3$,

所以 $V_{三棱锥Q\text{-}ABP}=\dfrac{1}{3}\times S_{\triangle ABP}\times HQ=\dfrac{1}{3}\times3\times1=1$.

解后反思 迁移提升

1. 翻折前、后,折线同侧的几何量和位置关系保持不变,折线异侧的几何量和位置关系发生改变.

2. 在立体几何的平面展开图中借助正弦定理和余弦定理求解几何量.

3. 关注翻折过程中点、线运动形成的轨迹.

7. 线段之和　侧面展开

在空间中，已知两条线段不在同一平面内，求它们的长度之和最小的问题，可以通过翻折转化为平面内的同类问题处理.这类问题考查了直观想象、逻辑推理能力，需要借助翻折前后的不变量，构造平面图形，最终转化为初中的常见模型.

典例 1　如图 7 - 1，一竖立在水平地面上的圆锥形物体的母线长为 4 m，底面半径为 1 m，一只小虫从圆锥的底面圆上的点 P 出发，绕圆锥表面爬行一周后回到点 P 处，则该小虫爬行的最短路程为（　　）

A. $4\sqrt{2}$ m

B. 4 m

C. $2\sqrt{3}$ m

D. 2 m

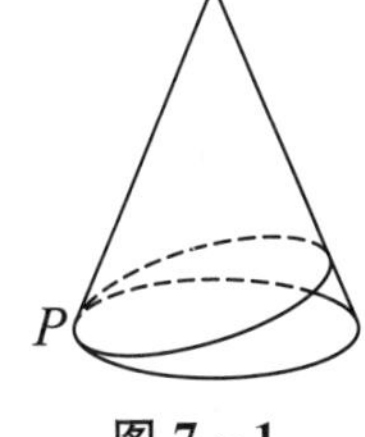

图 7 - 1

关键点击　直击靶心

1. 把圆锥沿 P 点所在母线剪开，然后展开，利用圆锥底面周长等于扇形弧长求得扇形的圆心角.

2. 在展开图中，利用两点之间线段最短，转化为求线段长度，再运用勾股定理即可.

图析路径　思维可视

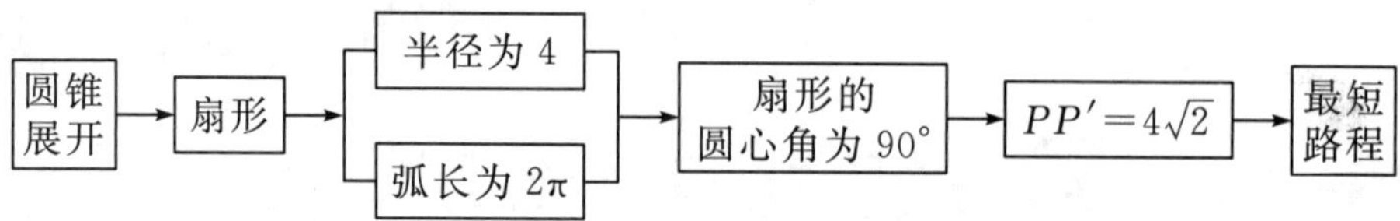

规范解答　精准示范

A　**解析**：如图 7－2，把圆锥沿点 P 所在母线剪开，然后展开.设展开后所得扇形的圆心角为 θ rad，则 $2\pi\times 1=4\theta$，得 $\theta=\dfrac{\pi}{2}$.

在 Rt$\triangle POP'$ 中，由 $OP=OP'=4$，可得小虫爬行的最短路程为 $PP'=4\sqrt{2}$.故选 A.

图 7－2

典例 2　如图 7－3，在三棱柱 $ABC-A_1B_1C_1$ 中，$AA_1\perp$底面 $A_1B_1C_1$，$\angle ACB=90^\circ$，$BC=CC_1=1$，$AC=3\sqrt{2}$，P 为 BC_1 上的动点，则 $CP+PA_1$ 的最小值为　　(　　)

A. $2\sqrt{5}$

B. $1+3\sqrt{2}$

C. 5

D. $1+2\sqrt{5}$

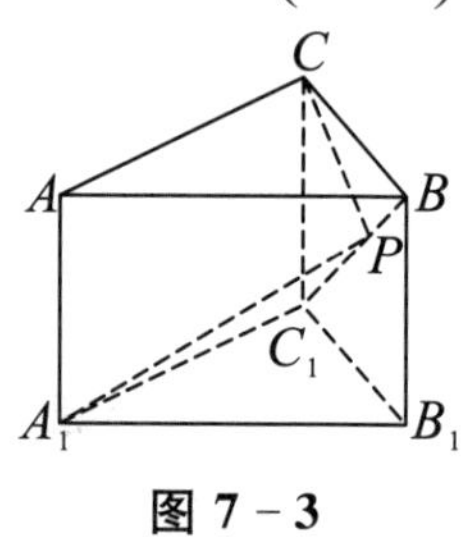

图 7－3

关键点击　直击靶心

1. 连接 A_1B，沿 BC_1 将$\triangle CBC_1$ 展开，使其与$\triangle A_1BC_1$ 在同一个平面内，则 $CP+PA_1$ 的最小值是线段 A_1C.

2. 利用展开前后的不变量，在$\triangle ACC_1$ 中，由余弦定理求解 A_1C.

图析路径 思维可视

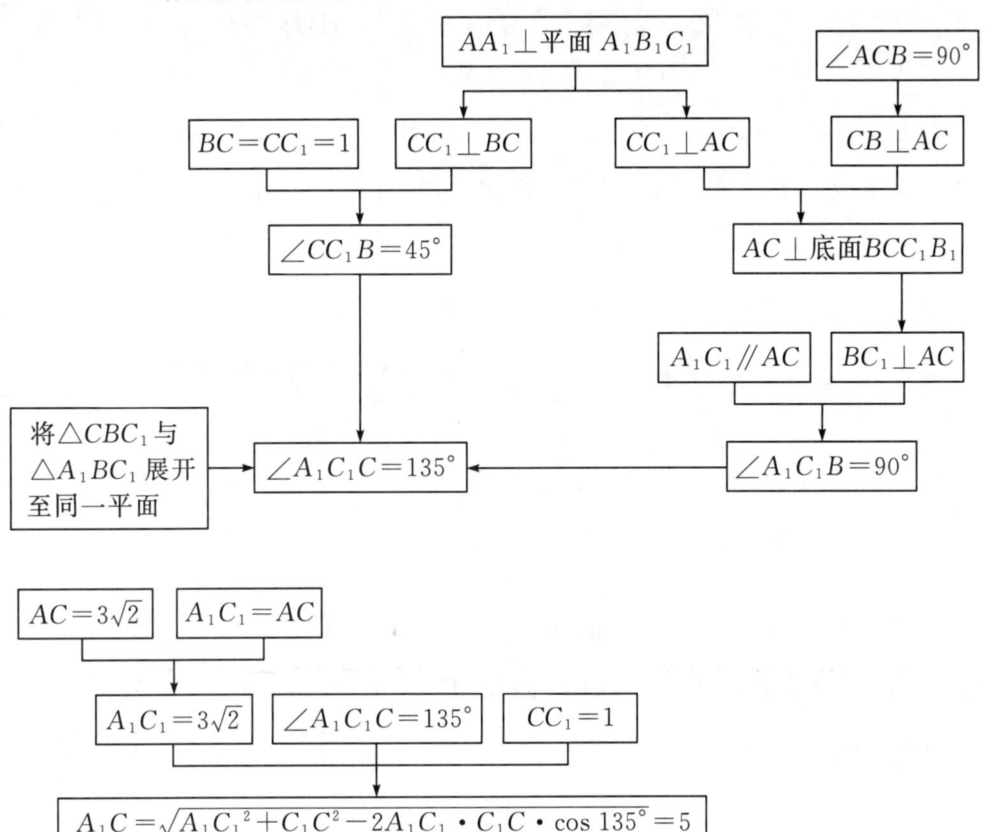

规范解答 精准示范

C **解析:** 如图 7－4,连接 A_1B,沿 BC_1 将$\triangle CBC_1$ 展开,使其与$\triangle A_1BC_1$ 在同一个平面内,连接 A_1C,则 A_1C 的长度就是所求的最小值.

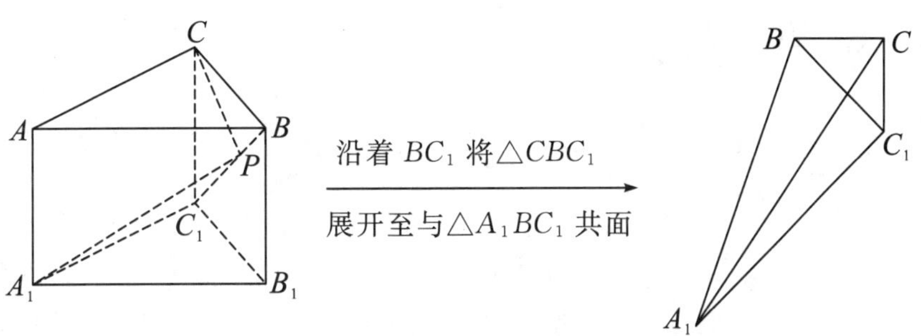

图 7－4

在三棱柱 $ABC-A_1B_1C_1$ 中，因为 $AA_1\perp$ 底面 $A_1B_1C_1$，所以 $CC_1\perp AC$，$CC_1\perp BC$.

因为 $BC=CC_1=1$，所以 $\angle CC_1B=45^\circ$.

因为 $\angle ACB=90^\circ$，所以 $AC\perp BC$，且 $BC\cap CC_1=C$，BC，$CC_1\subset$ 平面 BCC_1B_1，所以 $AC\perp$ 平面 BCC_1B_1，所以 $AC\perp BC_1$，又因为 $A_1C_1/\!/AC$，所以 $\angle A_1C_1B=90^\circ$.

因为 $\angle A_1C_1C=\angle A_1C_1B+\angle BC_1C=135^\circ$，$CC_1=1$，$A_1C_1=AC=3\sqrt{2}$，所以由余弦定理可求得 $A_1C=\sqrt{A_1C_1^2+C_1C^2-2A_1C_1\cdot C_1C\cdot\cos 135^\circ}=\sqrt{18+1-2\times 3\sqrt{2}\times 1\times\left(-\frac{\sqrt{2}}{2}\right)}=5$.故选 C.

典例 3 《九章算术》中描述的几何体阳马是底面为矩形，一侧棱垂直于底面的四棱锥.现有阳马 $S-ABCD$ 如图 7－5，$SA\perp$ 平面 $ABCD$，$AB=1$，$AD=3$，$SA=\sqrt{3}$，BC 上有一点 E，使截面 SDE 的周长最短，此时 SE 与 CD 所成角的余弦值等于 (　　)

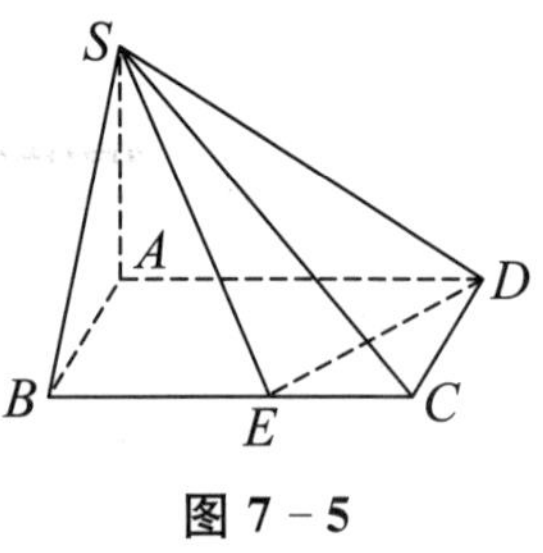

图 7－5

A. $\frac{1}{2}$　　B. $\frac{\sqrt{3}}{2}$　　C. $\frac{2}{5}$　　D. $\frac{\sqrt{2}}{4}$

关键点击 直击靶心

1. 把平面 SBC 展开，使其与平面 $ABCD$ 共面，确定使得 $SE+ED$ 最小时点 E 的位置.

2. 根据异面直线所成角的概念直接求解 SE 与 CD 所成角的余弦值.

图析路径 思维可视

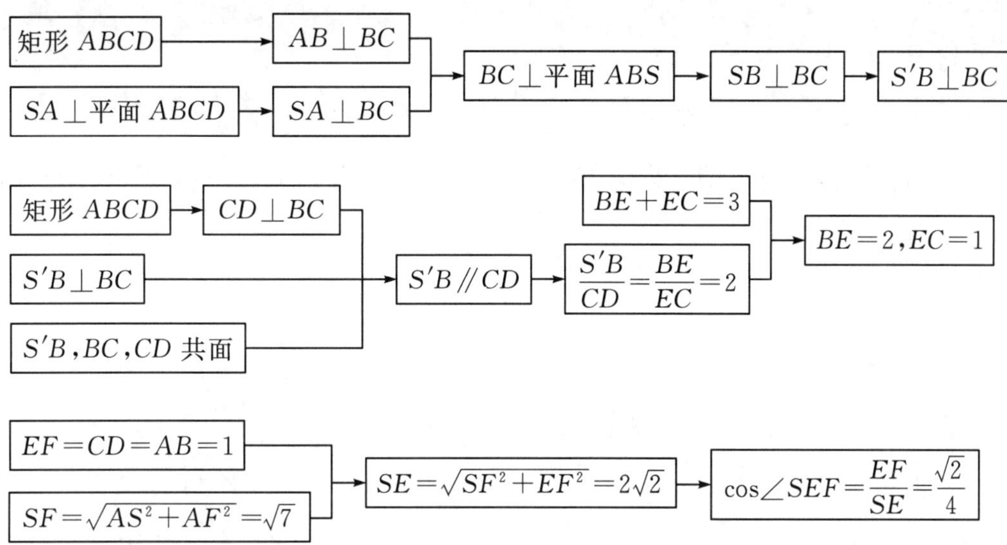

规范解答 精准示范

D **解析:** 如图 7-6,把平面 SBC 展开至 $S'BC$,使其与底面 $ABCD$ 共面.连接 $S'D$ 交 BC 于点 E,则 $SE+ED=S'E+ED\geqslant S'D$,此时$\triangle SED$ 周长最小.

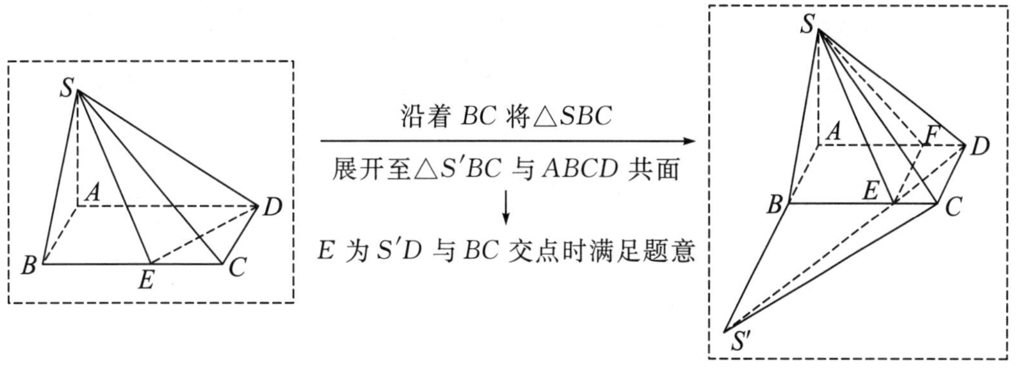

图 7-6

因为 $SA\perp$平面 $ABCD$,所以 $SA\perp BC$.

又因为在矩形 $ABCD$ 中,$BC\perp AB$,$AB\cap SA=A$,$AB,SA\subset$平面 ABS,所以 $BC\perp$平面 ABS,所以 $BC\perp SB$,所以 $BC\perp S'B$.

在平面 $ABCD$ 中，$BC \perp S'B$，$BC \perp CD$，所以 $CD /\!/ S'B$，所以 $\frac{S'B}{CD}=\frac{BE}{EC}=2$，又因为 $BE+EC=3$，所以 $BE=2$.

过点 E 作 $EF /\!/ CD$ 交 AD 于点 F，则 $\angle SEF$ 为 SE 与 CD 所成角.

在 $\triangle SEF$ 中，$SF \perp EF$（易证 $EF \perp$ 平面 SAD），$EF=1$，$SE=\sqrt{SF^2+EF^2}=\sqrt{SA^2+AF^2+EF^2}=2\sqrt{2}$，则 $\cos\angle SEF=\frac{1}{2\sqrt{2}}=\frac{\sqrt{2}}{4}$.故选 D.

典例 4 如图 7－7，在侧棱长为 $\sqrt{2}$，底面边长为 2 的正三棱锥 $P-ABC$ 中，E，F 分别为 AB，BC 的中点，M，N 分别为 PE 和平面 PAF 上的动点，则 $BM+MN$ 的最小值为________.

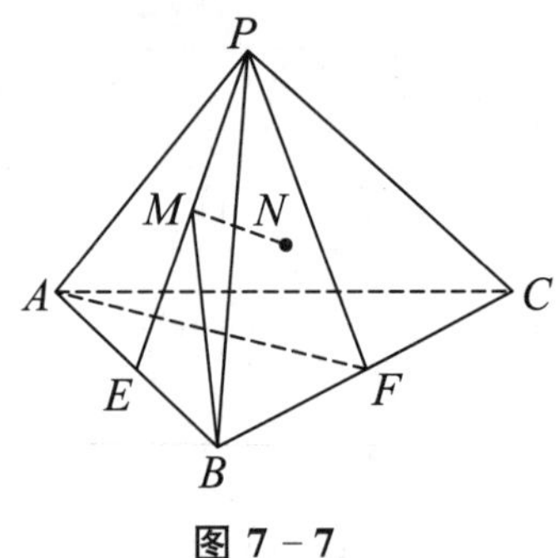

图 7－7

关键点击 直击靶心

1. 取 AC 的中点 G，连接 EG 交 AF 于点 O，易证得 $EO \perp$ 平面 PAF，要求 $BM+MN$ 的最小，先求 MN 最小.当 $MN \perp$ 平面 PAF 时，即 $MN /\!/ EO$ 时，MN 最小.

2. 把平面 PBE 绕 PE 翻折至与平面 PEG 共面，作 $BH \perp PO$ 于点 H，易得 $(BM+MN)_{\min}=BH$，结合数据解三角形即可.

图析路径 思维可视

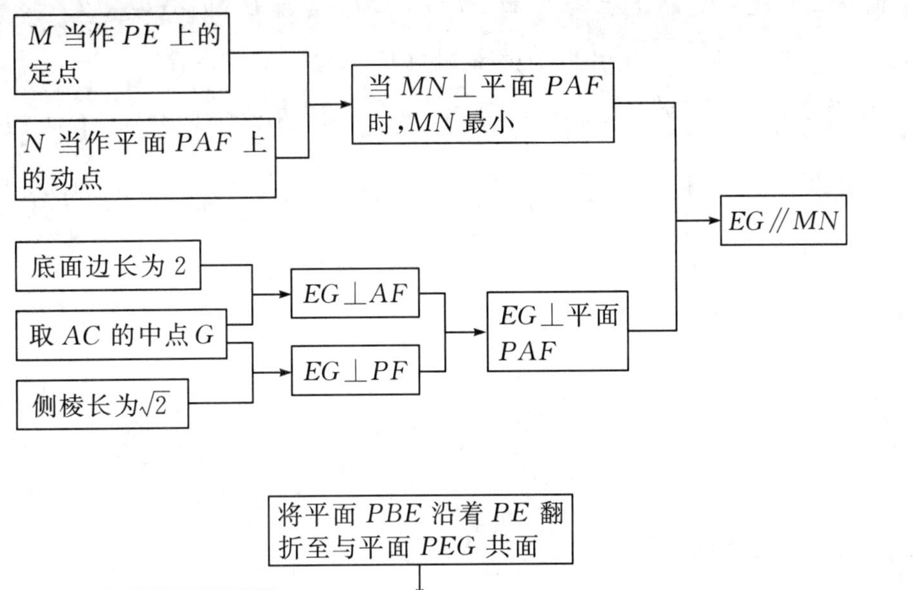

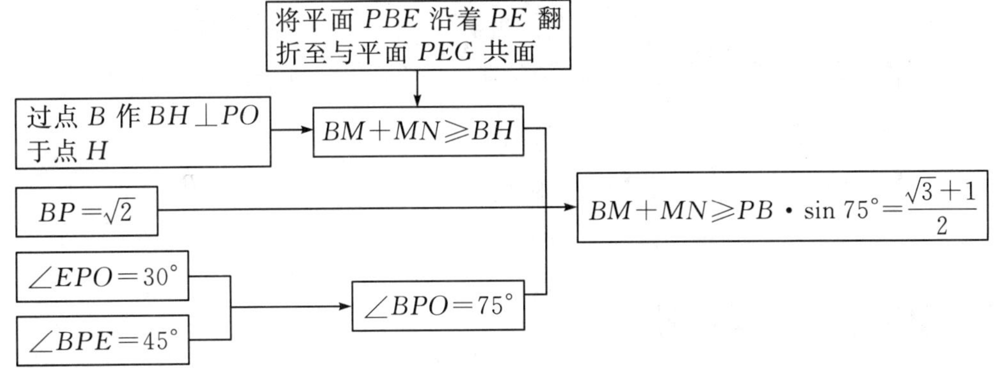

规范解答 精准示范

$\frac{\sqrt{3}+1}{2}$ **解析：**如图 7－8，取 AC 中点 G，连接 EG 交 AF 于点 O，则 $EG /\!/ BC$.

因为$\triangle ABC$ 是等边三角形，所以 $BC\perp AF$，所以 $EG\perp AF$.

因为$\triangle PBC$ 是等腰三角形，所以 $BC\perp PF$，所以 $EG\perp PF$，而 $PF,AF\subset$ 平面 PAF，$PF\cap AF=F$，所以 $EG\perp$平面 PAF.

把 M 当作 PE 上的定点，N 为平面 PAF 上的动点，则 $MN\perp$平面 PAF 时 MN 最小.

又因为 $EG\perp$平面 PAF，所以 $EG /\!/ MN$，又点 $M,E,G\subset$平面 PEG，故

点 $N \subset$ 平面 PEG.

把平面 PBE 绕 PE 翻折至与平面 PEG 共面，过点 B 作 $BH \perp PO$ 于点 H.要求 $BM+MN$ 的最小，由平面几何知识可得 $BM+MN \geqslant BH$.

因为 $PB=\sqrt{2}$，$\angle BPE=45^\circ$（$BP^2+AP^2=AB^2$，$BP=AP$），$\angle EPO=30^\circ\left(EG \perp PO, EO=\frac{1}{2}, PE=1\right)$，所以 $(BM+MN)_{\min}=BH=PB \cdot \sin 75^\circ=\frac{\sqrt{3}+1}{2}$.

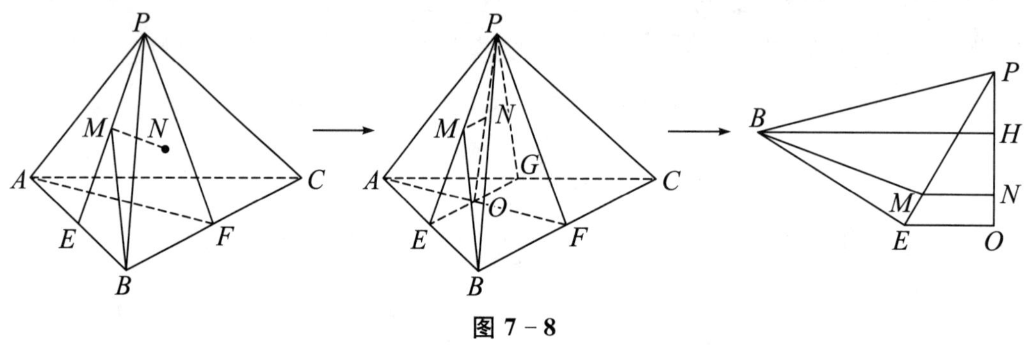

图 7－8

解后反思　迁移提升

1. 动点在直线 l 上，故直线 l 与两个定点构成两个平面 α, β，且 $\alpha \cap \beta=l$，沿直线 l 将平面 α, β 展开至同一平面 γ.

2. 在平面 γ 内，利用初中常见的模型求解线段之和、线段之差的最值问题.

3. 在平面 γ 内，利用正弦定理和余弦定理解决长度和角度问题.

8. 角度大小 依托函数

动态立体几何问题涉及几何元素的运动，在运动过程中常会伴随某些几何量的变化.对这些几何量变化范围的研究，需要综合运用函数、不等式等知识.立体几何中，有一种空间角因点的运动而大小改变，这样的空间角简称动态角.求解立体几何中动态角的最值问题，需要引入变量，从而表示出该角的三角函数.依据三角函数的单调性，确定三角函数的范围，进而可以确定角的范围.

典例 1 如图 8－1，某人在垂直于水平地面 ABC 的墙面前的点 A 处进行射击训练，已知点 A 与墙面的距离为 AB，某目标点 P 沿墙面上的射线 CM 移动，此人为了准确瞄准目标点 P，需计算由点 A 观察点 P 的仰角 θ 的大小（仰角 θ 为直线 AP 与平面 ABC 所成的角）.若 $AB=15$ m，$AC=25$ m，$\angle BCM=30°$，则 $\tan\theta$ 的最大值是（　　）

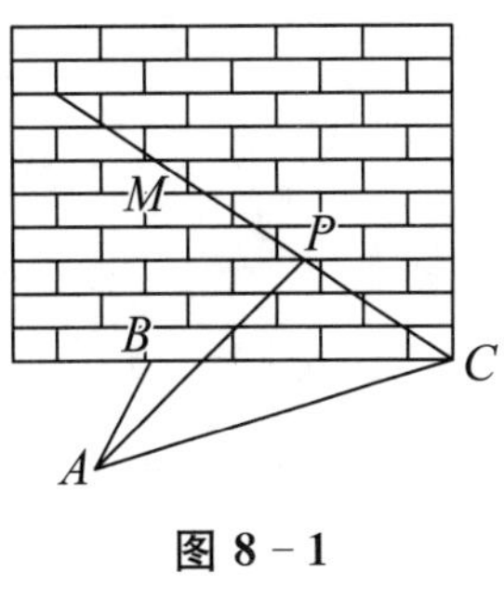

图 8－1

A. $\frac{\sqrt{30}}{5}$　　B. $\frac{\sqrt{30}}{10}$　　C. $\frac{4\sqrt{3}}{9}$　　D. $\frac{5\sqrt{3}}{9}$

关键点击 直击靶心

1. 在直角三角形 ABC 中，由 AB 与 AC 的长，利用勾股定理求出 BC 的长，过点 P 作 $PD\perp BC$，交 BC 于点 D，连接 AD，利用线面角的定义得出 $\tan\theta=\frac{PD}{AD}$.

2. 设 $PD=x$，求出 AD，表示出 $\tan\theta$，即可求解 $\tan\theta$ 的最大值.

图析路径 思维可视

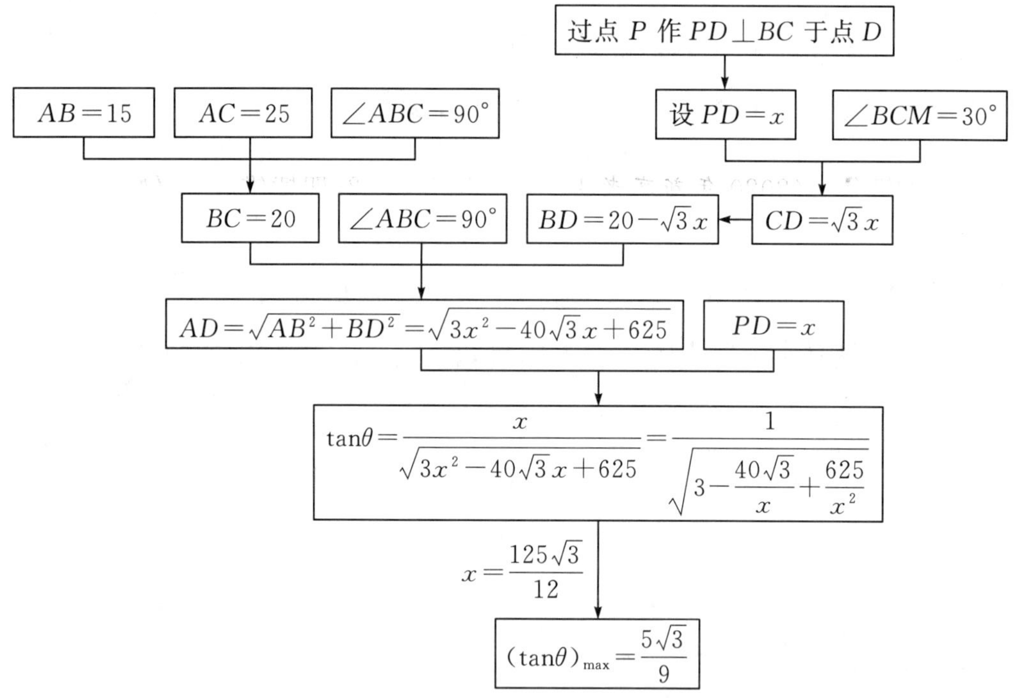

规范解答 精准示范

D **解析**:因为 $AB=15$,$AC=25$,$\angle ABC=90^\circ$,所以 $BC=20$.

过点 P 作 $PD\perp BC$,交 BC 于点 D,连接 AD,则 $\tan\theta=\dfrac{PD}{AD}$.

设 $PD=x$,因为 $\angle BCM=30^\circ$,所以 $CD=\sqrt{3}x$,所以 $BD=20-\sqrt{3}x$.因为 $\angle ABC=90^\circ$,$AB=15$,所以 $AD=\sqrt{AB^2+BD^2}=\sqrt{225+(20-\sqrt{3}x)^2}=\sqrt{3x^2-40\sqrt{3}x+625}$.

因为 $\tan\theta=\dfrac{x}{\sqrt{3x^2-40\sqrt{3}x+625}}=\dfrac{1}{\sqrt{3-\dfrac{40\sqrt{3}}{x}+\dfrac{625}{x^2}}}$,所以当 $x=\dfrac{125\sqrt{3}}{12}$ 时,$\tan\theta$ 的最大值是 $\dfrac{5\sqrt{3}}{9}$.故选 D.

典例 2 (2020 年新高考Ⅰ卷 20)如图 8-2,四棱锥 $P-ABCD$ 的底面为正方形,$PD\perp$底面 $ABCD$.设平面 PAD 与平面 PBC 的交线为 l.

(1) 求证:$l\perp$平面 PDC;

(2) 已知 $PD=AD=1$,Q 为 l 上的点,求 PB 与平面 QCD 所成角的正弦值的最大值.

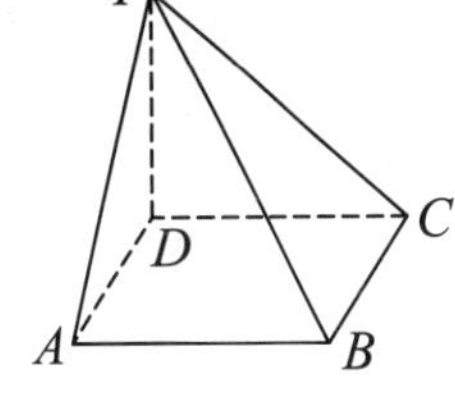

图 8-2

关键点击 直击靶心

1. 由线面平行的性质定理得到线线平行.

2. 建立空间直角坐标系,求出直线 PB 的方向向量和平面 QCD 的法向量,写出直线与平面所成角的正弦值的函数表达式,再求出一元函数的最大值.

图析路径 思维可视

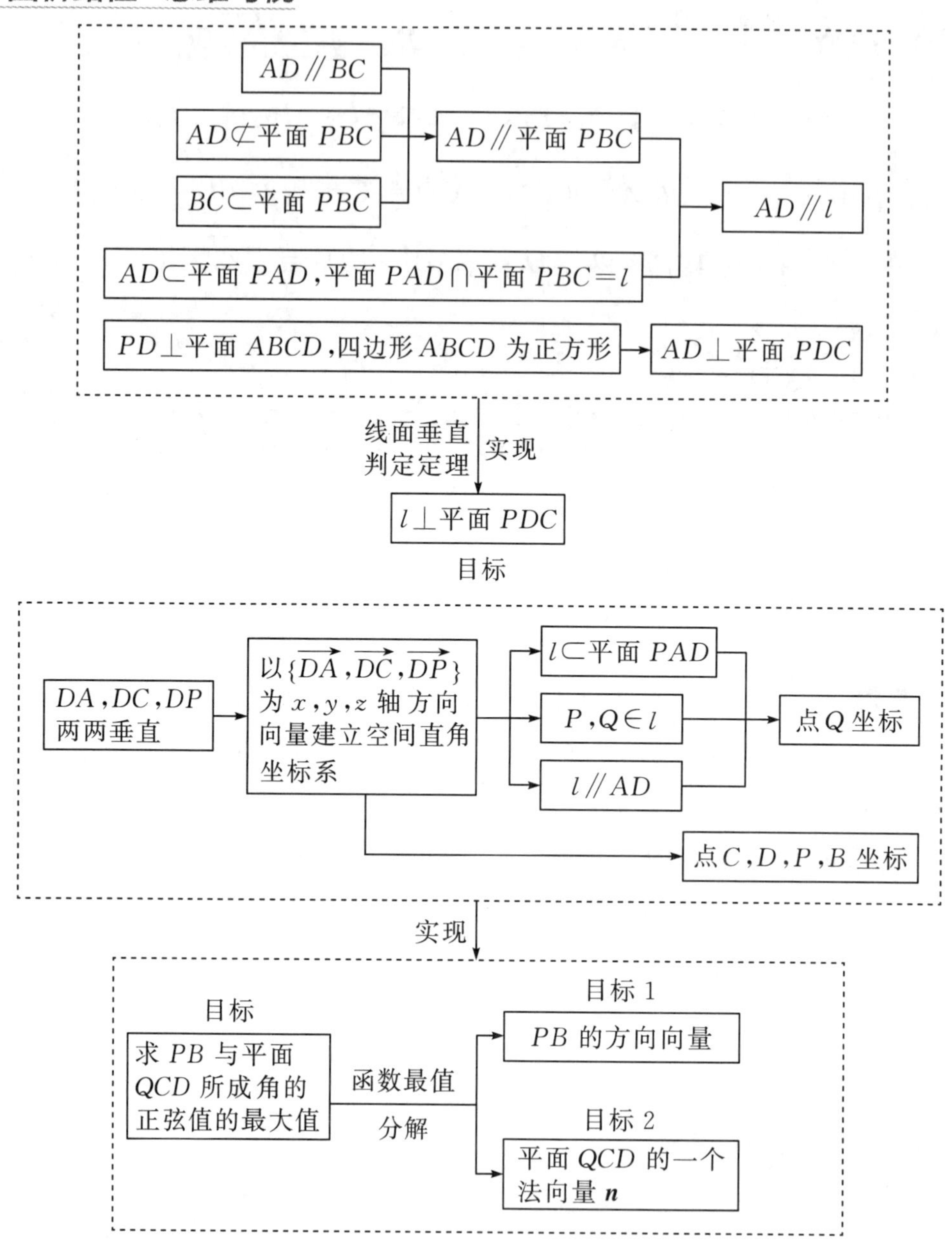

规范解答 精准示范

解:(1) 证明:在正方形 $ABCD$ 中,$AD /\!/ BC$,因为 $AD \not\subset$ 平面 PBC,$BC \subset$ 平面 PBC,所以 $AD /\!/$ 平面 PBC.

又因为 $AD \subset$ 平面 PAD,平面 $PAD \cap$ 平面 $PBC = l$,所以 $AD /\!/ l$.

因为在四棱锥 $P-ABCD$ 中,底面 $ABCD$ 是正方形,所以 $AD \perp DC$,所

以 $l\perp DC$.

因为 $PD\perp$平面 $ABCD$，所以 $AD\perp PD$，所以 $l\perp PD$.

因为 $CD\cap PD=D$，$CD,PD\subset$平面 PDC，所以 $l\perp$平面 PDC.

(2) 如图 8－3 建立空间直角坐标系 $D-xyz$，因为 $PD=AD=1$，则有 $D(0,0,0)$，$C(0,1,0)$，$A(1,0,0)$，$P(0,0,1)$，$B(1,1,0)$.

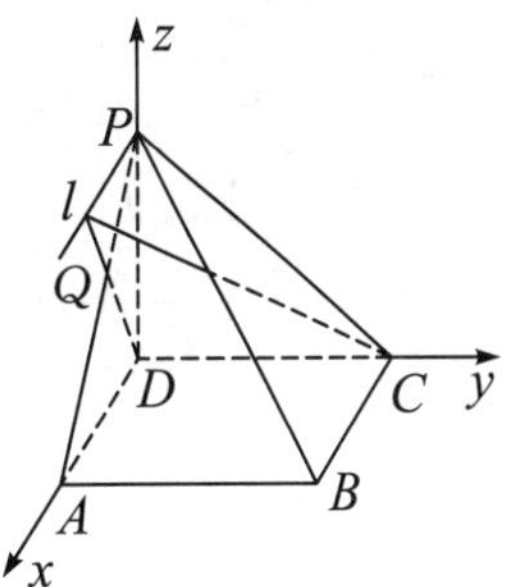

图 8－3

设 $Q(m,0,1)$，则有 $\overrightarrow{DC}=(0,1,0)$，$\overrightarrow{DQ}=(m,0,1)$，$\overrightarrow{PB}=(1,1,-1)$.

设平面 QCD 的法向量为 $\boldsymbol{n}=(x,y,z)$，则 $\begin{cases}\overrightarrow{DC}\cdot\boldsymbol{n}=0,\\ \overrightarrow{DQ}\cdot\boldsymbol{n}=0,\end{cases}$ 即 $\begin{cases}y=0,\\ mx+z=0,\end{cases}$ 令 $x=1$，则 $z=-m$，所以平面 QCD 的一个法向量为 $\boldsymbol{n}=(1,0,-m)$. 则 $\cos\langle\boldsymbol{n},\overrightarrow{PB}\rangle=\dfrac{\boldsymbol{n}\cdot\overrightarrow{PB}}{|\boldsymbol{n}||\overrightarrow{PB}|}=\dfrac{1+0+m}{\sqrt{3}\times\sqrt{m^2+1}}$.

设 PB 与平面 QCD 所成角为 θ，$\sin\theta=|\cos\langle\boldsymbol{n},\overrightarrow{PB}\rangle|=\dfrac{|1+m|}{\sqrt{3}\times\sqrt{m^2+1}}=\dfrac{\sqrt{3}}{3}\times\sqrt{\dfrac{1+2m+m^2}{m^2+1}}=\dfrac{\sqrt{3}}{3}\times\sqrt{1+\dfrac{2m}{m^2+1}}\leqslant\dfrac{\sqrt{3}}{3}\times\sqrt{1+\dfrac{2|m|}{m^2+1}}\leqslant\dfrac{\sqrt{3}}{3}\times\sqrt{1+1}=\dfrac{\sqrt{6}}{3}$，当且仅当 $m=1$ 时取等号，所以直线 PB 与平面 QCD 所成角的正弦值的最大值为 $\dfrac{\sqrt{6}}{3}$.

典例 3 (2021 年全国甲卷理 19)如图 8－4，已知在直三棱柱 $ABC-A_1B_1C_1$ 中，侧面 AA_1B_1B 为正方形，$AB=BC=2$，E，F 分别为 AC 和 CC_1 的中点，D 为棱 A_1B_1 上的点，$BF\perp A_1B_1$.

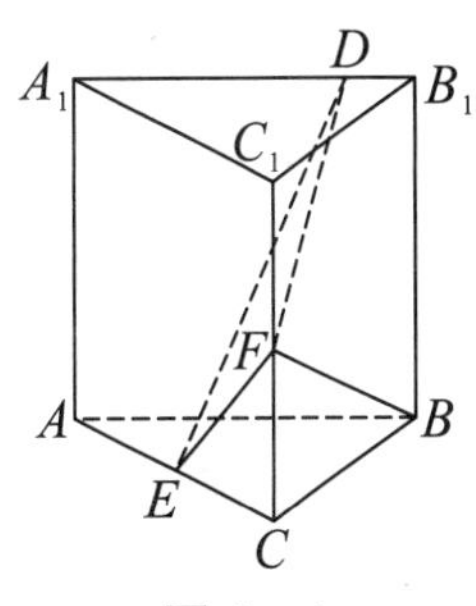

图 8－4

(1) 求证：$BF\perp DE$.

(2) 当 B_1D 为何值时，平面 BB_1C_1C 与平面 DFE 所成的二面角的正弦值最小？

关键点击 直击靶心

1. 建立合适的空间直角坐标系，利用向量法证明垂直问题，也可以采取几何法.

2. 利用 B_1D 表示出平面 BB_1C_1C 与平面 DFE 所成的二面角的正弦值，然后求最小值.

图析路径 思维可视

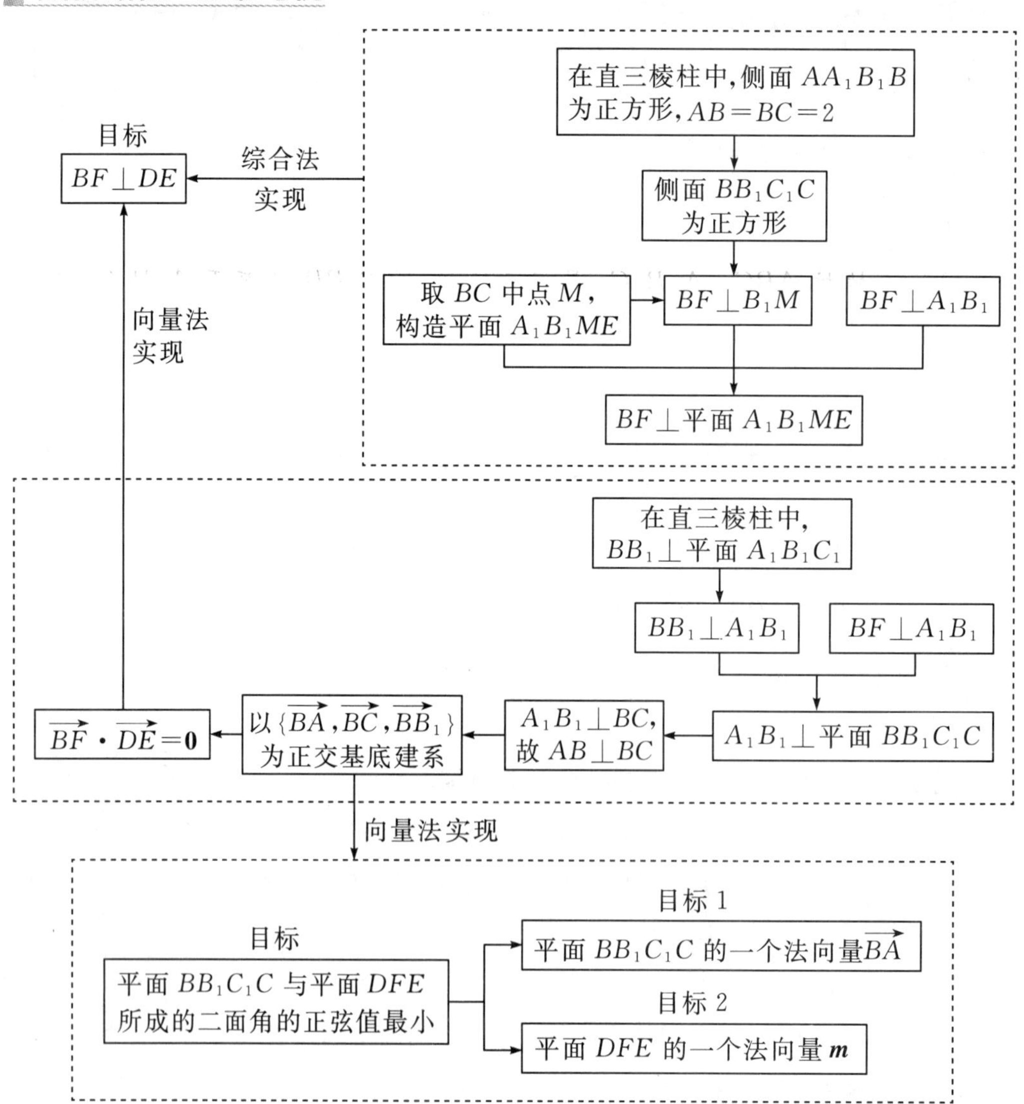

规范解答　精准示范

解：几何法证明第(1)小题：

(1) 证明：如图 8－5，连接 A_1E，取 BC 的中点 M，连接 MB_1，EM.

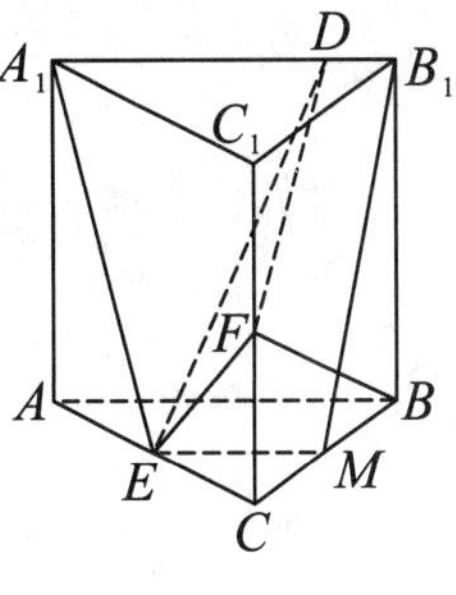

图 8－5

因为 E，M 分别为 AC，BC 的中点，所以 $EM /\!/ AB$. 又 $AB /\!/ A_1B_1$，所以 $A_1B_1 /\!/ EM$，则 A_1，B_1，M，E 四点共面，故 $DE \subset$ 平面 A_1B_1ME.

又在平面 BCC_1B_1 中，$\triangle FCB \cong \triangle MBB_1$(SAS)，则 $BF \perp MB_1$. 又 $BF \perp A_1B_1$，$MB_1 \cap A_1B_1 = B_1$，MB_1，$A_1B_1 \subset$ 平面 A_1B_1ME，所以 $BF \perp$ 平面 A_1B_1ME，且 $DE \subset$ 平面 A_1B_1ME，所以 $BF \perp DE$.

向量法：

因为三棱柱 $ABC-A_1B_1C_1$ 是直三棱柱，所以 $BB_1 \perp$ 底面 $A_1B_1C_1$，所以 $BB_1 \perp A_1B_1$.

又因为 $BF \perp A_1B_1$，$BB_1 \cap BF = B$，BB_1，$BF \subset$ 平面 BB_1C_1C，所以 $A_1B_1 \perp$ 平面 BB_1C_1C.

又因为 $BC \subset$ 平面 BB_1C_1C，则 $A_1B_1 \perp BC$，故 $AB \perp BC$.

如图 8－6，以 $\{\overrightarrow{BA}, \overrightarrow{BC}, \overrightarrow{BB_1}\}$ 为正交基底建立空间直角坐标系 $B-xyz$. 所以 $B(0,0,0)$，$A(2,0,0)$，$C(0,2,0)$，$B_1(0,0,2)$，$A_1(2,0,2)$，$C_1(0,2,2)$，$E(1,1,0)$，$F(0,2,1)$. 由题设 $D(a,0,2)(0 \leqslant a \leqslant 2)$.

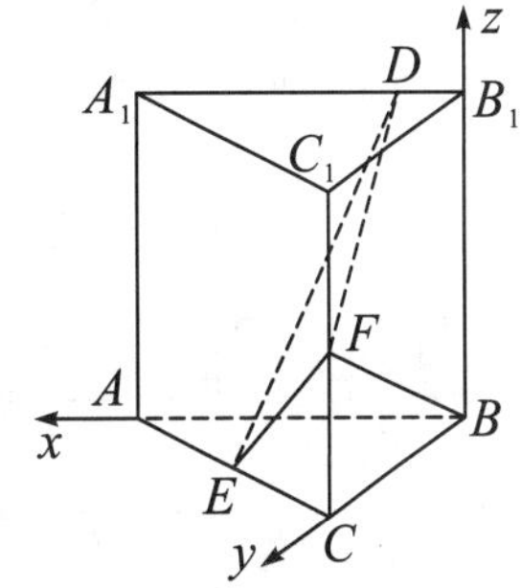

图 8－6

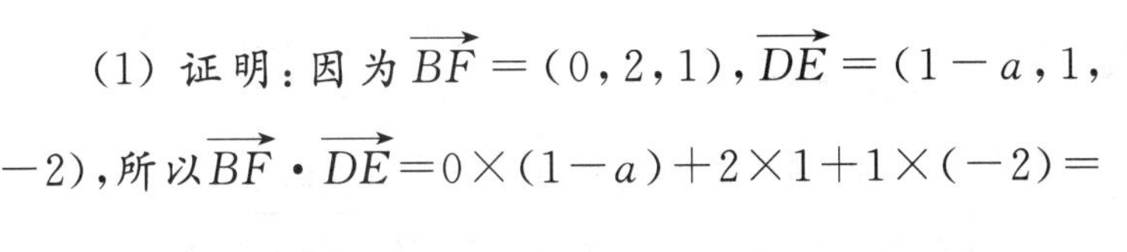

(1) 证明：因为 $\overrightarrow{BF} = (0,2,1)$，$\overrightarrow{DE} = (1-a,1,-2)$，所以 $\overrightarrow{BF} \cdot \overrightarrow{DE} = 0 \times (1-a) + 2 \times 1 + 1 \times (-2) = 0$，所以 $\overrightarrow{BF} \perp \overrightarrow{DE}$，所以 $BF \perp DE$.

(2) 设平面 DFE 的法向量为 $\boldsymbol{m} = (x,y,z)$，因为 $\overrightarrow{EF} = (-1,1,1)$，$\overrightarrow{DE} =$

$(1-a,1,-2)$，所以$\begin{cases}\boldsymbol{m}\cdot\overrightarrow{EF}=0,\\\boldsymbol{m}\cdot\overrightarrow{DE}=0,\end{cases}$即$\begin{cases}-x+y+z=0,\\(1-a)x+y-2z=0.\end{cases}$令 $z=2-a$，则平面 DFE 的一个法向量为 $\boldsymbol{m}=(3,1+a,2-a)$.

因为平面 BCC_1B_1 的一个法向量为$\overrightarrow{BA}=(2,0,0)$，设平面 BCC_1B_1 与平面 DEF 的二面角的平面角为 θ，则 $|\cos\theta|=\dfrac{|\boldsymbol{m}\cdot\overrightarrow{BA}|}{|\boldsymbol{m}|\cdot|\overrightarrow{BA}|}=\dfrac{6}{2\times\sqrt{2a^2-2a+14}}=\dfrac{3}{\sqrt{2a^2-2a+14}}$. 当 $a=\dfrac{1}{2}$ 时，$2a^2-2a+4$ 取最小值为 $\dfrac{27}{2}$，此时 $|\cos\theta|$ 取最大值，为 $\dfrac{3}{\sqrt{\dfrac{27}{2}}}=\dfrac{\sqrt{6}}{3}$. 所以 $(\sin\theta)_{\min}=\sqrt{1-\left(\dfrac{\sqrt{6}}{3}\right)^2}=\dfrac{\sqrt{3}}{3}$，此时 $B_1D=\dfrac{1}{2}$.

典例 4 （2022 年全国乙卷理 18）如图 8－7，在四面体 $A-BCD$ 中，$AD\perp CD$，$AD=CD$，$\angle ADB=\angle BDC$，E 为 AC 的中点.

（1）求证：平面 $BED\perp$ 平面 ACD；

（2）设 $AB=BD=2$，$\angle ACB=60°$，点 F 在 BD 上，当 $\triangle AFC$ 的面积最小时，求 CF 与平面 ABD 所成角的正弦值.

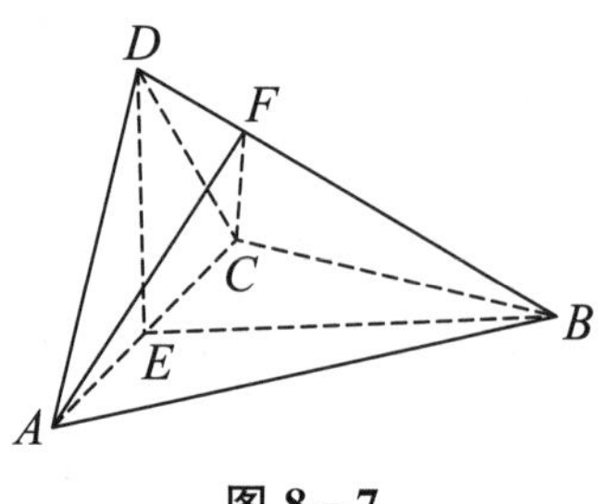

图 8－7

关键点击 直击靶心

1. 在两个平面中找到一条直线与另一个平面垂直.

2. $\triangle AFC$ 的面积随点 F 的运动而改变，根据$\triangle AFC$ 面积最小这一条件求出点 F 的位置，再建立适当的空间直角坐标系或用几何法找到直线和平面所成的角进行求解.

图析路径 思维可视

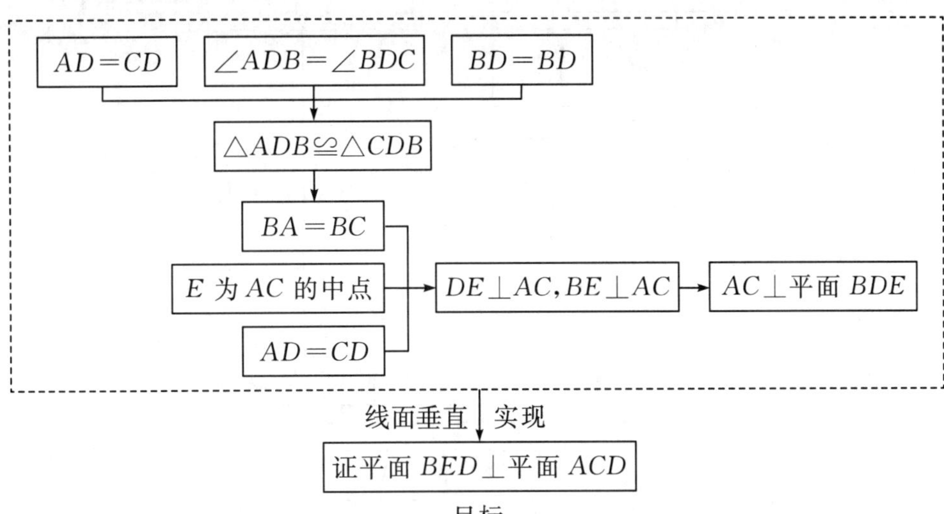
$AD=CD$
$\angle ADB=\angle BDC$
$BD=BD$
$\triangle ADB\cong\triangle CDB$
$BA=BC$
E 为 AC 的中点
$AD=CD$
$DE\perp AC, BE\perp AC$
$AC\perp$平面 BDE
线面垂直
实现
证平面 $BED\perp$平面 ACD
目标

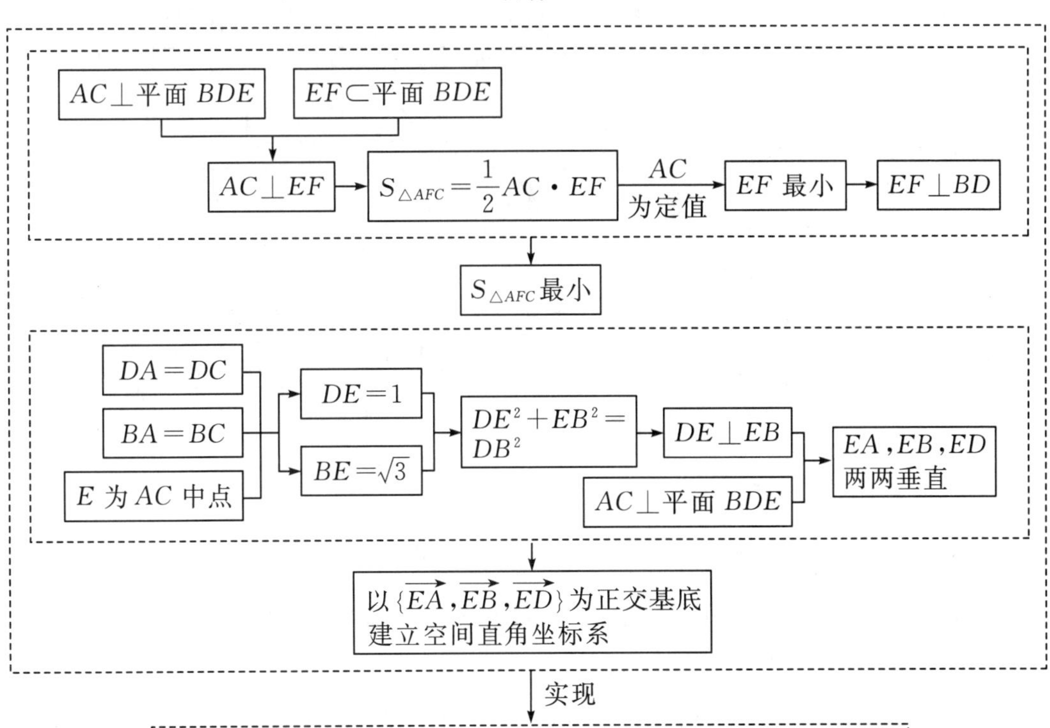
$AC\perp$平面 BDE
$EF\subset$平面 BDE
$AC\perp EF$
$S_{\triangle AFC}=\frac{1}{2}AC\cdot EF$
AC
为定值
EF 最小
$EF\perp BD$
$S_{\triangle AFC}$最小
$DA=DC$
$BA=BC$
E 为 AC 中点
$DE=1$
$BE=\sqrt{3}$
$DE^2+EB^2=DB^2$
$DE\perp EB$
$AC\perp$平面 BDE
EA, EB, ED 两两垂直
以$\{\overrightarrow{EA},\overrightarrow{EB},\overrightarrow{ED}\}$为正交基底建立空间直角坐标系

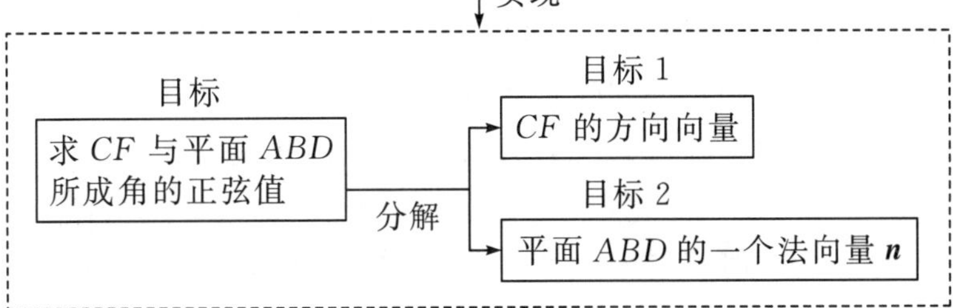
实现
目标
求 CF 与平面 ABD 所成角的正弦值
分解
目标 1
CF 的方向向量
目标 2
平面 ABD 的一个法向量 $\boldsymbol{n}$

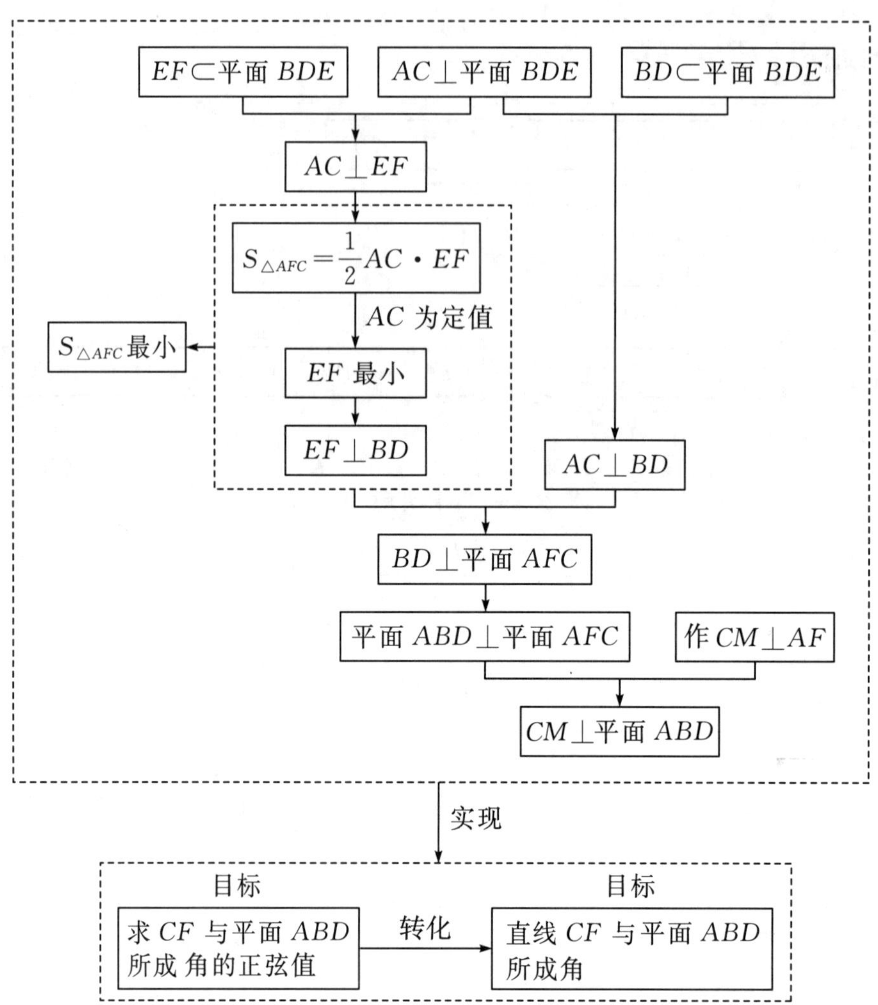

规范解答 精准示范

解:(1) 证明:因为 $AD=CD$,E 为 AC 的中点,所以 $DE\perp AC$.

又因为 $AD=CD$,$\angle ADB=\angle CDB$,$BD=BD$,所以$\triangle ABD\cong\triangle CBD$(SAS),所以 $AB=BC$,又因为 E 为 AC 的中点,所以 $EB\perp AC$.

又因为 $EB\cap DE=E$,EB,$DE\subset$平面 BDE,所以 $AC\perp$平面 BDE,又 $AC\subset$平面 ACD,所以平面 $BED\perp$平面 ACD.

(2) 方法 1(向量法):连接 EF,由(1)知 $AC\perp$平面 BDE,又 $EF\subset$平面 BDE,所以 $AC\perp EF$,所以 $S_{\triangle AFC}=\frac{1}{2}AC\cdot EF$,当 $EF\perp BD$ 时,EF 最小,即

$\triangle AFC$ 的面积最小.

因为 $\triangle ABD \cong \triangle CBD$,所以 $CB=AB=2$,又因为 $\angle ACB=60°$,所以 $\triangle ABC$ 是等边三角形.因为 E 为 AC 的中点,所以 $AE=EC=1$,$BE=\sqrt{3}$.

因为 $AD\perp CD$,所以 $DE=\frac{1}{2}AC=1$,在 $\triangle DEB$ 中,$DE^2+BE^2=BD^2$,所以 $BE\perp DE$.

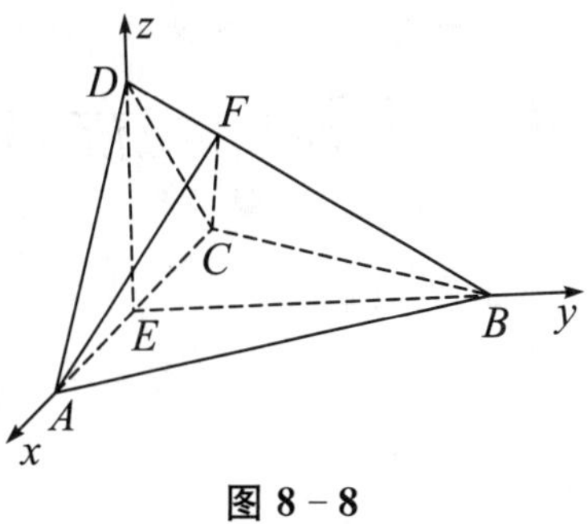

图 8-8

以 E 为坐标原点建立如图 8-8 的空间直角坐标系 $E-xyz$,则 $A(1,0,0)$,$B(0,\sqrt{3},0)$,$D(0,0,1)$,所以 $\overrightarrow{AD}=(-1,0,1)$,$\overrightarrow{AB}=(-1,\sqrt{3},0)$.

设平面 ABD 的法向量为 $\boldsymbol{n}=(x,y,z)$,则 $\begin{cases}\boldsymbol{n}\cdot\overrightarrow{AD}=-x+z=0,\\ \boldsymbol{n}\cdot\overrightarrow{AB}=-x+\sqrt{3}y=0,\end{cases}$ 取 $y=\sqrt{3}$,则平面 ABD 的一个法向量为 $\boldsymbol{n}=(3,\sqrt{3},3)$.

设 $\overrightarrow{EF}=\overrightarrow{ED}+\lambda\overrightarrow{DB}$,则 $\overrightarrow{EF}\cdot\overrightarrow{BD}=0$,即 $(0,\sqrt{3}\lambda,1-\lambda)\cdot(0,-\sqrt{3},1)=0$,可求得 $\lambda=\frac{1}{4}$,所以 $\overrightarrow{EF}=\left(0,\frac{\sqrt{3}}{4},\frac{3}{4}\right)$.

又因为 $C(-1,0,0)$,$F\left(0,\frac{\sqrt{3}}{4},\frac{3}{4}\right)$,所以 $\overrightarrow{CF}=\left(1,\frac{\sqrt{3}}{4},\frac{3}{4}\right)$,所以 $\cos\langle\boldsymbol{n},\overrightarrow{CF}\rangle=\frac{\boldsymbol{n}\cdot\overrightarrow{CF}}{|\boldsymbol{n}||\overrightarrow{CF}|}=\frac{6}{\sqrt{21}\times\sqrt{\frac{7}{4}}}=\frac{4\sqrt{3}}{7}$.

设 CF 与平面 ABD 所成角的正弦值为 $\theta\left(0\leqslant\theta\leqslant\frac{\pi}{2}\right)$,所以 $\sin\theta=|\cos\langle\boldsymbol{n},\overrightarrow{CF}\rangle|=\frac{4\sqrt{3}}{7}$,所以 CF 与平面 ABD 所成角的正弦值为 $\frac{4\sqrt{3}}{7}$.

方法 2(几何法):连接 EF,由(1)知 $AC\perp$ 平面 BDE,又 $EF\subset$ 平面 BDE,所以 $AC\perp EF$,所以 $S_{\triangle AFC}=\frac{1}{2}AC\cdot EF$,当 $EF\perp BD$ 时,EF 最小,即 $\triangle AFC$ 的面积最小.

由 $AC\perp$ 平面 BDE，$BD\subset$ 平面 BDE，所以 $AC\perp BD$，因为 $EF\cap AC=E$，EF，$AC\subset$ 平面 AFC，所以 $BD\perp$ 平面 AFC，又 $BD\subset$ 平面 ABD，所以平面 $ABD\perp$ 平面 AFC.

如图 8－9，过点 C 作 $CM\perp AF$ 于点 M，平面 $ABD\cap$ 平面 $AFC=AF$，$CM\subset$ 平面 AFC，所以 $CM\perp$ 平面 ABD，故 $\angle CFA$ 为直线 CF 与平面 ABD 所成的角.

图 8－9

由(1)可知，$AB=BC$，又 $\angle ACB=60°$，所以 $\triangle ABC$ 是等边三角形.

因为 E 为 AC 的中点，且 $AB=BD=2$，所以 $AE=EC=1$，$BE=\sqrt{3}$.

因为 $AD\perp CD$，所以 $DE=\dfrac{1}{2}AC=1$.

在 $\triangle DEB$ 中，$DE^2+BE^2=BD^2$，所以 $BE\perp DE$，所以 $EF=\dfrac{BE\cdot DE}{BD}=\dfrac{\sqrt{3}}{2}$，所以 $CF=AF=\sqrt{1^2+\left(\dfrac{\sqrt{3}}{2}\right)^2}=\dfrac{\sqrt{7}}{2}$.

在 $\triangle AFC$ 中，由余弦定理得 $\cos\angle AFC=\dfrac{AF^2+CF^2-AC^2}{2AF\cdot CF}=\dfrac{\dfrac{7}{4}+\dfrac{7}{4}-4}{2\times\dfrac{\sqrt{7}}{2}\times\dfrac{\sqrt{7}}{2}}=-\dfrac{1}{7}$，所以 $\sin\angle AFC=\sqrt{1-\cos^2\angle AFC}=\dfrac{4\sqrt{3}}{7}$，所以 CF 与平面 ABD 所成角的正弦值为 $\dfrac{4\sqrt{3}}{7}$.

解后反思　迁移提升

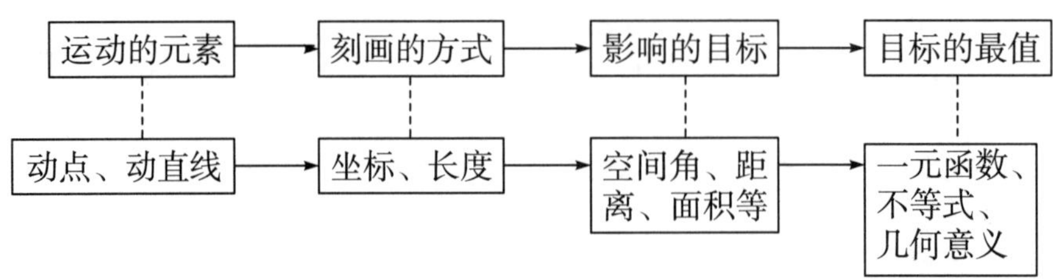

9. 实际背景　抽象建模

近年的高考试卷出现了不少以数学文化为背景的试题，涵盖了数学史、数学与现实生活、数学与科学技术、数学与人文生活等方面.这类问题内涵丰富、立意深远，构思巧妙，既考查了数学知识与方法，又加深了学生对数学文化的理解.

解决这类问题，需要读懂题意，构建立体几何模型，找出关键数据，转化为数学问题求解.

典例 1 （2020 年新高考Ⅰ卷 4）如图 9－1，日晷是中国古代用来测定时间的仪器，利用与晷面垂直的晷针投射到晷面的影子来测定时间.把地球看成一个球（球心记为 O），地球上一点 A 的纬度是指 OA 与地球赤道所在平面所成角，点 A 处的水平面是指过点 A 且与 OA 垂直的平面.在点 A 处放置一个日晷，若晷面与赤道所在平面平行，点 A 处的纬度为北纬 $40°$，则晷针与点 A 处的水平面所成角为（　　）

图 9－1

A. $20°$　　B. $40°$　　C. $50°$　　D. $90°$

关键点击 直击靶心

1. 立体几何平面化,作出对应的平面图形.

2. 由纬度的定义和线面角的定义,结合直角三角形的性质,可得晷针与点 A 处的水平面所成角.

图析路径 思维可视

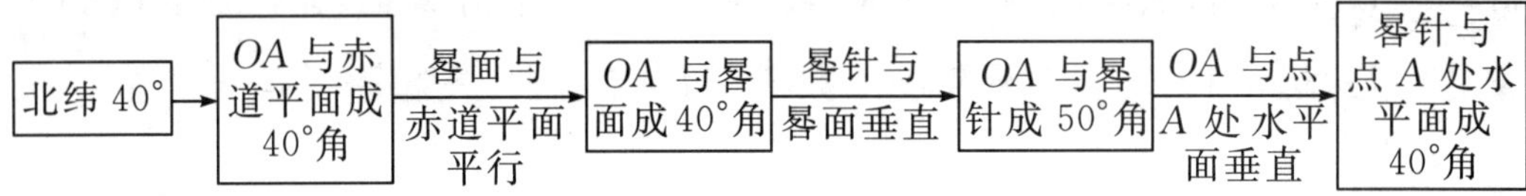

规范解答 精准示范

B **解析:** 画出截面图,如图 9-2,其中 CD 是赤道所在平面的截线.l 是点 A 处的水平面的截线,由题意可得 $OA\perp l$,AB 是晷针所在直线.m 是晷面的截线.由题意晷面和赤道面平行,晷针与晷面垂直,可得 $m\,/\!/\,CD$, $AB\perp m$.

由于 $\angle AOC=40°$,$m\,/\!/\,CD$,所以 $\angle OAG=\angle AOC=40°$.

由于 $\angle OAG+\angle GAE=\angle BAE+\angle GAE=90°$,所以 $\angle BAE=\angle OAG=40°$,即晷针与点 A 处的水平面所成角为 $\angle BAE=40°$.故选 B.

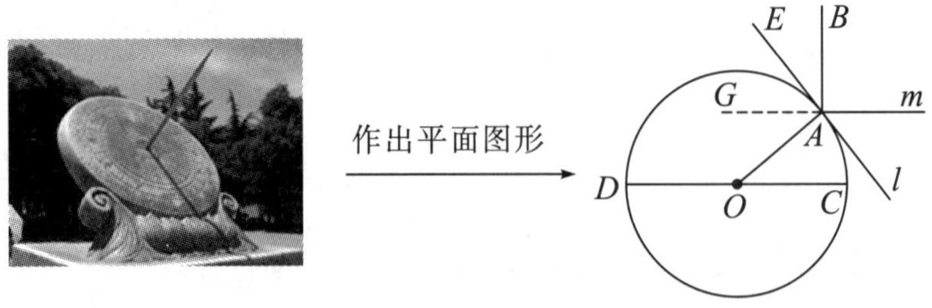

图 9-2

典例 2 （2023 年北京卷 9）刍甍是我国传统建筑造型之一，蕴含着丰富的数学元素．安装灯带可以勾勒出建筑轮廓，展现造型之美．如图 9－3，某屋顶可视为五面体 $ABCDEF$，四边形 $ABFE$ 和 $CDEF$ 是全等的等腰梯形，$\triangle ADE$ 和 $\triangle BCF$ 是全等的等腰三角形．若 $AB=25$ m，$BC=AD=10$ m，且等腰梯形所在的面、等腰三角形所在的面与底面夹角的正切值均为 $\frac{\sqrt{14}}{5}$．为这个模型的轮廓安装灯带（不计损耗），则所需灯带的长度为（　　）

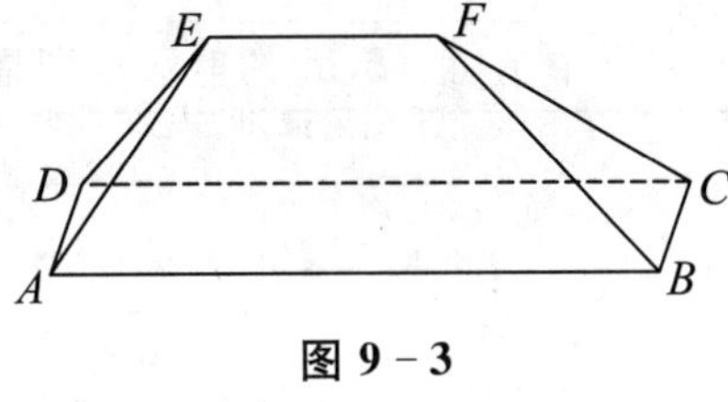

图 9－3

A. 102 m　　B. 112 m　　C. 117 m　　D. 125 m

关键点击　直击靶心

1. 根据题意及对称性可知底面四边形 $ABCD$ 为矩形．

2. 作出等腰梯形所在的面、等腰三角形所在的面与底面夹角，再代入题目中的数据，计算即可求解．

图析路径　思维可视

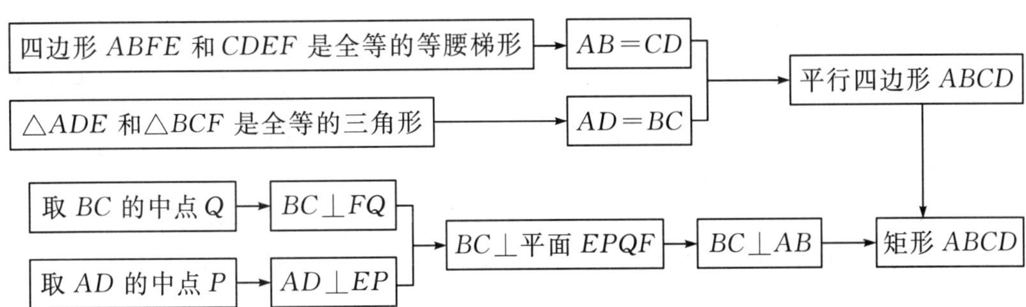

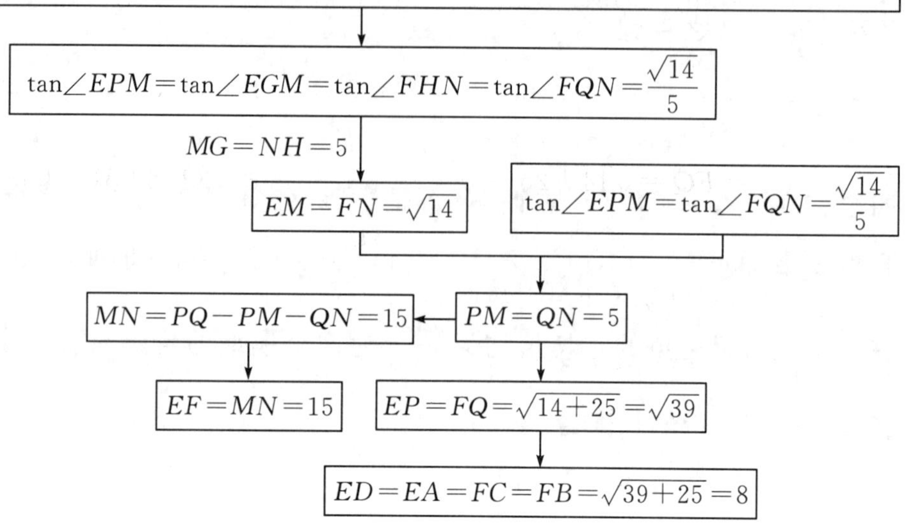

规范解答　精准示范

C　**解析:** 如图 9－4,设 AD 与 BC 的中点分别为 P,Q,连接 PQ,EP,FQ.

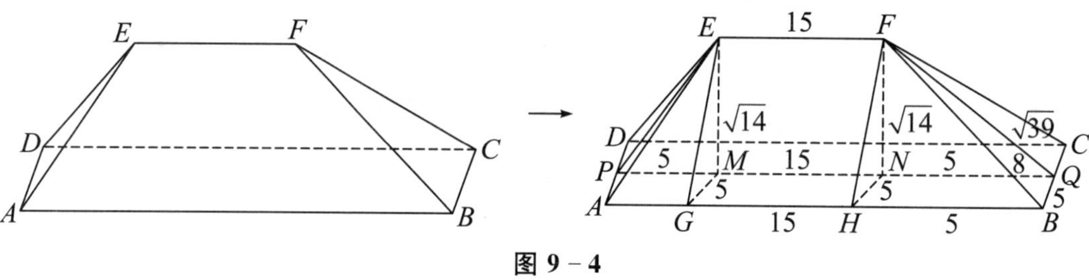

图 9－4

因为四边形 $ABFE$ 和 $CDEF$ 是全等的等腰梯形,$\triangle ADE$ 和 $\triangle BCF$ 是全等的等腰三角形,所以 $BC=AD$,$AB=CD$,所以四边形 $ABCD$ 是平行四边形,所以 $AB /\!/ PQ$,所以 $EF /\!/ PQ$,所以点 E,F,P,Q 在同一个平面内.

因为$\triangle ADE$ 和$\triangle BCF$ 是全等的等腰三角形,所以 $BC\perp FQ$,$AD\perp EP$.因为四边形 $ABCD$ 是平行四边形,所以 $BC /\!/ AD$,所以 $BC\perp EP$.

又因为 EP,$FQ\subset$平面 $EPQF$,且 EP,FQ 相交,所以 $BC\perp$平面 $EPQF$,所以 $BC\perp PQ$,所以 $BC\perp AB$,所以底面四边形 $ABCD$ 为矩形.

设点 E,F 在底面矩形的射影分别为点 M,N,则点 M,N 在线段 PQ 上,过点 M,N 分别作 AB 的垂线,垂足分别为 G,H.连接 HF,EG.易得

$\tan\angle EPM=\tan\angle EGM=\tan\angle FHN=\tan\angle FQN=\frac{\sqrt{14}}{5}$.

又因为 $MG=NH=\frac{1}{2}BC=5$，所以 $EM=FN=\sqrt{14}$，所以 $PM=QN=5$，所以 $EP=FQ=\sqrt{14+25}=\sqrt{39}$，所以 $MN=PQ-PM-QN=AB-PM-QN=25-5-5=15$，所以 $EF=MN=15$.

又易知 $BC\perp QN$，$FN\perp$ 底面 $ABCD$.

因为 $BC\perp FQ$，又 $BQ=5$，$FQ=\sqrt{39}$，所以 $FB=\sqrt{39+25}=8$，$ED=EA=FC=FB=8$，所以该多面体的所有棱长和为 $8\times4+(25+10)\times2+15=117$. 故所需灯带的长度为 117 m.故选 C.

典例 3 (2021 年北京卷 8)某一时段内，从天空降落到地面上的雨水，未经蒸发、渗漏、流失而在水平面上积聚的深度，称为这个时段的降雨量(单位:mm).24 h 降雨量的等级划分如表 9－1.

表 9－1

等级	24 h 降雨量(精确到 0.1)/mm
……	……
小雨	0.1～9.9
中雨	10.0～24.9
大雨	25.0～49.9
暴雨	50.0～99.9
……	……

在综合实践活动中，某小组自制了一个底面直径为 200 mm，高为 300 mm 的圆锥形雨量器.若一次降雨过程中，该雨量器收集的 24 h 的雨水高度是 150 mm，如图 9－5，则这 24 h 降雨量的等级是 (　　)

A. 小雨　　B. 中雨

C. 大雨　　D. 暴雨

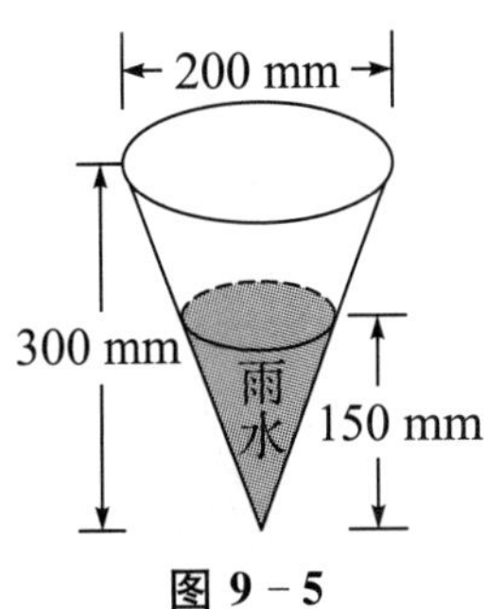

图 9－5

关键点击 直击靶心

1. 利用圆锥内积水的高度是圆锥总高度的一半，求出圆锥内积水部分的半径，求出积水体积.

2. 利用积水体积和圆锥底面半径求出平面上积水的厚度，由表 9-1 即可得到答案.

图析路径 思维可视

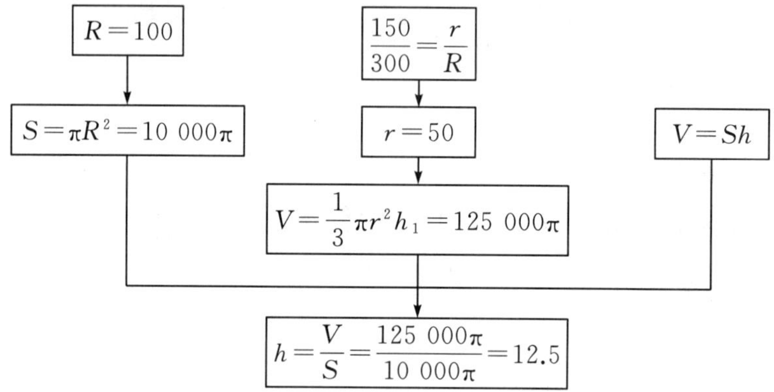

规范解答 精准示范

B **解析**：因为圆锥内积水的高度是圆锥总高度的一半，所以圆锥内积水部分的半径为 $r=\frac{1}{2}\times\frac{1}{2}\times 200=50$，将 $r=50$，$h_1=150$ 代入圆锥体积公式可得积水体积 $V=125\ 000\pi$.

降雨量是水平面上积水的厚度，即平地上积水的高.平底上积水的体积为 $V=Sh$，且这一块平地的面积为圆锥底面圆的面积，所以 $S=\pi\cdot\left(\frac{1}{2}\times 200\right)^2=10\ 000\pi$.则平地上积水的高 $h=\frac{125\ 000\pi}{10\ 000\pi}=12.5$，因为 $10<12.5<25$，由表 9-1 可知，这一天的降雨量的等级属于中雨.故选 B.

典例 4 刻画空间的弯曲性是几何研究的重要内容.用曲率刻画空间弯曲性，规定：多面体顶点的曲率等于 2π 与多面体在该点的面角之和的差(多面体的面的内角叫作多面体的面角，角度用弧度制)，多面体面上非顶点的曲率均为零，多面体的总曲率等于该多面体各顶点的曲率之和.例如：正四面体在每个顶点有3个面角，每个面角是$\frac{\pi}{3}$，所以正四面体在各顶点的曲率为$2\pi-3\times\frac{\pi}{3}=\pi$，故其总曲率为$4\pi$.

(1) 求四棱锥的总曲率.

(2) 若多面体满足顶点数－棱数＋面数＝2，求证：这类多面体的总曲率是常数.

关键点击 直击靶心

1. 利用多面体的总曲率的公式即可求解第(1)小题.

2. 找到顶点数为V、棱数为E、面数为F对应的关系，利用多面体的总曲率的概念即可证明第(2)小题.

图析路径 思维可视

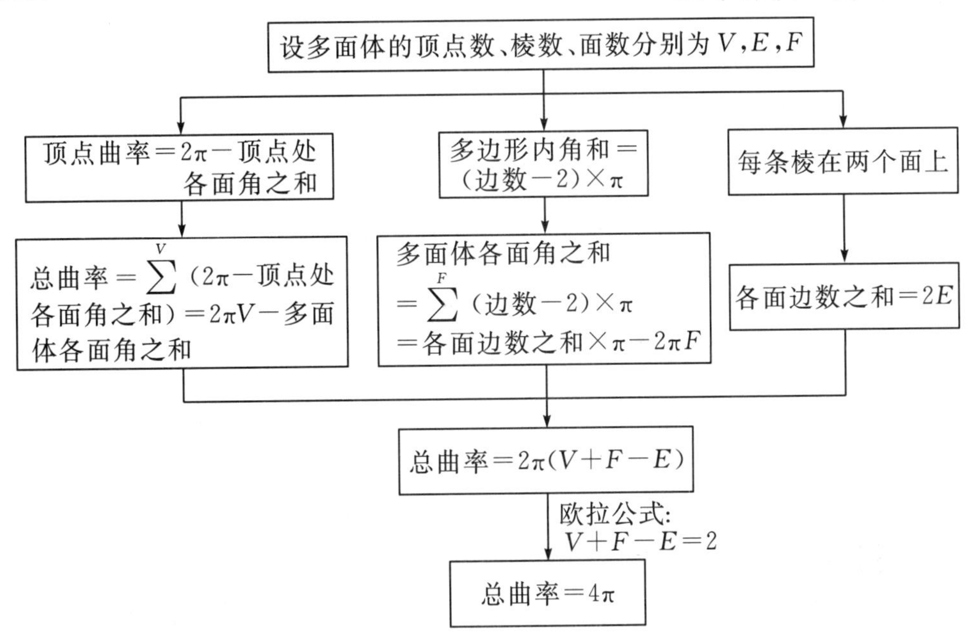

规范解答　精准示范

解：(1) 因为四棱锥有 5 个顶点，5 个面，其中四个侧面是三角形，一个底面是四边形，所以四棱锥的总曲率为 $5\times2\pi-4\pi-2\pi=4\pi$.

(2) 设多面体的顶点数为 V，棱数为 E，面数为 F，每个面分别记为 $n_i(i\in[1,F])$ 边形，则所有面角和为 $\sum\limits_{i=1}^{F}(n_i-2)\pi=\pi\sum\limits_{i=1}^{F}n_i-2\pi F$.因为每条棱在两个面上，所以计算各面边数之和时，每条棱都被算了两次，所以 $\sum\limits_{i=1}^{F}n_i=2E$，则多面体的总曲率为 $2\pi V-2\pi(E-F)=4\pi$，故这类多面体的总曲率是常数.

解后反思　迁移提升

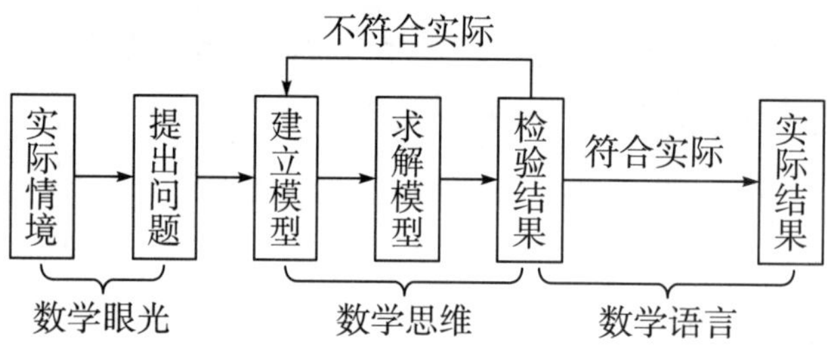

10. 建系不易　巧用基底

解决立体几何问题主要有几何法和空间向量法.几何法要作辅助线，对空间想象能力的要求较高.空间向量法通常是建立空间直角坐标系，利用坐标法解答的.但对于某些不规则的立体图形，由于建系较难，往往解题受阻.实际上，空间向量的坐标只是在单位正交基的基础上引入的，空间向量基本定理才是解决问题的源泉.而空间向量基本定理的基向量只要求确定三个不共面的向量即可，因此只要合理选取基底，就能解决建系困难的问题.该法回避了复杂的辅助线和烦琐的垂直关系证明，具有简洁明了、思路自然的优点.

典例 1　如图 10－1，已知三棱柱 $ABC-A_1B_1C_1$ 的侧棱与底面边长都相等，点 A_1 在底面 ABC 内的射影为$\triangle ABC$ 的中心 O，则 AB_1 与底面 ABC 所成角的正弦值等于　　(　　)

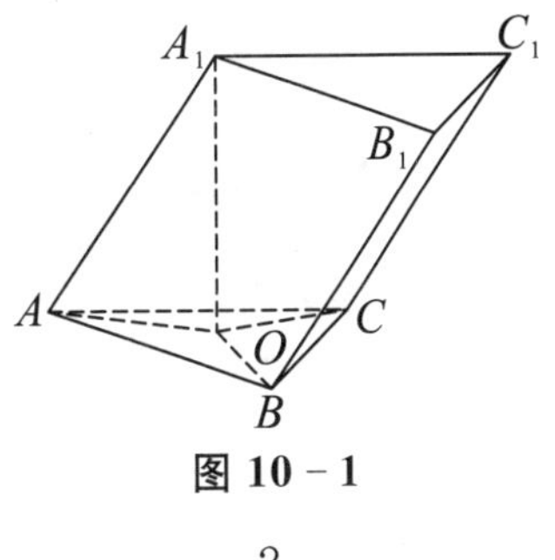

图 10－1

A. $\frac{1}{3}$　　B. $\frac{\sqrt{2}}{3}$　　C. $\frac{\sqrt{3}}{3}$　　D. $\frac{2}{3}$

关键点击　直击靶心

1. 求出$\angle A_1AB$ 和$\angle A_1AC$，以$\{\overrightarrow{AB},\overrightarrow{AC},\overrightarrow{AA_1}\}$为一组基底.

2. $\overrightarrow{OA_1}$为底面 ABC 的法向量，求 $\cos\langle\overrightarrow{OA_1},\overrightarrow{AB_1}\rangle$即可.

图析路径 思维可视

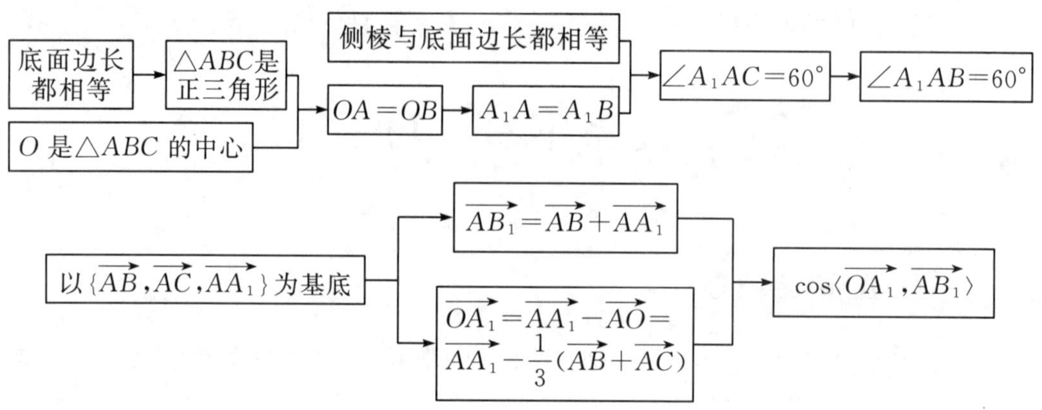

规范解答 精准示范

B **解析**：不妨设三棱柱 $ABC-A_1B_1C_1$ 的侧棱与底面边长为 2.

因为底面边长均相等，所以△ABC 是等边三角形.记△ABC 的中心为 O，则 $OA=OB$.

因为点 A_1 在底面 ABC 内的射影为△ABC 的中心，所以 $A_1A=A_1B$.又因为 $A_1A=AB$，所以△ABA_1 是等边三角形，所以 $\angle A_1AB=60°$.同理可得 $\angle A_1AC=60°$.

以$\{\overrightarrow{AB},\overrightarrow{AC},\overrightarrow{AA_1}\}$为一组基底，则 $\overrightarrow{AB_1}=\overrightarrow{AB}+\overrightarrow{AA_1}$，所以 $|\overrightarrow{AB_1}|=\sqrt{\overrightarrow{AB}^2+2\overrightarrow{AB}\cdot\overrightarrow{AA_1}+\overrightarrow{AA_1}^2}=2\sqrt{3}$.

因为点 A_1 在底面 ABC 内的射影为△ABC 的中心，所以$\overrightarrow{OA_1}$为底面 ABC 的法向量.因为 $\overrightarrow{OA_1}=-\frac{1}{3}\overrightarrow{AB}-\frac{1}{3}\overrightarrow{AC}+\overrightarrow{AA_1}$，所以 $|\overrightarrow{OA_1}|=\sqrt{\frac{1}{9}\overrightarrow{AB}^2+\frac{1}{9}\overrightarrow{AC}^2+\overrightarrow{AA_1}^2+\frac{2}{9}\overrightarrow{AB}\cdot\overrightarrow{AC}-\frac{2}{3}\overrightarrow{AB}\cdot\overrightarrow{AA_1}-\frac{2}{3}\overrightarrow{AC}\cdot\overrightarrow{AA_1}}=\sqrt{\frac{8}{3}}$.

因为$\overrightarrow{OA_1}\cdot\overrightarrow{AB_1}=-\frac{1}{3}\overrightarrow{AB}^2-\frac{1}{3}\overrightarrow{AB}\cdot\overrightarrow{AA_1}-\frac{1}{3}\overrightarrow{AC}\cdot\overrightarrow{AB}-\frac{1}{3}\overrightarrow{AC}\cdot\overrightarrow{AA_1}+\overrightarrow{AA_1}\cdot\overrightarrow{AB}+\overrightarrow{AA_1}^2=\frac{8}{3}$，所以 $\cos\langle\overrightarrow{OA_1}\cdot\overrightarrow{AB_1}\rangle=\frac{\overrightarrow{OA_1}\cdot\overrightarrow{AB_1}}{|\overrightarrow{OA_1}|\cdot|\overrightarrow{AB_1}|}=\frac{\frac{8}{3}}{2\times\sqrt{3}\times\sqrt{\frac{8}{3}}}=\frac{\sqrt{2}}{3}$，故 AB_1 与底面 ABC 所成角的正弦值为$\frac{\sqrt{2}}{3}$.故选 B.

典例 2 如图 10－2，三棱锥 $A-BCD$ 中，$AB=AC=BD=CD=3$，$AD=BC=2$，M，N 分别是 AD，BC 的中点，则异面直线 AN，CM 所成的角的余弦值是________.

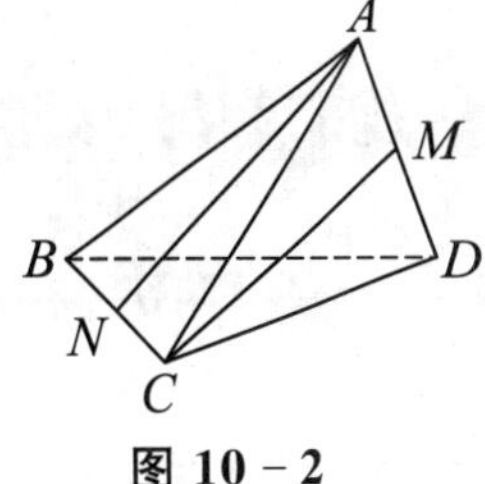

图 10－2

关键点击 直击靶心

1. 求出 $\angle BAC$，$\angle CAD$ 和 $\angle BAD$，以 $\{\overrightarrow{AB},\overrightarrow{AC},\overrightarrow{AD}\}$ 为一组基底.
2. 求 $\cos\langle\overrightarrow{AN},\overrightarrow{CM}\rangle$，注意异面直线所成角的范围.

图析路径 思维可视

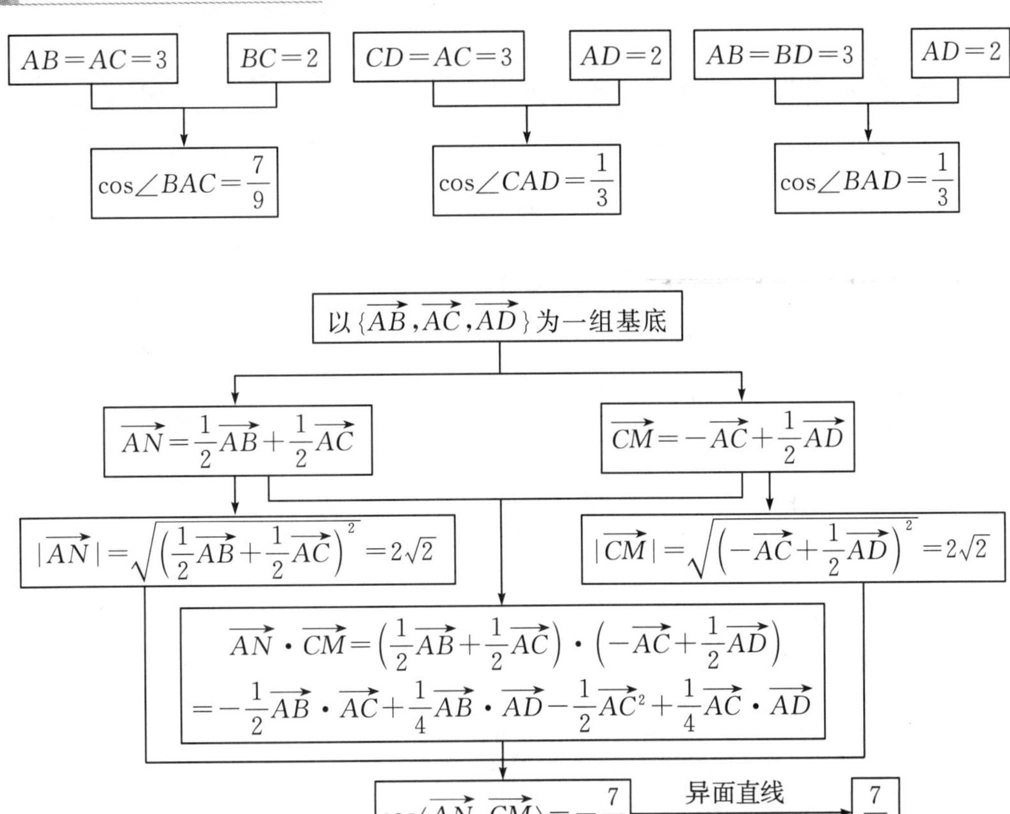

规范解答 精准示范

$\frac{7}{8}$ **解析**:在$\triangle ABC$中,因为$AB=AC=3,BC=2$,所以$\cos\angle BAC=\frac{7}{9}$.在$\triangle ACD$中,因为$AC=CD=3,AD=2$,所以$\cos\angle CAD=\frac{1}{3}$.在$\triangle ABD$中,因为$AB=BD=3,AD=2$,所以$\cos\angle BAD=\frac{1}{3}$.

以$\{\overrightarrow{AB},\overrightarrow{AC},\overrightarrow{AD}\}$为一组基底,则$\overrightarrow{AN}=\frac{1}{2}\overrightarrow{AB}+\frac{1}{2}\overrightarrow{AC},\overrightarrow{CM}=-\overrightarrow{AC}+\frac{1}{2}\overrightarrow{AD}$,所以$|\overrightarrow{AN}|=\sqrt{\left(\frac{1}{2}\overrightarrow{AB}+\frac{1}{2}\overrightarrow{AC}\right)^2}=2\sqrt{2}$,$|\overrightarrow{CM}|=\sqrt{\left(-\overrightarrow{AC}+\frac{1}{2}\overrightarrow{AD}\right)^2}=2\sqrt{2}$,$\overrightarrow{AN}\cdot\overrightarrow{CM}=\left(\frac{1}{2}\overrightarrow{AB}+\frac{1}{2}\overrightarrow{AC}\right)\cdot\left(-\overrightarrow{AC}+\frac{1}{2}\overrightarrow{AD}\right)=-\frac{1}{2}\overrightarrow{AB}\cdot\overrightarrow{AC}+\frac{1}{4}\overrightarrow{AB}\cdot\overrightarrow{AD}-\frac{1}{2}\overrightarrow{AC}^2+\frac{1}{4}\overrightarrow{AC}\cdot\overrightarrow{AD}=-7$,所以$\cos\langle\overrightarrow{AN},\overrightarrow{CM}\rangle=-\frac{7}{8}$.又因为异面直线所成角的取值范围为$\left(0,\frac{\pi}{2}\right]$,所以异面直线$AN,CM$所成角的余弦值是$\frac{7}{8}$.

典例 3 (2023 年全国乙卷理 19)如图 10-3,在三棱锥$P-ABC$中,$AB\perp BC,AB=2,BC=2\sqrt{2},PB=PC=\sqrt{6},AD=\sqrt{5}DO$,$BP,AP,BC$的中点分别为$D,E,O$,点$F$在$AC$上,$BF\perp AO$.

(1) 求证:$EF/\!/$平面ADO;

(2) 求证:平面$ADO\perp$平面BEF;

(3) 求二面角$D-AO-C$的正弦值.

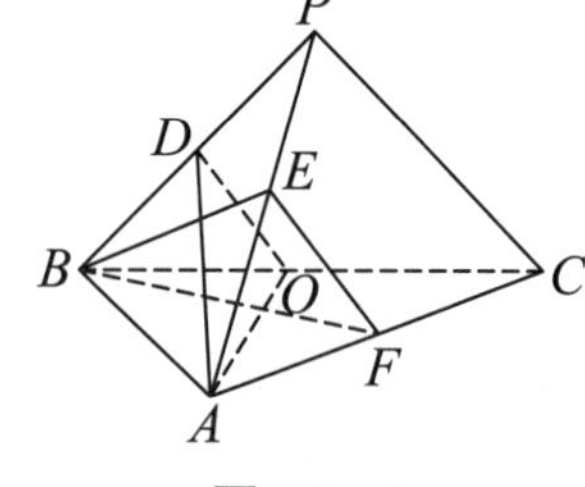

图 10-3

关键点击 直击靶心

1. 利用平面向量基本定理及数量积证明F是AC的中点.
2. 利用勾股定理证明$AO\perp EF$.
3. 把二面角转化为向量的夹角求解.

图析路径 思维可视

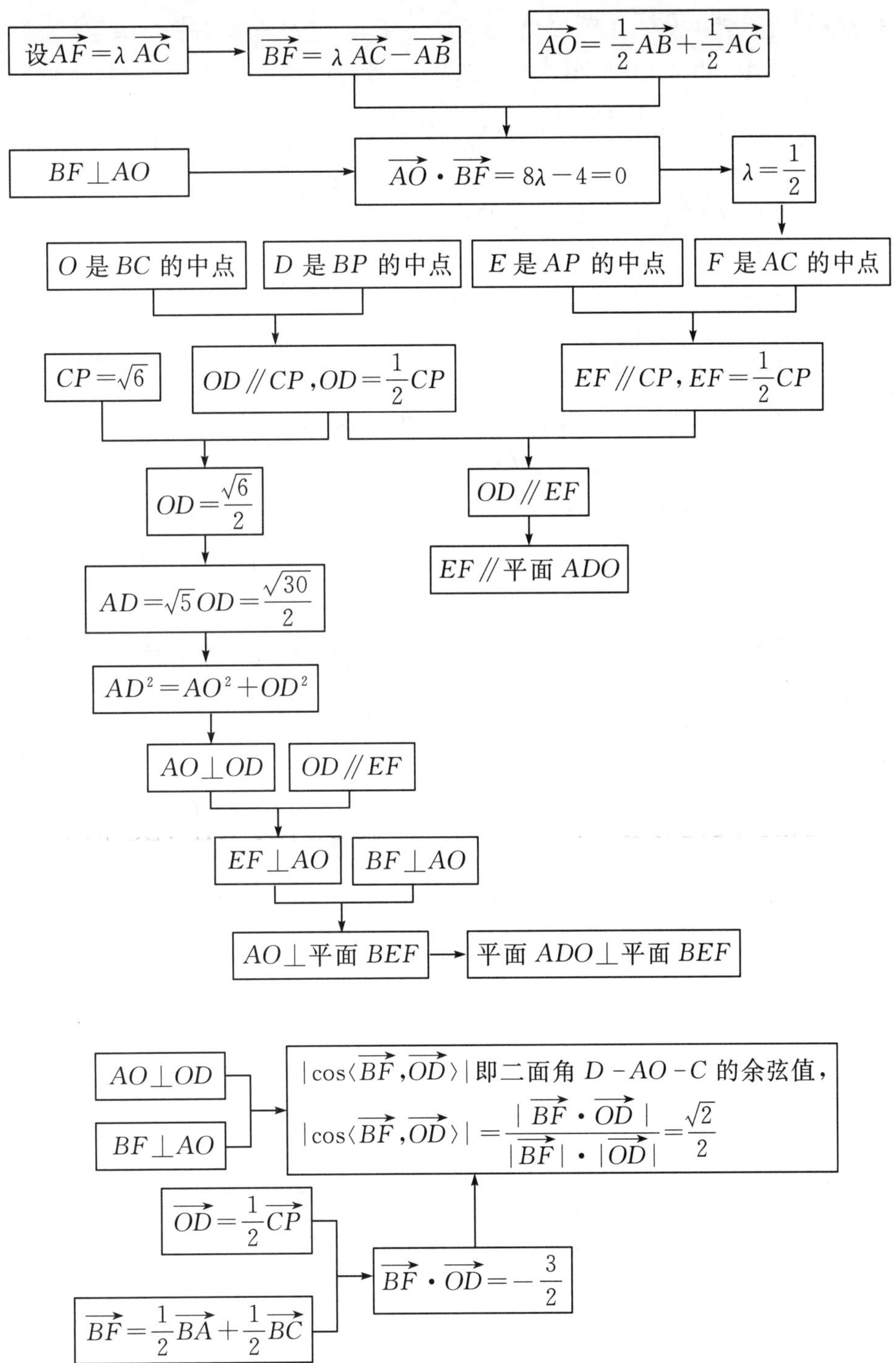
设$\overrightarrow{AF}=\lambda\overrightarrow{AC}$
$\overrightarrow{BF}=\lambda\overrightarrow{AC}-\overrightarrow{AB}$
$\overrightarrow{AO}=\frac{1}{2}\overrightarrow{AB}+\frac{1}{2}\overrightarrow{AC}$
$BF\perp AO$
$\overrightarrow{AO}\cdot\overrightarrow{BF}=8\lambda-4=0$
$\lambda=\frac{1}{2}$
O 是 BC 的中点
D 是 BP 的中点
E 是 AP 的中点
F 是 AC 的中点
$CP=\sqrt{6}$
$OD\parallel CP, OD=\frac{1}{2}CP$
$EF\parallel CP, EF=\frac{1}{2}CP$
$OD=\frac{\sqrt{6}}{2}$
$OD\parallel EF$
$EF\parallel$平面 ADO
$AD=\sqrt{5}OD=\frac{\sqrt{30}}{2}$
$AD^2=AO^2+OD^2$
$AO\perp OD$
$OD\parallel EF$
$EF\perp AO$
$BF\perp AO$
$AO\perp$平面 BEF
平面 $ADO\perp$平面 BEF
$AO\perp OD$
$BF\perp AO$
$|\cos\langle\overrightarrow{BF},\overrightarrow{OD}\rangle|$即二面角 $D-AO-C$ 的余弦值，
$|\cos\langle\overrightarrow{BF},\overrightarrow{OD}\rangle|=\frac{|\overrightarrow{BF}\cdot\overrightarrow{OD}|}{|\overrightarrow{BF}|\cdot|\overrightarrow{OD}|}=\frac{\sqrt{2}}{2}$
$\overrightarrow{OD}=\frac{1}{2}\overrightarrow{CP}$
$\overrightarrow{BF}\cdot\overrightarrow{OD}=-\frac{3}{2}$
$\overrightarrow{BF}=\frac{1}{2}\overrightarrow{BA}+\frac{1}{2}\overrightarrow{BC}$

规范解答 精准示范

解:(1) 证明:由题可知,$|\overrightarrow{AC}|=2\sqrt{3}$.

设$\overrightarrow{AF}=\lambda\overrightarrow{AC}$.因为$\overrightarrow{AB}\cdot\overrightarrow{AC}=|\overrightarrow{AB}||\overrightarrow{AC}|\cos\angle BAC=|\overrightarrow{AB}|^2=4$,所以$\overrightarrow{BF}\cdot\overrightarrow{AO}=(\lambda\overrightarrow{AC}-\overrightarrow{AB})\cdot\left(\frac{1}{2}\overrightarrow{AB}+\frac{1}{2}\overrightarrow{AC}\right)=\frac{\lambda}{2}|\overrightarrow{AC}|^2-\frac{1}{2}|\overrightarrow{AB}|^2+\left(\frac{1}{2}\lambda-\frac{1}{2}\right)\overrightarrow{AB}\cdot\overrightarrow{AC}=8\lambda-4=0$,解得$\lambda=\frac{1}{2}$,所以$EF\parallel CP$,$EF=\frac{1}{2}CP$.

又因为$OD\parallel CP$,$OD=\frac{1}{2}CP$,所以$OD\parallel EF$.

又因为$OD\subset$平面ADO,$EF\not\subset$平面ADO,所以$EF\parallel$平面ADO.

(2) 证明:$AO=\sqrt{AB^2+OB^2}=\sqrt{6}=PC=2OD$,$AD=\sqrt{5}OD$,所以$AD^2=AO^2+OD^2$,即$AO\perp OD$,所以$AO\perp EF$.

又因为$BF\perp AO$,$BF\cap EF=F$,BF,$EF\subset$平面BEF,所以$AO\perp$平面BEF.

因为$AO\subset$平面ADO,所以平面$ADO\perp$平面BEF.

(3) 设二面角$D-AO-C$的平面角为θ,因为$AO\perp OD$,$AO\perp BF$,所以θ为$\overrightarrow{OD}$和$\overrightarrow{BF}$的夹角.因为$|\overrightarrow{BF}|=\frac{1}{2}|\overrightarrow{AC}|=\sqrt{3}$,$|\overrightarrow{OD}|=\frac{1}{2}|\overrightarrow{PC}|=\frac{\sqrt{6}}{2}$,所以$\cos\theta=\frac{\overrightarrow{BF}\cdot\overrightarrow{OD}}{|\overrightarrow{BF}||\overrightarrow{OD}|}$,$\overrightarrow{BF}=\frac{1}{2}\overrightarrow{BA}+\frac{1}{2}\overrightarrow{BC}=\frac{1}{2}\overrightarrow{BA}+\overrightarrow{BO}=\frac{1}{2}(\overrightarrow{OA}-\overrightarrow{OB})-\overrightarrow{OB}=\frac{1}{2}(\overrightarrow{OA}-3\overrightarrow{OB})$,所以$\overrightarrow{BF}\cdot\overrightarrow{OD}=\frac{1}{2}(\overrightarrow{OA}-3\overrightarrow{OB})\cdot\overrightarrow{OD}$,而$OA\perp OD$,所以$\overrightarrow{BF}\cdot\overrightarrow{OD}=-\frac{3}{2}\overrightarrow{OB}\cdot\overrightarrow{OD}$,$\cos\angle BOD=\frac{OD^2+OB^2-BD^2}{2OD\cdot OB}=\frac{\frac{6}{4}+2-\frac{6}{4}}{2\times\frac{\sqrt{6}}{2}\times\sqrt{2}}=\frac{\sqrt{3}}{3}$,所以$\overrightarrow{OB}\cdot\overrightarrow{OD}=\frac{\sqrt{6}}{2}\times\sqrt{2}\times\frac{\sqrt{3}}{3}=1$,所以$\cos\theta=\frac{-\frac{3}{2}}{\sqrt{3}\times\frac{\sqrt{6}}{2}}=-\frac{\sqrt{2}}{2}$,所以$\sin\theta=\frac{\sqrt{2}}{2}$,所以二面角$D-AO-C$的正弦值为$\frac{\sqrt{2}}{2}$.

典例 4 如图 10-4,在锥体 $P-ABCD$ 中,$ABCD$ 是边长为 1 的菱形,且 $\angle DAB=60°$,$PA=PD=\sqrt{2}$,$PB=2$,E,F 分别是 BC,PC 的中点.

(1) 求证:$AD\perp$平面 DEF;

(2) 求二面角 $P-AD-B$ 的余弦值.

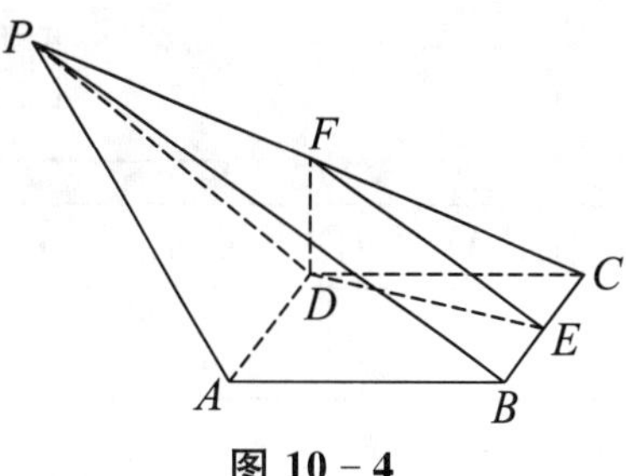

图 10-4

关键点击 直击靶心

1. 以$\{\overrightarrow{AB},\overrightarrow{AD},\overrightarrow{AP}\}$为一组基底,线性表示$\overrightarrow{DE}$,$\overrightarrow{DF}$,再证明$\overrightarrow{AD}\perp\overrightarrow{DE}$,$\overrightarrow{AD}\perp\overrightarrow{DF}$.

2. 设$\overrightarrow{AB}=\boldsymbol{a}$,$\overrightarrow{AD}=\boldsymbol{b}$,$\overrightarrow{AP}=\boldsymbol{c}$,平面 ADB 和平面 ADP 的法向量为 $x_1\boldsymbol{a}+y_1\boldsymbol{b}+z_1\boldsymbol{c}$ 和 $x_2\boldsymbol{a}+y_2\boldsymbol{b}+z_2\boldsymbol{c}$,然后求解.

图析路径 思维可视

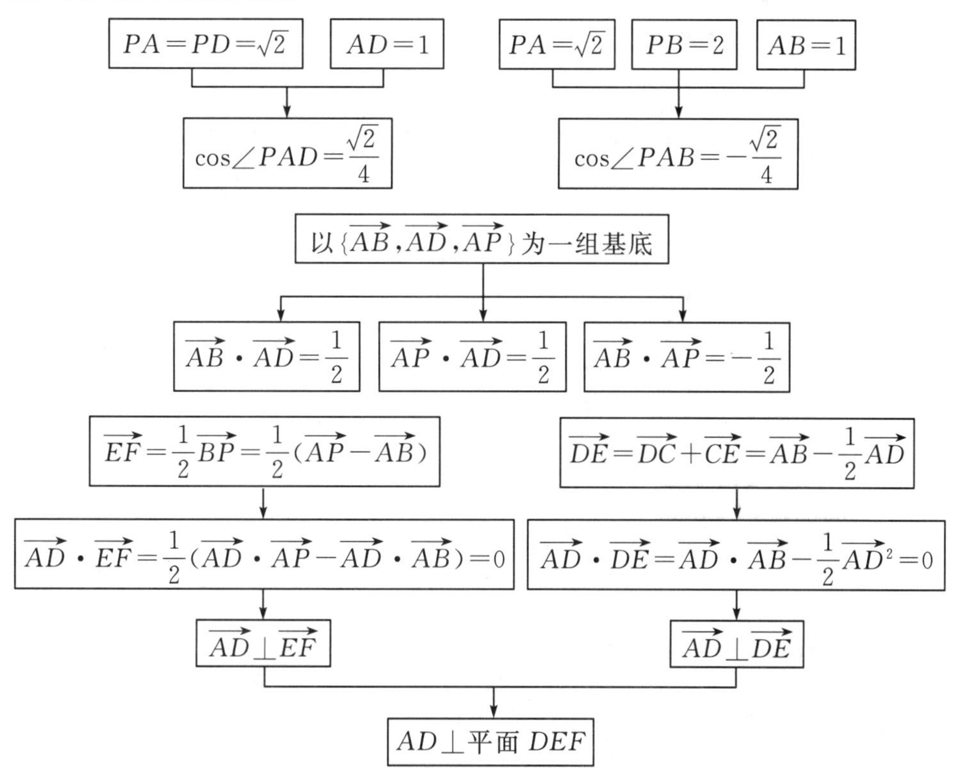

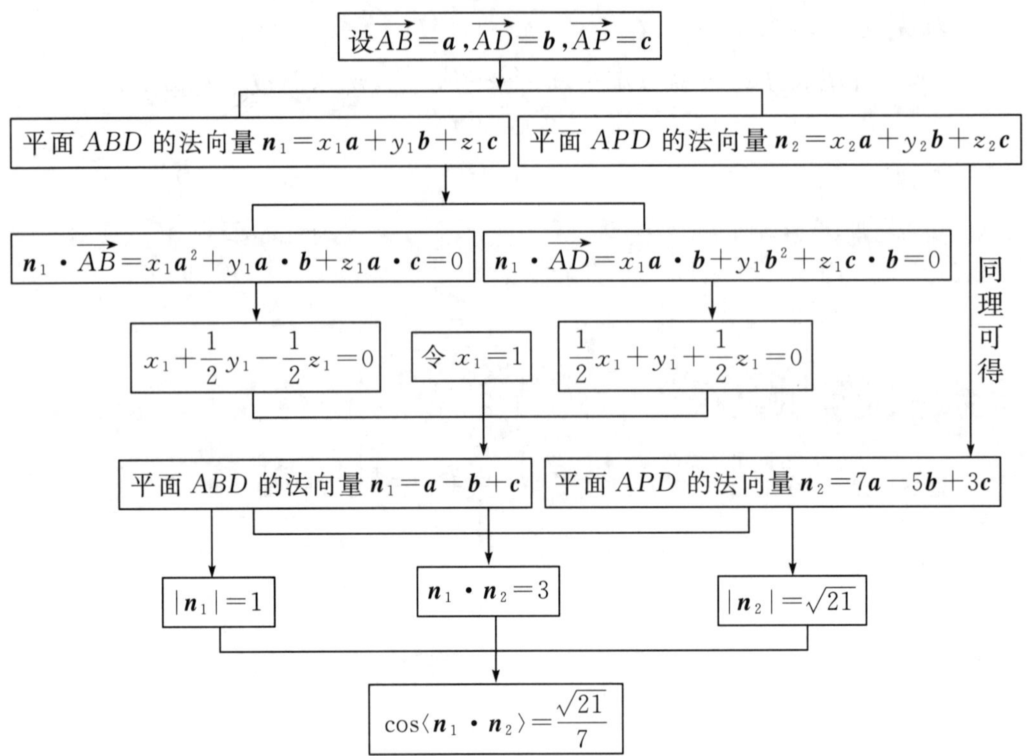

规范解答　精准示范

解:(1) 证明:在$\triangle PAD$中,因为$PA=PD=\sqrt{2}$,$AD=1$,所以$\cos\angle PAD=\frac{\sqrt{2}}{4}$.

在$\triangle PAB$中,因为$PA=\sqrt{2}$,$PB=2$,$AB=1$,所以$\cos\angle PAB=-\frac{\sqrt{2}}{4}$.

以$\{\overrightarrow{AB},\overrightarrow{AD},\overrightarrow{AP}\}$为一组基底,则$\overrightarrow{AB}\cdot\overrightarrow{AD}=\frac{1}{2}$,$\overrightarrow{AP}\cdot\overrightarrow{AD}=\frac{1}{2}$,$\overrightarrow{AB}\cdot\overrightarrow{AP}=-\frac{1}{2}$.

因为$\overrightarrow{EF}=\frac{1}{2}\overrightarrow{BP}=\frac{1}{2}(\overrightarrow{AP}-\overrightarrow{AB})$,所以$\overrightarrow{AD}\cdot\overrightarrow{EF}=\frac{1}{2}(\overrightarrow{AD}\cdot\overrightarrow{AP}-\overrightarrow{AD}\cdot\overrightarrow{AB})=0$,所以$\overrightarrow{AD}\perp\overrightarrow{EF}$,所以$AD\perp EF$.

因为$\overrightarrow{DE}=\overrightarrow{DC}+\overrightarrow{CE}=\overrightarrow{AB}-\frac{1}{2}\overrightarrow{AD}$,所以$\overrightarrow{AD}\cdot\overrightarrow{DE}=\overrightarrow{AD}\cdot\overrightarrow{AB}-\frac{1}{2}\overrightarrow{AD}^2=$

0，所以$\overrightarrow{AD}\perp\overrightarrow{DE}$，所以$AD\perp DE$.

又因为DE，$EF\subset$平面DEF，$DE\cap EF=E$，所以$AD\perp$平面DEF.

(2) 设$\overrightarrow{AB}=\boldsymbol{a}$，$\overrightarrow{AD}=\boldsymbol{b}$，$\overrightarrow{AP}=\boldsymbol{c}$，则$\vec{a}\cdot\vec{b}=\frac{1}{2}$，$\vec{b}\cdot\vec{c}=\frac{1}{2}$，$\vec{a}\cdot\vec{c}=-\frac{1}{2}$，记平面$ABD$的法向量$\boldsymbol{n}_1=x_1\boldsymbol{a}+y_1\boldsymbol{b}+z_1\boldsymbol{c}$，平面$APD$的法向量$\boldsymbol{n}_2=x_2\boldsymbol{a}+y_2\boldsymbol{b}+z_2\boldsymbol{c}$.因为$\boldsymbol{n}_1\cdot\overrightarrow{AB}=x_1\boldsymbol{a}^2+y_1\boldsymbol{a}\cdot\boldsymbol{b}+z_1\boldsymbol{a}\cdot\boldsymbol{c}=0$，$\boldsymbol{n}_1\cdot\overrightarrow{AD}=x_1\boldsymbol{a}\cdot\boldsymbol{b}+y_1\boldsymbol{b}^2+z_1\boldsymbol{c}\cdot\boldsymbol{b}=0$，所以$x_1+\frac{1}{2}y_1-\frac{1}{2}z_1=0$，$\frac{1}{2}x_1+y_1+\frac{1}{2}z_1=0$.不妨设$x_1=1$，则$\boldsymbol{n}_1=\boldsymbol{a}-\boldsymbol{b}+\boldsymbol{c}$.同理可得$\boldsymbol{n}_2=7\boldsymbol{a}-5\boldsymbol{b}+3\boldsymbol{c}$.

因为$|\boldsymbol{n}_1|=\sqrt{(\boldsymbol{a}-\boldsymbol{b}+\boldsymbol{c})^2}=\sqrt{\boldsymbol{a}^2+\boldsymbol{b}^2+\boldsymbol{c}^2-2\boldsymbol{a}\cdot\boldsymbol{b}-2\boldsymbol{b}\cdot\boldsymbol{c}+2\boldsymbol{a}\cdot\boldsymbol{c}}=1$，

$|\boldsymbol{n}_2|=\sqrt{49\boldsymbol{a}^2+25\boldsymbol{b}^2+9\boldsymbol{c}^2-70\boldsymbol{a}\cdot\boldsymbol{b}-30\boldsymbol{c}\cdot\boldsymbol{b}+42\boldsymbol{a}\cdot\boldsymbol{c}}=\sqrt{21}$，

$\boldsymbol{n}_1\cdot\boldsymbol{n}_2=7\boldsymbol{a}^2+5\boldsymbol{b}^2+3\boldsymbol{c}^2-12\boldsymbol{a}\cdot\boldsymbol{b}+10\boldsymbol{a}\cdot\boldsymbol{c}-8\boldsymbol{c}\cdot\boldsymbol{b}=3$，

所以$\cos\langle\boldsymbol{n}_1\cdot\boldsymbol{n}_2\rangle=\frac{\sqrt{21}}{7}$，故二面角$P-AD-B$的余弦值为$-\frac{\sqrt{21}}{7}$.

当然，本题用几何法也很容易求解，感兴趣的读者可尝试利用几何法解决本题.

解后反思 迁移提升

1. 一般而言，我们要尽量选取具有垂直关系的三个不共面的向量作为基向量.如果没有，选取三个不共面的向量也可以作为基向量. 选取基向量时，尽量选择三个已知模长的向量，且三个向量间夹角也已知或容易求得.

2. 把所要解决的立体几何问题转化为向量问题，通过向量的运算，解决向量问题，再把向量关系翻译成几何关系，使立体几何问题得到解决.

11. 基本公理　共线共面

平面的基本性质是立体几何中推理论证的理论基础,“共点、共线、共面”问题是立体几何中的一类不可忽视的问题,掌握运用公理证明此类问题的思路,从中体会将空间问题转化为平面问题的方法.解决此类问题需要有较强的逻辑思维能力.

典例 1　如图 11－1,空间四边形 $ABCD$ 中,E,F 分别是 AD,AB 的中点,G,H 分别在 BC,CD 上,且 $BG:GC=DH:HC=1:2$.

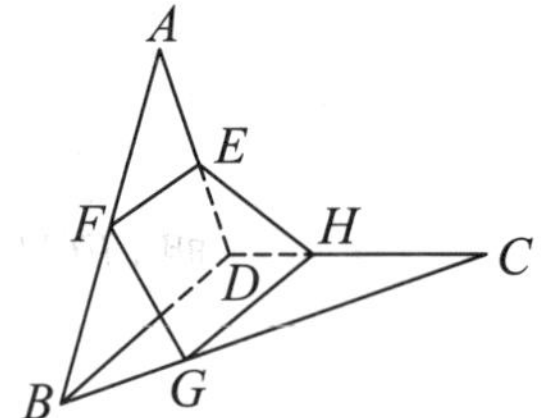

图 11－1

(1) 求证:E,F,G,H 四点共面;

(2) 设 FG 与 HE 交于点 P,求证:P,A,C 三点共线.

关键点击　直击靶心

1. 推导出 $EF \parallel BD$,$GH \parallel BD$,从而 $EF \parallel GH$,由此能证明 E,F,G,H 四点共面.

2. 由 $FG \cap HE=P$,$P \in FG$,$P \in HE$,从而 $P \in$ 平面 ABC,$P \in$ 平面 ADC,推导出 $P \in$ 直线 AC.由此能证明 P,A,C 三点共线.

图析路径 思维可视

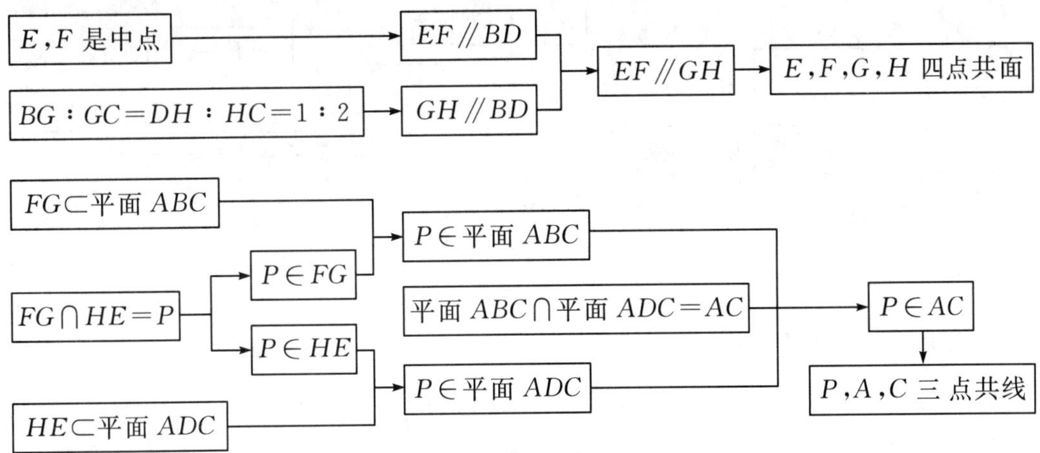

规范解答 精准示范

解:(1) 证明:在$\triangle ABD$中,因为E,F分别为AD,AB中点,所以$EF /\!/ BD$.在$\triangle CBD$中,因为$BG:GC=DH:HC=1:2$,所以$GH /\!/ BD$,所以$EF /\!/ GH$(平行线公理),所以E,F,G,H四点共面.

(2) 证明:$FG\cap HE=P$,$P\in FG$,$P\in HE$,所以$P\in$平面ABC,$P\in$平面ADC,又平面$ABC\cap$平面$ADC=AC$,所以$P\in$直线AC,所以P,A,C三点共线.

典例 2 已知三个平面α,β,γ,三条直线l,m,n,且$\alpha\cap\beta=l$,$\alpha\cap\gamma=m$,$\beta\cap\gamma=n$.

(1) 若$m /\!/ n$,求证:$m /\!/ l$;

(2) 若$m\cap n=P$,求证:$P\in l$.

关键点击 直击靶心

1. 因为$m /\!/ n$,利用直线与平面平行的判定定理得到$m /\!/ \beta$,再利用线面平行的性质定理证明$m /\!/ l$.

2. 因为$m\cap n=P$,所以$P\in\alpha$,$P\in\beta$,所以$P\in\alpha\cap\beta=l$.

图析路径 思维可视

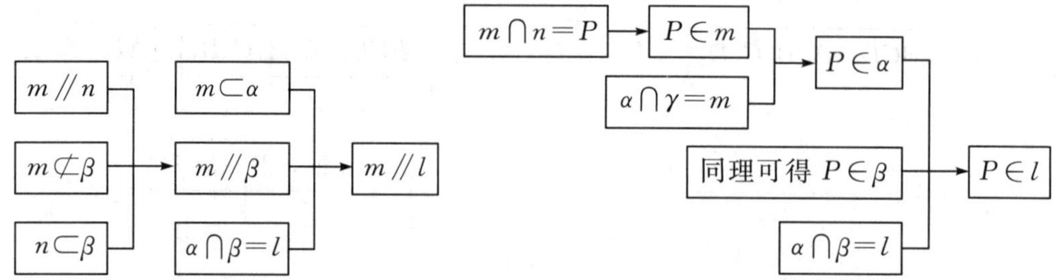

规范解答 精准示范

解:(1) 证明:先证 $m \not\subset \beta$.由 $n=\beta \cap \gamma$ 知 $n \subset \beta$,若 $m \subset \beta$,由 $m /\!/ n$,得 m,n 确定平面β,又 $m=\alpha \cap \gamma \subset \gamma$,$n=\beta \cap \gamma \subset \gamma$,$m /\!/ n$,所以 m,n 确定平面γ,与三个平面 α,β,γ 矛盾,所以 $m \not\subset \beta$.因为 $m /\!/ n$,$m \not\subset \beta$,$n \subset \beta$,所以 $m /\!/ \beta$.又因为$m \subset \alpha$,$\alpha \cap \beta = l$,所以 $m /\!/ l$.

(2) 证明:因为 $m \cap n = P$,所以 $P \in m$,又因为 $\alpha \cap \gamma = m$,所以 $P \in \alpha$.同理可得 $P \in \beta$.又因为 $\alpha \cap \beta = l$,所以 $P \in l$.

典例 3 (2020 年全国Ⅲ卷文 19)如图 11-2,在长方体 $ABCD-A_1B_1C_1D_1$ 中,点 E,F 分别在棱 DD_1,BB_1 上,且 $2DE=ED_1$,$BF=2FB_1$.求证:

(1) 当 $AB=BC$ 时,$EF \perp AC$;

(2) 点 C_1 在平面 AEF 内.

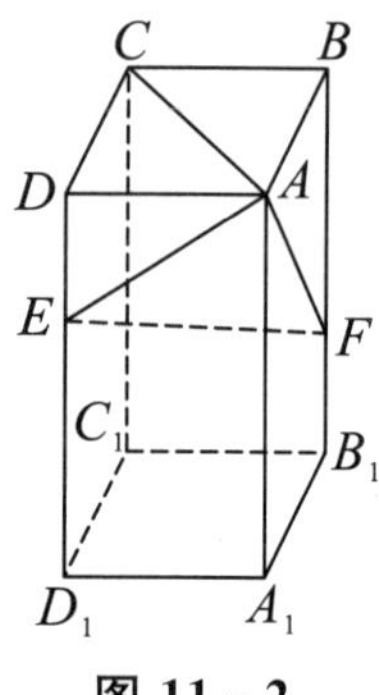

图 11-2

关键点击 直击靶心

1. 因为 $ABCD-A_1B_1C_1D_1$ 是长方体,若 $AB=BC$,可得 $AC \perp$ 平面 BB_1D_1D,因为 $EF \subset$ 平面 BB_1D_1D,所以 $EF \perp AC$.

2. 取 AA_1 上靠近 A_1 的三等分点 M,连接 DM,C_1F,MF.根据已知条件可得四边形 AED_1M 为平行四边形,得 $D_1M /\!/ AE$,再推得四边形 C_1D_1MF 为平行四边形,所以 $D_1M /\!/ C_1F$,根据直线平行的性质可得 $AE /\!/ C_1F$,所以 A,E,F,C_1 四点共面,即点 C_1 在平面 AEF 内.

图析路径 思维可视

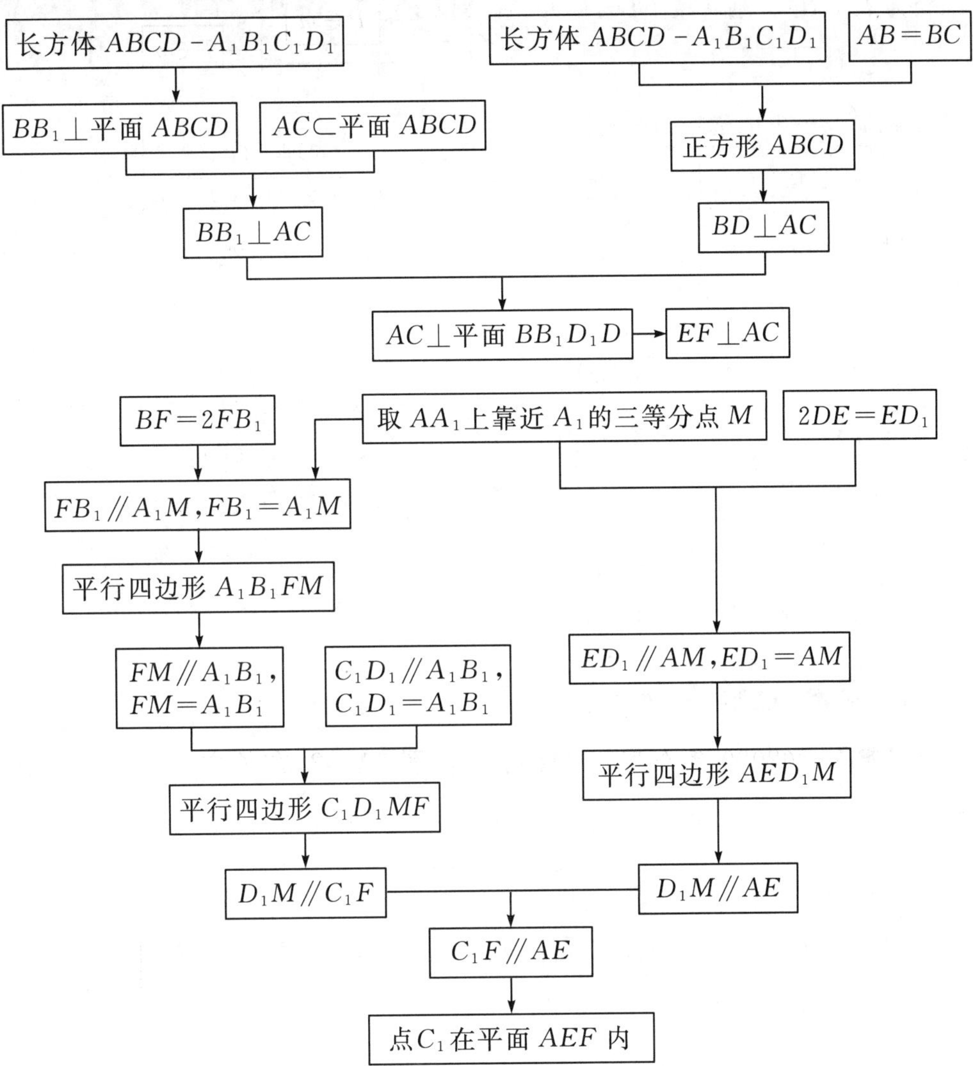

规范解答 精准示范

解:(1) 证明:因为 $ABCD-A_1B_1C_1D_1$ 是长方体,所以 $BB_1\perp$平面 $ABCD$,而 $AC\subset$平面 $ABCD$,所以 $AC\perp BB_1$.

因为 $ABCD-A_1B_1C_1D_1$ 是长方体,且 $AB=BC$,所以四边形 $ABCD$ 是正方形,所以 $AC\perp BD$.

又因为 $BD\cap BB_1=B$, BD, $BB_1\subset$平面 BB_1D_1D,所以 $AC\perp$平

面 BB_1D_1D.

因为点 E,F 分别在棱 DD_1,BB_1 上，所以 $EF\subset$平面 BB_1D_1D，所以 $EF\perp AC$.

(2) 证明：如图 11－3，取 AA_1 上靠近 A_1 的三等分点 M，连接 D_1M,C_1F,MF,C_1E.

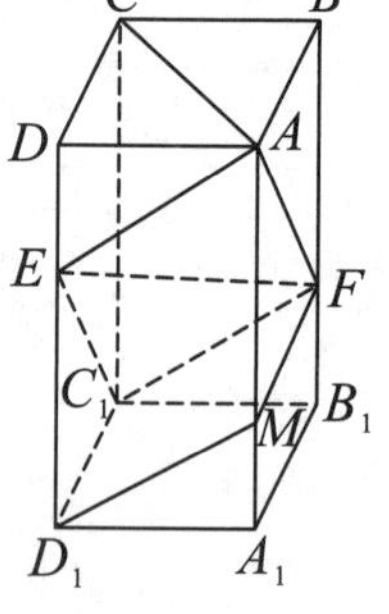

图 11－3

因为点 E 在 DD_1，且 $2DE=ED_1$，所以 $ED_1/\!/AM$，且 $ED_1=AM$，所以四边形 AED_1M 为平行四边形，所以 $D_1M/\!/AE$，且 $D_1M=AE$.

又因为点 F 在 BB_1 上，且 $BF=2FB_1$，所以 $A_1M/\!/FB_1$，且 $A_1M=FB_1$，所以四边形 A_1B_1FM 为平行四边形，所以 $FM/\!/A_1B_1$，$FM=A_1B_1$，即 $FM/\!/C_1D_1$，$FM=C_1D_1$，所以四边形 C_1D_1MF 为平行四边形，所以 $D_1M/\!/C_1F$，所以 $AE/\!/C_1F$，所以 A,E,F,C_1 四点共面.故点 C_1 在平面 AEF 内.

解后反思 迁移提升

1. 点共线问题.证明点共线问题，一般可以转化为证明这些点既在第一个平面内，又在第二个平面内，再根据基本事实 3 推出这些点就在这两个平面的交线上，即证得点共线.

2. 线共点问题.证明多线共点的基本思路：先确定其中一条直线是分别含有另外两条直线的两个平面的交线，再证明分别在两个平面内的两条直线相交，由基本事实 3 可知交点必在两个平面的交线上.

3. 点共面问题.证明若干个点共面的主要理论根据是基本事实 1 和基本事实 2 及三个推论.基本事实 1 是判断直线在平面内的依据，基本事实 2 及三个推论是确定平面的基本方法，同时它也是判断几个平面是否重合的重要依据.

12. 寻点连线 定义构角

运用空间向量计算空间角大小的方法一般称为向量法，使用此法的前提是建立恰当的空间直角坐标系.运用线面关系、几何体性质等推算出空间角大小的方法称为几何法，使用此法逻辑思维能力要强，数学语言表达水平要高.在某些不规则的几何体中，寻找合适的坐标原点比较困难，而如果在给定线段上寻找垂直关系，根据空间角的定义构造平面角，可以快速破题.

典例 1 如图 12－1，在正方体 $ABCD-A_1B_1C_1D_1$ 中，求：

(1) 二面角 $A-BC-A_1$ 的大小；

(2) 二面角 $B-AC-B_1$ 的余弦值.

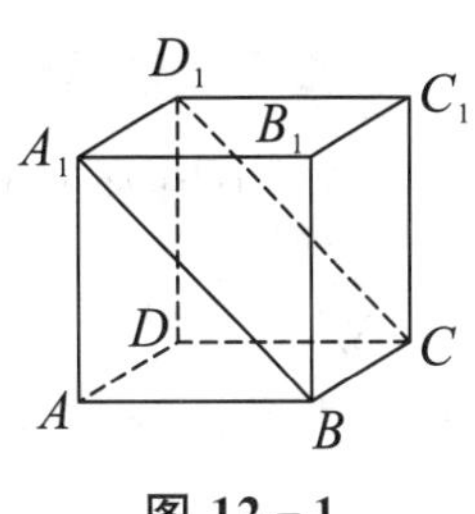

图 12－1

关键点击 直击靶心

1. 依据二面角的定义可知$\angle ABA_1$即二面角 $A-BC-A_1$ 的平面角.

2. 取 AC 的中点 O，证明$\angle BOB_1$即二面角 $B-AC-B_1$ 的平面角.

图析路径　思维可视

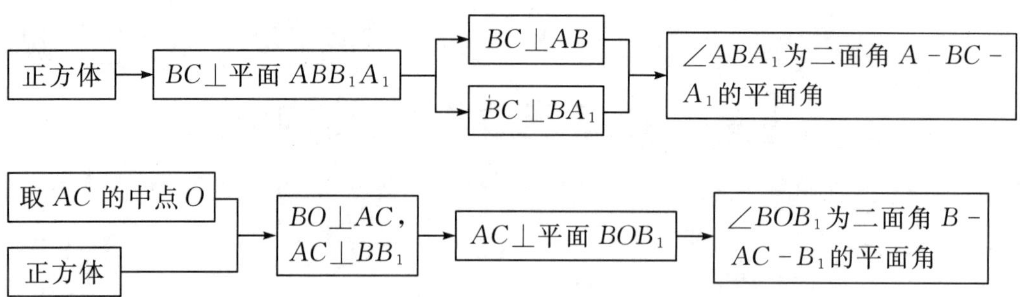

规范解答　精准示范

解：(1) 在正方体 $ABCD-A_1B_1C_1D_1$ 中，因为 $BC\perp$ 平面 ABB_1A_1，所以 $BC\perp BA_1$，$BC\perp BA$，所以 $\angle ABA_1$ 为二面角 $A-BC-A_1$ 的平面角. 因为 $\angle ABA_1=45°$，所以二面角 $A-BC-A_1$ 的大小为 $45°$.

(2) 取 AC 的中点 O，连接 BO，B_1O.

在正方体 $ABCD-A_1B_1C_1D_1$ 中，因为底面 $ABCD$ 是正方形，所以 $BO\perp AC$.

因为 $BB_1\perp$ 平面 $ABCD$，所以 $BB_1\perp AC$，又因为 $BB_1\cap BO=B$，BB_1，$BO\subset$ 平面 BOB_1，所以 $AC\perp$ 平面 BOB_1，所以 $\angle BOB_1$ 为二面角 $B-AC-B_1$ 的平面角.

因为 $\cos\angle BOB_1=\dfrac{OB}{OB_1}=\dfrac{\sqrt{3}}{3}$，所以二面角 $B-AC-B_1$ 的余弦值为 $\dfrac{\sqrt{3}}{3}$.

典例 2　(2021 年新高考Ⅰ卷 20) 如图 12－2，在三棱锥 $A-BCD$ 中，平面 $ABD\perp$ 平面 BCD，$AB=AD$，O 为 BD 的中点.

(1) 求证：$OA\perp CD$；

(2) 若 $\triangle OCD$ 是边长为 1 的等边三角形，点 E 在棱 AD 上，$DE=2EA$，且二面角 $E-BC-D$ 的大小为 $45°$，求三棱锥 $A-BCD$ 的体积.

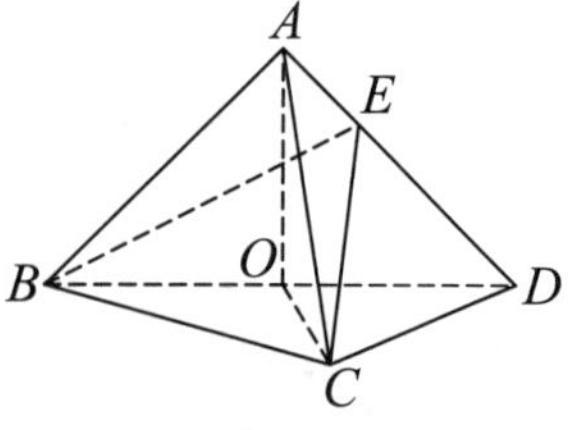

图 12－2

关键点击 直击靶心

1. 利用等腰三角形三线合一，得到 $AO\perp BD$，然后利用面面垂直的性质，得到 $AO\perp$ 平面 BCD，再利用线面垂直的性质，即可证明 $AO\perp CD$.

2. 利用几何法求出二面角 $E-BC-D$ 的平面角，然后利用锥体的体积公式求解即可.

图析路径 思维可视

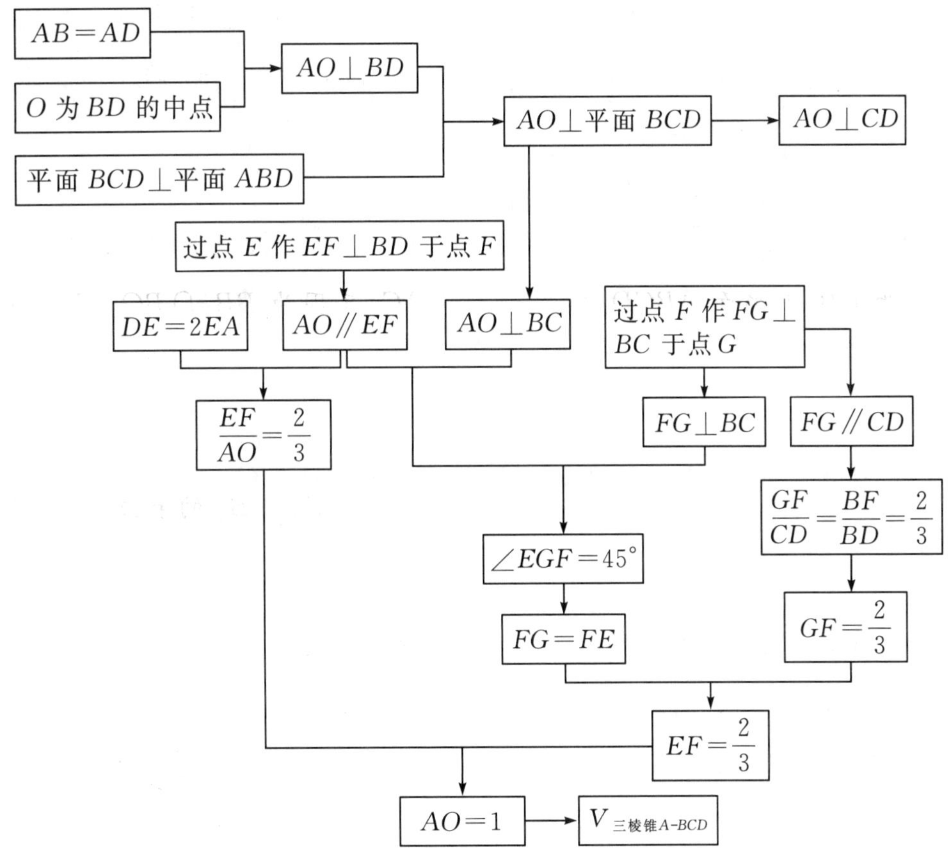

规范解答 精准示范

解：(1) 证明：因为 $AB=AD$，O 为 BD 的中点，所以 $AO\perp BD$，又平面 $ABD\perp$ 平面 BCD，平面 $ABD\cap$ 平面 $BCD=BD$，$AO\subset$ 平面 ABD，所以 $AO\perp$

平面 BCD，又 $CD\subset$平面 BCD，所以 $AO\perp CD$.

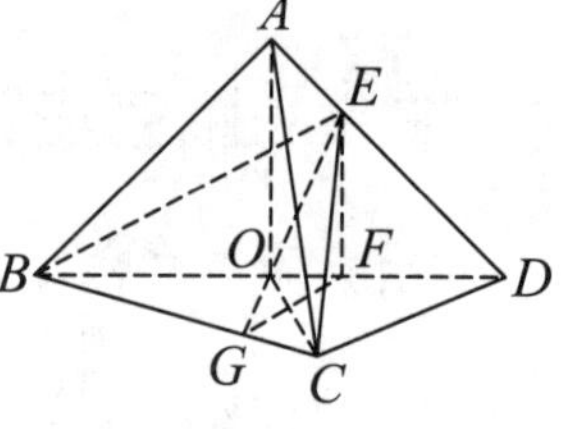

图 12－3

(2) 如图 12－3，过点 E 作 $EF\perp BD$，交 BD 于点 F，过点 F 作 $FG\perp BC$ 于点 G，连接 EG.

由题意可知，$EF/\!/AO$，又 $AO\perp$平面 BCD，所以 $EF\perp$平面 BCD.

又 $BC\subset$平面 BCD，所以 $EF\perp BC$，又 $BC\perp FG$，$FG\cap EF=F$，所以 $BC\perp$平面 EFG，又 $EG\subset$平面 EFG，所以 $BC\perp EG$，则$\angle EGF$ 为二面角 $E-BC-D$ 的平面角，即$\angle EGF=45°$.

又 $CD=DO=OB=OC=1$，所以$\angle BOC=120°$，则$\angle OCB=\angle OBC=30°$，故$\angle BCD=90°$，所以 $FG/\!/CD$.

因为$\dfrac{DE}{AD}=\dfrac{DF}{OD}=\dfrac{EF}{AO}=\dfrac{2}{3}$，则 $AO=\dfrac{3}{2}EF$，$OF=\dfrac{1}{3}$，$DF=\dfrac{2}{3}$，所以$\dfrac{BF}{BD}=\dfrac{GF}{CD}$，则 $GF=\dfrac{1+\frac{1}{3}}{2}=\dfrac{2}{3}$，所以 $EF=GF=\dfrac{2}{3}$，则 $AO=\dfrac{3}{2}EF=1$，所以

$V_{三棱锥A\text{-}BCD}=\dfrac{1}{3}S_{\triangle BCD}\cdot AO=\dfrac{1}{3}\times\dfrac{1}{2}\times\sqrt{3}\times1\times1=\dfrac{\sqrt{3}}{6}$.

典例 3　如图 12－4，在正三棱柱 $ABC-A_1B_1C_1$ 中，$A_1B=2$，O 为 A_1B 的中点，点 E，F 在 A_1C 上，$2EF=3A_1E=3FC$.

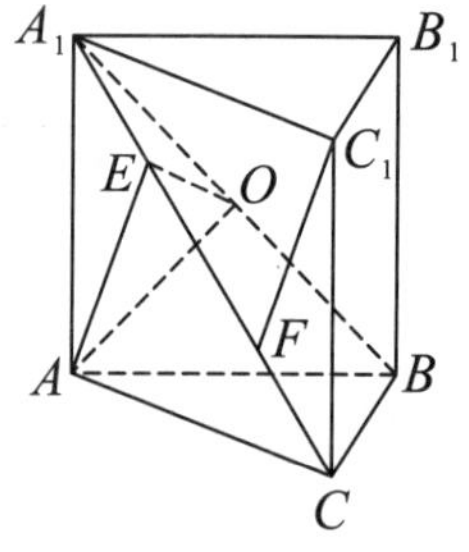

图 12－4

(1) 试在直线 A_1B 上确定点 P，使得对于 FC_1 上任一点 D，恒有 $PD/\!/$平面 AOE；(用文字描述点 P 位置的确定过程，并在图形上体现，但不要求写出证明过程)

(2) 已知 Q 在直线 A_1A 上，满足对于 FC_1 上任一点 D，恒有 $QD/\!/$平面 AOE，P 为(1)中确定的点，试求当$\triangle A_1PQ$ 的面积最大时，二面角 $P-A_1C-Q$ 的余弦值.

关键点击 直击靶心

1. 根据题意只需平面 $AOE /\!/$ 平面 PFC_1，再根据已知数据即可作图.

2. 先确定点 Q 的位置，分析可知 $AC=\sqrt{2}$，且 $\triangle A_1AC$ 为等腰直角三角形时，$\triangle A_1PQ$ 的面积最大，取 AC 的中点 M，在平面 ACC_1A_1 内过点 M 作 $MN\perp A_1C$，易知 $\angle BNM$ 为二面角 $B-A_1C-A$ 的平面角，再求出其余弦值即可.

图析路径 思维可视

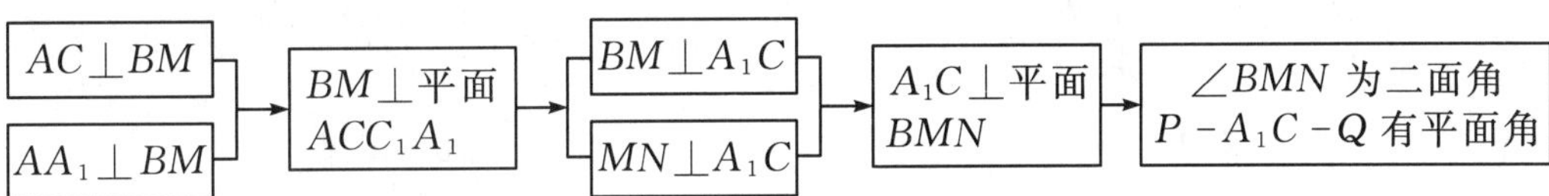

$\dfrac{A_1A}{A_1Q}=\dfrac{C_1C}{A_1Q}=\dfrac{CF}{A_1F}=\dfrac{2}{5}$

$\dfrac{A_1A}{A_1Q}=\dfrac{A_1Q}{A_1P}$

→ $\triangle A_1PQ\backsim\triangle A_1OA$ → $S_{\triangle A_1PQ}=\dfrac{25}{4}S_{\triangle A_1OA}=\dfrac{25}{8}S_{\triangle A_1BA}$

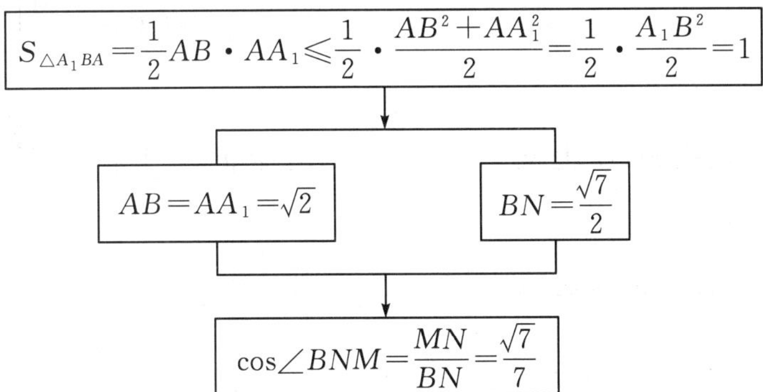

规范解答 精准示范

解：(1) 延长 OB 至点 P，使 $BP=\frac{1}{2}OB$，点 P 即所求的点，如图 12－5 所示.

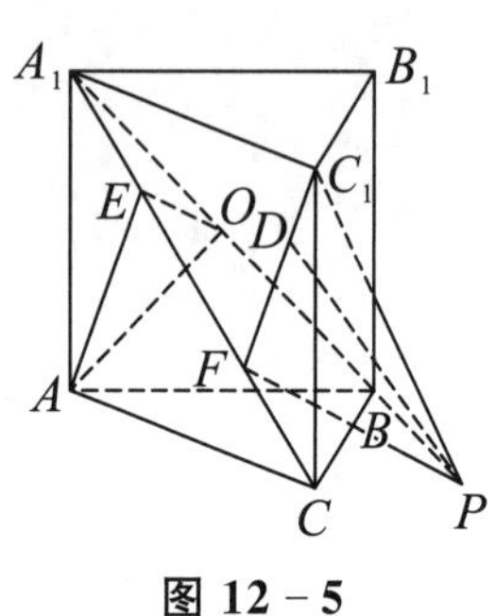

图 12－5

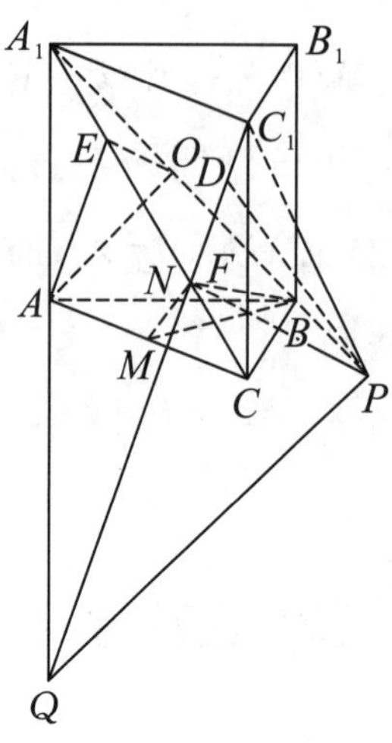

图 12－6

(2) 如图 12－6，分别延长 C_1F，A_1A，所得交点即点 Q，取 AC 的中点 M，则 $BM\perp AC$，在平面 ACC_1A_1 内过点 M 作 $MN\perp A_1C$，垂足为 N，连接 BN.

因为 $A_1A\perp$ 平面 ABC，$BM\subset$ 平面 ABC，所以 $BM\perp A_1A$，又 $AC\cap A_1A=A$，$AC\subset$ 平面 A_1AC，$A_1A\subset$ 平面 A_1AC，所以 $BM\perp$ 平面 A_1AC.

因为 $A_1C\subset$ 平面 A_1AC，所以 $BM\perp A_1C$，又 $MN\cap BM=M$，$MN\subset$ 平面 BMN，$BM\subset$ 平面 BMN，所以 $A_1C\perp$ 平面 BMN.

因为 $BN\subset$ 平面 BMN，所以 $A_1C\perp BN$. 因此，$\angle BNM$ 为二面角 $B-A_1C-A$ 的平面角.

连接 PQ，则二面角 $P-A_1C-Q$ 即二面角 $B-A_1C-A$.

因为 $\frac{A_1A}{A_1Q}=\frac{C_1C}{A_1Q}=\frac{CF}{A_1F}=\frac{2}{5}$，$\frac{A_1O}{A_1P}=\frac{2}{5}$，所以 $\frac{A_1A}{A_1Q}=\frac{A_1O}{A_1P}$，所以 $\triangle A_1PQ\backsim\triangle A_1OA$. 所以 $S_{\triangle A_1PQ}=\frac{25}{4}S_{\triangle A_1OA}=\frac{25}{8}S_{\triangle A_1BA}$，所以当 $S_{\triangle A_1BA}$ 最大时，$S_{\triangle A_1PQ}$ 最大.

又 $S_{\triangle A_1BA}=\frac{1}{2}AB\cdot AA_1\leqslant\frac{1}{2}\times\frac{AB^2+AA_1^2}{2}=\frac{1}{2}\times\frac{A_1B^2}{2}=1$，当且仅当 $AB=AA_1=\sqrt{2}$ 时等号成立，此时 $AC=\sqrt{2}$，且 $\triangle A_1AC$ 为等腰直角三角形.

因为 $CM=\frac{\sqrt{2}}{2}$，所以 $BM=\frac{\sqrt{6}}{2}$，$MN=CM\sin 45^\circ=\frac{1}{2}$.

又 $BM\perp MN$，所以 $BN=\sqrt{\left(\frac{\sqrt{6}}{2}\right)^2+\left(\frac{1}{2}\right)^2}=\frac{\sqrt{7}}{2}$，所以 $\cos\angle BNM=\frac{MN}{BN}=\frac{\sqrt{7}}{7}$，即二面角 $P-A_1C-Q$ 的余弦值为 $\frac{\sqrt{7}}{7}$.

解后反思 迁移提升

1. 分析图形特征，寻找垂直关系，直接发现空间角.

2. 根据几何图形的特殊性，通过构造中线、高确定平面角.

3. 证明过程的书写要规范，按照“一作二证三答”解题.

13. 截面图形　定形定量

截面是指一个平面与几何体表面相交所得的图形，包括边界及其内部，截面的边界叫交线.截面问题主要有以下几类：根据平面的性质或者用向量法做出截面并判断截面形状；求解截面图形的周长和面积；研究截面图形的性质和最值.解决此类问题的核心在于多面体截面的建构.此类问题考查了立体几何中的重点内容，即直线与平面的位置关系、平面与平面的位置关系.

典例 1　已知正方体的棱长为 1，每条棱所在的直线与平面 α 所成的角都相等，则平面 α 截此正方体所得截面面积的最大值为　(　　)

A. $\frac{3\sqrt{3}}{4}$　　B. $\frac{2\sqrt{3}}{3}$　　C. $\frac{3\sqrt{2}}{4}$　　D. $\frac{\sqrt{3}}{2}$

关键点击　直击靶心

1. 利用正方体棱的关系，判断平面 α 所成的角都相等的位置.

2. 截面是六边形的面积显然大于截面是三角形的面积，表示出六边形的面积后求解面积的最大值.

图析路径　思维可视

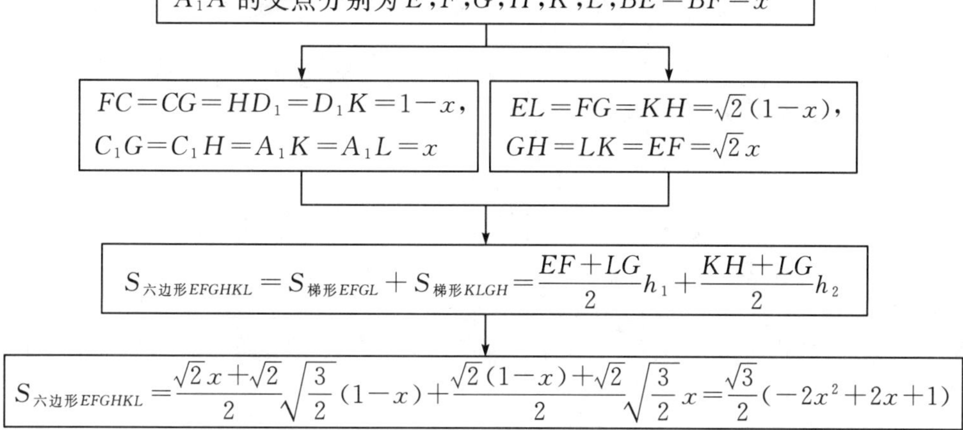

规范解答　精准示范

A　**解析：**正方体的所有棱可分为 3 组平行的棱，每条棱所在直线与平面 α 所成的角都相等.如图 13－1，当截面是等边三角形时，设其边长为 x，易知 $x\in(0,\sqrt{2}]$，$S_{截面}=\dfrac{\sqrt{3}x^2}{4}$，当 $x=\sqrt{2}$ 时，$(S_{截面})_{\max}=\dfrac{\sqrt{3}}{2}$.

图 13－1

当截面是六边形时，由于 B_1A_1，BB_1，B_1C_1 与平面 A_1BC_1 所成的角相等，所以在 AB，BC，CC_1，C_1D_1，D_1A_1，A_1A 上分别取点 E，F，G，H，K，L，则 $BE=BF$，$AC\,/\!/\,EF$，$EF\,/\!/\,A_1C_1$.同理可证得 $FG\,/\!/\,BC_1$，$GH\,/\!/\,A_1B$，…，$LE\,/\!/\,A_1B$.六边形 $EFGHKL\,/\!/$ 平面 A_1BC_1.

设 $BE=BF=x(0<x<1)$，则 $FC=CG=HD_1=D_1K=1-x$，$C_1G=C_1H=x$，$EF=\sqrt{2}x$.同理可得，$EL=FG=KH=\sqrt{2}(1-x)$，$GH=LK=EF=\sqrt{2}x$.

连接 LG，可得 $EF /\!/ AC, LG /\!/ AC, LG=\sqrt{2}$，所以 $LG /\!/ EF, LG /\!/ KH$，则六边形 $EFGHKL$ 的面积为梯形 $EFGL$ 与梯形 $KLGH$ 的面积之和，即 $S_{六边形EFGHKL}=S_{梯形EFGL}+S_{梯形KLGH}=\frac{EF+LG}{2}h_1+\frac{KH+LG}{2}h_2$.

点 E 到直线 LG 的距离 $h_1=\sqrt{EL^2-\left(\frac{LG-EF}{2}\right)^2}=\sqrt{\frac{3}{2}}(1-x)$，点 H 到直线 LG 的距离 $h_2=\sqrt{KL^2-\left(\frac{LG-KH}{2}\right)^2}=\sqrt{\frac{3}{2}}x$，则 $S_{六边形EFGHKL}=\frac{\sqrt{2}x+\sqrt{2}}{2}\sqrt{\frac{3}{2}}(1-x)+\frac{\sqrt{2}(1-x)+\sqrt{2}}{2}\sqrt{\frac{3}{2}}x=\frac{\sqrt{3}}{2}(-2x^2+2x+1)$，当 $x=\frac{1}{2}$ 时，$(S_{六边形EFGHKL})_{\max}=\frac{3\sqrt{3}}{4}$.故选 A.

典例 2 已知正方体 $ABCD-A_1B_1C_1D_1$ 的棱长为 4，M，N 分别是侧面 CC_1D_1D 和侧面 BB_1C_1C 的中心，过点 M 的平面 α 与直线 ND 垂直，平面 α 截正方体 $ABCD-A_1B_1C_1D_1$ 所得的截面记为 S，则 S 的面积为 (　　)

A. $5\sqrt{3}$　　B. $4\sqrt{6}$　　C. $7\sqrt{6}$　　D. $9\sqrt{6}$

关键点击 直击靶心

1. 建立空间直角坐标系，利用向量法求出点的坐标.
2. 利用两点间的距离公式求解.

图析路径 思维可视

建立空间直角坐标系

$M(0,2,2)$ | $P(x_1,y_1,z_1)$ | $N(2,4,2)$

$\overrightarrow{MP}=(x_1,y_1-2,z_1-2)$ | $\overrightarrow{DN}=(2,4,2)$

$\overrightarrow{MP}\cdot\overrightarrow{DN}=2x_1+4(y_1-2)+2(z_1-2)=0$

$x_1+2y_1+z_1=6$

平面 α 与 CD,C_1D_1,AB,A_1D_1,AA_1 的交点

$F(0,3,0)$ | $G(0,1,4)$ | $E(4,1,0)$ | $H(2,0,4)$ | $K(4,0,2)$

$EF=FG=2\sqrt{5}$ | $GH=EK=\sqrt{5}$ | $HK=2\sqrt{2}$

$S_{\triangle EHK}=\frac{1}{2}EK\cdot HK\sin\angle EKH=\sqrt{6}$ | $S_{梯形EFGH}=\frac{1}{2}(GH+FE)h=6\sqrt{6}$

规范解答 精准示范

C **解析**：因为正方体 $ABCD-A_1B_1C_1D_1$ 的棱长为 4，M,N 分别是侧面 CC_1D_1D 和侧面 BB_1C_1C 的中心，所以以 D 为坐标原点，建立空间直角坐标系，如图 13－2，侧面 CD_1 的中心 $M(0,2,2)$，侧面 BC_1 的中心 $N(2,4,2)$，$D(0,0,0)$，所以 $\overrightarrow{DN}=(2,4,2)$.

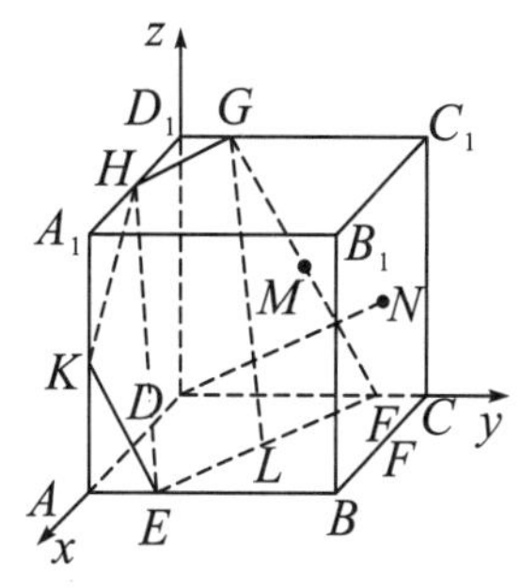

图 13－2

设 $P(x_1,y_1,z_1)$ 为平面 α 上任意一点，则 $\overrightarrow{MP}=$

(x_1,y_1-2,z_1-2).因为$\overrightarrow{MP}\cdot\overrightarrow{DN}=2x_1+4(y_1-2)+2(z_1-2)=0$,所以$x_1+2y_1+z_1=6$.令$x_1=z_1=0$,可得$F(0,3,0)$,即平面$\alpha$与$CD$的交点.同理可得平面$\alpha$与$C_1D_1,AB,A_1D_1,AA_1$交点的坐标分别为$G(0,1,4),E(4,1,0)$,$H(2,0,4),K(4,0,2)$,所以$EF=FG=2\sqrt{5},GH=EK=\sqrt{5},HK=2\sqrt{2}$.

连接EH,在$\triangle EHK$中,$EH=\sqrt{21}$,$\cos\angle EKH=\dfrac{EK^2+HK^2-EH^2}{2EK\cdot HK}=-\dfrac{\sqrt{10}}{5}$, $\sin\angle EKH=\dfrac{\sqrt{15}}{5}$,所以$\triangle EHK$的面积$S_{\triangle EHK}=\dfrac{1}{2}EK\cdot HK\sin\angle EKH=\dfrac{1}{2}\times\sqrt{5}\times2\sqrt{2}\times\dfrac{\sqrt{15}}{5}=\sqrt{6}$.

取EF中点$L(2,2,0)$,连接GL,则$GL=EH=\sqrt{21},LF=\sqrt{5}$,在$\triangle FGL$中,$\cos\angle GFL=\dfrac{GF^2+LF^2-GL^2}{2GF\cdot LF}=\dfrac{1}{5}$,$\sin\angle GFL=\dfrac{2\sqrt{6}}{5}$,$\triangle FGL$边$FL$上的高$h=FG\sin\angle GFL=\dfrac{4\sqrt{6}}{\sqrt{5}}$,梯形$EFGH$的面积$S_{梯形EFGH}=\dfrac{1}{2}(GH+FE)h=\dfrac{1}{2}(\sqrt{5}+2\sqrt{5})\times\dfrac{4\sqrt{6}}{\sqrt{5}}=6\sqrt{6}$,所以$S$的面积为$S_{\triangle EHK}+S_{梯形EFGH}=7\sqrt{6}$.故选C.

典例3 已知正四棱锥$S-ABCD$的所有棱长都为1,点E在侧棱SC上.过点E且垂直于SC的平面截该棱锥,得到截面多边形T,则T的边数至多为________,T的面积的最大值为________.

关键点击 直击靶心

1. 数形结合，取 SC 中点 F，作平面与平面 BDF 平行，能求出截面多边形 T 的边数至多有几条.

2. 令 $\frac{SE}{SF}=\lambda$，设平面 α 与 SD,DA,SB,BA 分别交于点 M,N,P,Q，得 $EP=\frac{\sqrt{3}}{2}\lambda$，$SP=\lambda$，$PB=1-\lambda$，$BQ=1-\lambda$，$PQ=1-\lambda$，$NQ=MP=\lambda BD=\sqrt{2}\lambda$，推导出 $\cos\angle DFB=-\frac{1}{3}$，$\sin\angle DFB=\frac{2\sqrt{2}}{3}$，从而得到 $S=S_{\triangle EMP}+S_{矩形PMNQ}=-\frac{3\sqrt{2}}{4}\lambda^2+\sqrt{2}\lambda$，由此能求出 T 的面积的最大值.

图析路径 思维可视

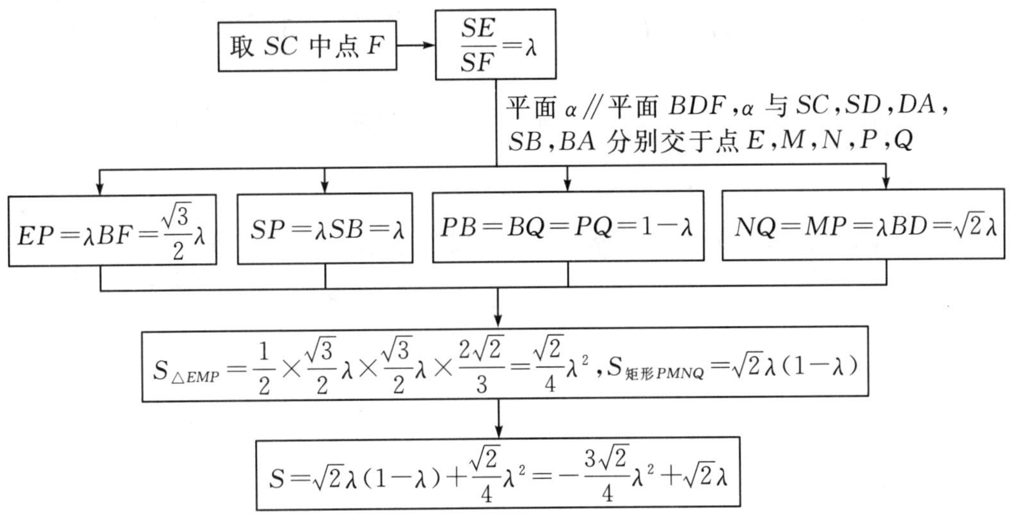

规范解答 精准示范

5 $\frac{\sqrt{2}}{3}$ **解析**：如图 13－3，取 SC 的中点 F，因为正四棱锥 $S-ABCD$ 所有棱长都相等，所以 $BF\perp SC$，$DF\perp SC$. 又因为 $DF\cap BF=F$，DF，$BF\subset$平面 BDF，所以 $SC\perp$平面 BDF，作平面与

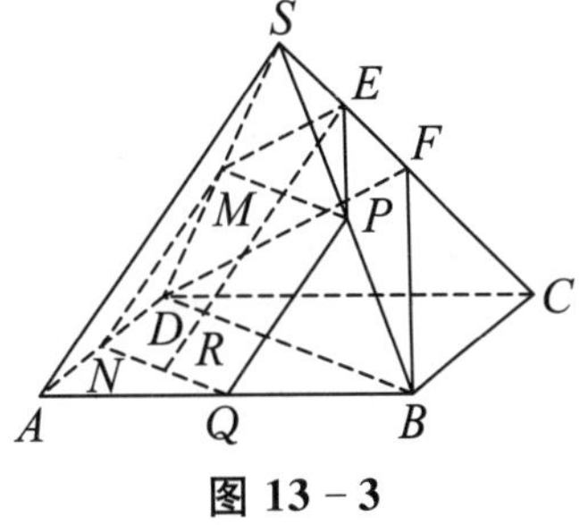

图 13－3

平面 BDF 平行.当点 E 从 C 移动至 F 时,截面是三角形;当点 E 从 F 移动至 S 时,截面是五边形,故 T 的边数至多为 5.

设平面 α 与 SD,AD,SB,AB 的交点分别为 M,N,P,Q.令 $\frac{SE}{SF}=\lambda$,则 $EP=\lambda BF=\frac{\sqrt{3}}{2}\lambda$,$SP=\lambda SB=\lambda$,$PB=1-\lambda$,$BQ=1-\lambda$($SA\perp SC$,故 SA∥平面 α),$PQ=1-\lambda$,$NQ=MP=\lambda BD=\sqrt{2}\lambda$(平面 $EMNQP$∥平面 BDF,故 BD∥NQ,BD∥MP),所以 $\cos\angle DFB=\frac{\frac{3}{4}+\frac{3}{4}-2}{2\times\frac{\sqrt{3}}{2}\times\frac{\sqrt{3}}{2}}=-\frac{1}{3}$,所以 $\sin\angle DFB=\frac{2\sqrt{2}}{3}$,所以 $S_{\triangle EMP}=\frac{1}{2}\times\frac{\sqrt{3}}{2}\lambda\times\frac{\sqrt{3}}{2}\lambda\times\frac{2\sqrt{2}}{3}=\frac{\sqrt{2}}{4}\lambda^2$.

因为 MN∥SA,NQ∥BD,而 $SA\perp BD$,所以 $S_{矩形PMNQ}=\sqrt{2}\lambda(1-\lambda)$,所以 $S=\sqrt{2}\lambda(1-\lambda)+\frac{\sqrt{2}}{4}\lambda^2=-\frac{3\sqrt{2}}{4}\lambda^2+\sqrt{2}\lambda$.当 $\lambda=\frac{2}{3}$ 时,S 取最大值,为 $\frac{\sqrt{2}}{3}$.

典例 4 如图 13-4,正方体 $ABCD-A_1B_1C_1D_1$ 的棱长为 1,P 为 BC 的中点,Q 为线段 CC_1 上的动点,过点 A,P,Q 的平面截该正方体所得的截面记为 S,则下列命题正确的是__________.(写出所有正确命题的编号)

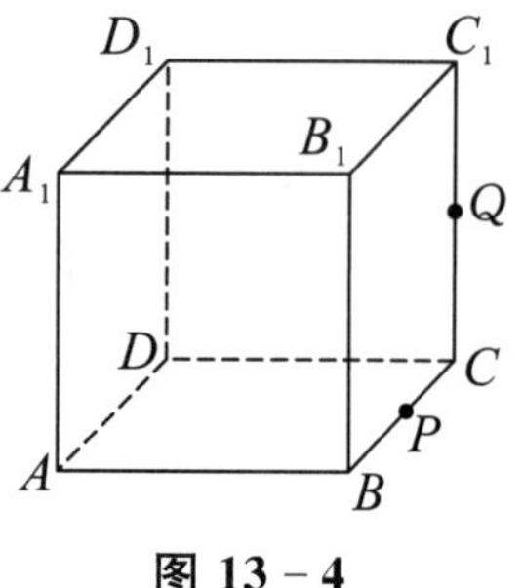

图 13-4

① 当 $0<CQ<\frac{1}{2}$ 时,S 为四边形;

② 当 $CQ=\frac{1}{2}$ 时,S 为等腰梯形;

③ 当 $CQ=\frac{3}{4}$ 时,S 与 C_1D_1 的交点 R 满足 $C_1R=\frac{1}{3}$;

④ 当 $\frac{3}{4}<CQ<1$ 时,S 为六边形;

⑤ 当 $CQ=1$ 时,S 的面积为 $\frac{\sqrt{6}}{2}$.

关键点击 直击靶心

1. 由题意作出满足条件的图形，由线面位置关系找出截面.

2. 根据临界位置判断截面图形的形状，逐个判断即可.

图析路径 思维可视

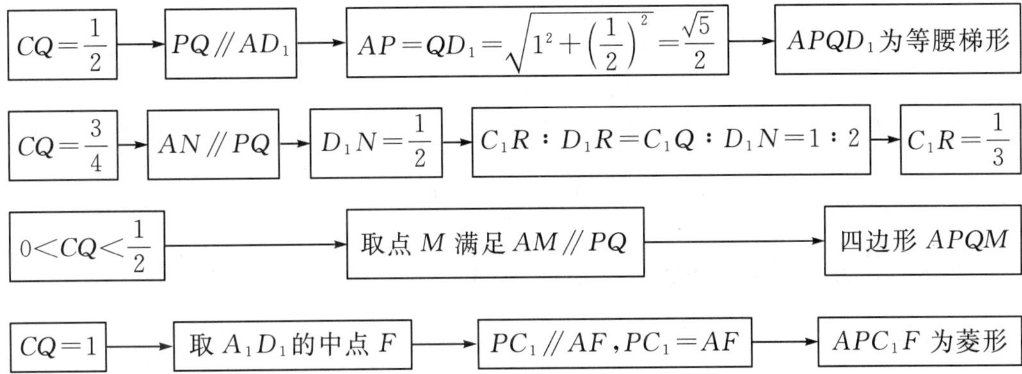

规范解答 精准示范

①②③⑤ **解析**：如图 13－5，当 $CQ=\frac{1}{2}$ 时，即 Q 为 CC_1 中点，此时可得 $PQ/\!/AD_1$，$AP=QD_1=\sqrt{1^2+\left(\frac{1}{2}\right)^2}=\frac{\sqrt{5}}{2}$，故可得截面 $APQD_1$ 为等腰梯形，故②正确.

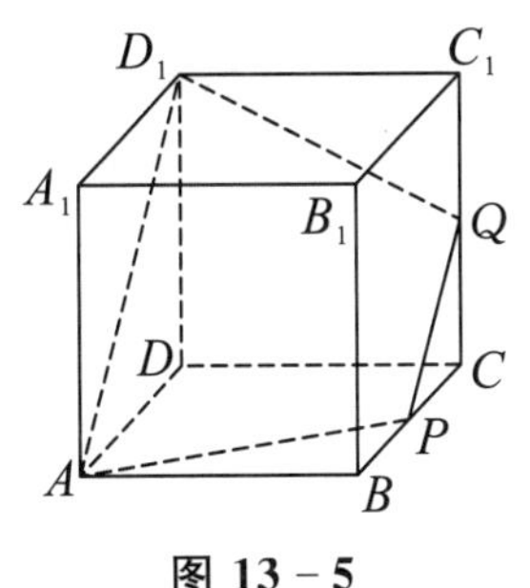

图 13－5

由图 13－5，当点 Q 向 C 移动时，满足 $0<CQ<\frac{1}{2}$，只需在 DD_1 上取点 M 满足 $AM/\!/PQ$，即可得截面为四边形 $APQM$，故①正确.

当 $CQ=\frac{3}{4}$ 时，如图 13－6，延长 DD_1 至点 N，使 $D_1N=\frac{1}{2}$，连接 AN 交 A_1D_1 于点 S，连接 NQ 交 C_1D_1 于点 R，连接 SR，可证 $AN/\!/PQ$，由

$\triangle NRD_1 \backsim \triangle QRC_1$，可得 $C_1R : D_1R = C_1Q : D_1N = 1:2$，故可得 $C_1R = \frac{1}{3}$，故③正确.

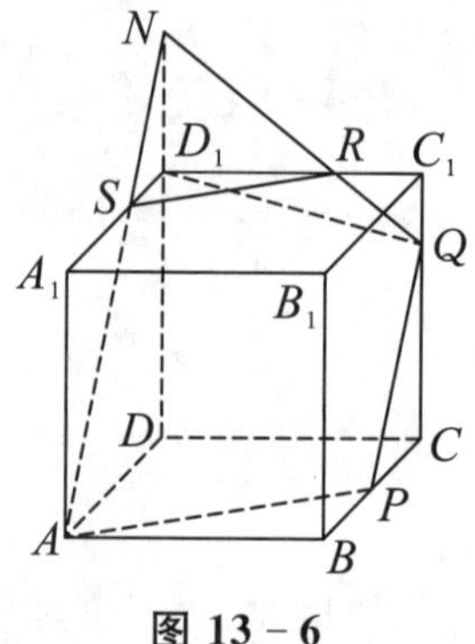

图 13－6

由③可知当 $\frac{3}{4} < CQ < 1$ 时，只需点 Q 上移即可，此时的截面形状仍然如图 13－6 所示的 $APQRS$，显然为五边形，故④错误.

当 $CQ = 1$ 时，Q 与 C_1 重合，取 A_1D_1 的中点 F，连接 AF，可证 $PC_1 /\!/ AF$，且 $PC_1 = AF$，可知截面为 APC_1F 为菱形，故其面积为 $\frac{1}{2}AC_1 \cdot PF = \frac{1}{2} \times \sqrt{3} \times \sqrt{2} = \frac{\sqrt{6}}{2}$，故⑤正确.故填①②③⑤.

解后反思 迁移提升

在解决立体几何的截面和交线问题的过程中，找临界点是关键.主要有以下方法：利用平面的基本性质及相应的推论；利用直线和平面平行的判定定理和性质定理；建立空间直角坐标系用向量法解决.

第二章 解析几何

14. 交线长度　多维求解

在高考中，圆锥曲线的综合问题常以直线与圆锥曲线的性质及其位置关系的有关知识为主体进行考查，其中直线与圆锥曲线相交的弦长问题是圆锥曲线中一类常见的问题.圆锥曲线的弦是指当直线与圆锥曲线相交时，直线被圆锥曲线所截得的线段.求弦长，即求线段两端点之间的距离，常见的解答方法有以下几种：利用圆的几何性质，构造直角三角形求解；利用弦长公式，结合根与系数的关系来处理；经过圆锥曲线焦点的弦长问题，借助圆锥曲线的定义可以简化运算.

典例 1　(2021 年新高考Ⅱ卷 20)已知椭圆 C 的方程为 $\frac{x^2}{a^2}+\frac{y^2}{b^2}=1(a>b>0)$，右焦点为 $F(\sqrt{2},0)$，且离心率为 $\frac{\sqrt{6}}{3}$.

(1) 求椭圆 C 的方程；

(2) 设 M,N 是椭圆 C 上的两点，直线 MN 与曲线 $x^2+y^2=b^2(x>0)$ 相切.求证：M,N,F 三点共线的充要条件是 $|MN|=\sqrt{3}$.

关键点击　直击靶心

1. 充分性的证明实质是已知直线与圆相切，且直线与椭圆相交的弦长为 $\sqrt{3}$，证明直线经过椭圆焦点.

2. 必要性的证明实质是已知直线与圆相切且经过椭圆焦点，证明直线与椭圆相交的弦长为 $\sqrt{3}$.

图析路径　思维可视

充分性

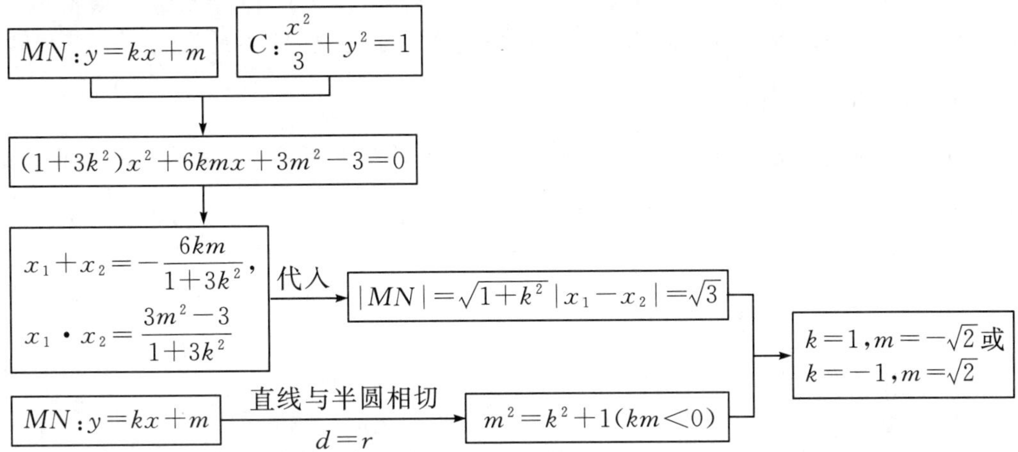

必要性

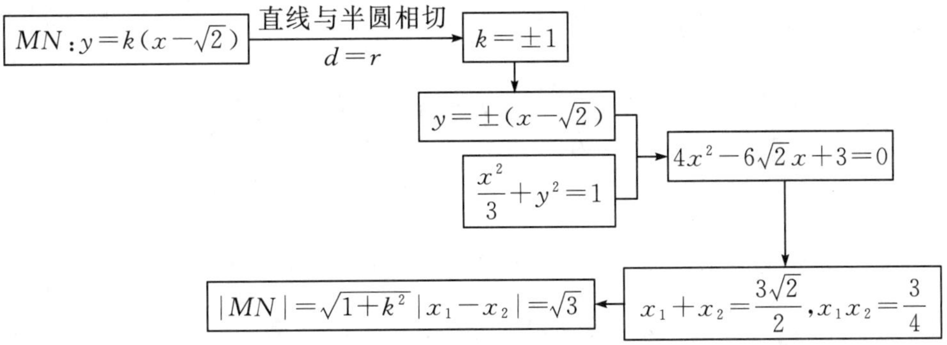

充分性：设直线 $MN:y=kx+m(km<0)$，由直线与半圆相切得 $m^2=k^2+1(km<0)$，联立直线与椭圆方程，结合弦长公式，可得$\sqrt{1+k^2}\times\frac{\sqrt{24k^2}}{1+3k^2}=\sqrt{3}$，进而可得 $k=\pm1$.

必要性：由三点共线及直线与半圆相切可得直线方程，联立直线与椭圆方程可证$|MN|=\sqrt{3}$，即可得证.

规范解答　精准示范

解：(1) 由题意，椭圆半焦距 $c=\sqrt{2}$，且 $e=\frac{c}{a}=\frac{\sqrt{6}}{3}$，所以 $a=\sqrt{3}$，又 $b^2=$

$a^2-c^2=1$,所以椭圆方程为$\frac{x^2}{3}+y^2=1$.

(2) 由(1)得,曲线为 $x^2+y^2=1(x>0)$,当直线 MN 的斜率不存在时,直线 MN:$x=1$,M,N,F 三点不共线,不合题意;当直线 MN 的斜率存在时,设 $M(x_1,y_1)$,$N(x_2,y_2)$.

先证充分性.设直线 MN:$y=kx+m$($km<0$,由直线为 $x^2+y^2=1,x>0$ 的切线可得),即 $kx-y+m=0$,由直线 MN 与曲线 $x^2+y^2=1(x>0)$相切可得$\frac{|m|}{\sqrt{k^2+1}}=1$,所以 $m^2=k^2+1$.

联立$\begin{cases}y=kx+m,\\ \frac{x^2}{3}+y^2=1,\end{cases}$得$(1+3k^2)x^2+6kmx+3m^2-3=0$,所以 $x_1+x_2=-\frac{6km}{1+3k^2}$,$x_1\cdot x_2=\frac{3m^2-3}{1+3k^2}$,所以$|MN|=\sqrt{1+k^2}\cdot\sqrt{(x_1+x_2)^2-4x_1\cdot x_2}=\sqrt{1+k^2}\sqrt{\left(-\frac{6km}{1+3k^2}\right)^2-4\times\frac{3m^2-3}{1+3k^2}}=\sqrt{1+k^2}\times\frac{\sqrt{24k^2}}{1+3k^2}=\sqrt{3}$,化简得 $3(k^2-1)^2=0$,所以 $k=\pm1$,所以$\begin{cases}k=1,\\ m=-\sqrt{2},\end{cases}$或$\begin{cases}k=-1,\\ m=\sqrt{2},\end{cases}$所以直线 MN:$y=x-\sqrt{2}$ 或 $y=-x+\sqrt{2}$,所以直线 MN 过点 $F(\sqrt{2},0)$,M,N,F 三点共线,故充分性成立.

再证必要性.若 M,N,F 三点共线,可设直线 MN:$y=k(x-\sqrt{2})$,即 $kx-y-\sqrt{2}k=0$,由直线 MN 与曲线 $x^2+y^2=1(x>0)$相切可得$\frac{|\sqrt{2}k|}{\sqrt{k^2+1}}=1$,解得 $k=\pm1$.

联立$\begin{cases}y=\pm(x-\sqrt{2}),\\ \frac{x^2}{3}+y^2=1\end{cases}$可得 $4x^2-6\sqrt{2}x+3=0$,所以 $x_1+x_2=\frac{3\sqrt{2}}{2}$,$x_1\cdot x_2=\frac{3}{4}$,所以$|MN|=\sqrt{1+1}\cdot\sqrt{(x_1+x_2)^2-4x_1\cdot x_2}=\sqrt{3}$,故必要性成立.

综上,M,N,F 三点共线的充要条件是$|MN|=\sqrt{3}$.

典例 2 （2023 年全国甲卷理 8）已知双曲线$\frac{x^2}{a^2}-\frac{y^2}{b^2}=1(a>0,b>0)$的离心率为$\sqrt{5}$，其中一条渐近线与圆$(x-2)^2+(y-3)^2=1$交于$A,B$两点，则$|AB|$等于（　　）

A. $\frac{1}{5}$　　B. $\frac{\sqrt{5}}{5}$　　C. $\frac{2\sqrt{5}}{5}$　　D. $\frac{4\sqrt{5}}{5}$

关键点击　直击靶心

1. 根据双曲线的离心率求渐近线方程.
2. 对于圆中的弦长问题，可以构造直角三角形，利用勾股定理求解.

图析路径　思维可视

$e=\sqrt{5}$ → $\frac{c}{a}=\sqrt{5}$ —$c^2=a^2+b^2$→ $\frac{b}{a}=2$ → 渐近线方程 $2x\pm y=0$ → $d=\frac{\sqrt{5}}{5}$ → $|AB|=2\sqrt{r^2-d^2}=\frac{4\sqrt{5}}{5}$

规范解答　精准示范

D　**解析：**由$e=\sqrt{5}$，则$\frac{c^2}{a^2}=\frac{a^2+b^2}{a^2}=1+\frac{b^2}{a^2}=5$，解得$\frac{b}{a}=2$，所以双曲线的一条渐近线为$y=2x$，则圆心$(2,3)$到渐近线的距离$d=\frac{|2\times2-3|}{\sqrt{2^2+1}}=\frac{\sqrt{5}}{5}$，所以弦长$|AB|=2\sqrt{r^2-d^2}=2\sqrt{1-\frac{1}{5}}=\frac{4\sqrt{5}}{5}$，而圆与另一条渐近线无交点.故选 D.

典例 3 （2020 年新高考Ⅰ卷 13）斜率为$\sqrt{3}$的直线过抛物线$C:y^2=4x$的焦点，且与C交于A,B两点，则$|AB|=$________.

关键点击 直击靶心

抓住直线的几何特征,选择恰当的方法求弦长.

图析路径 思维可视

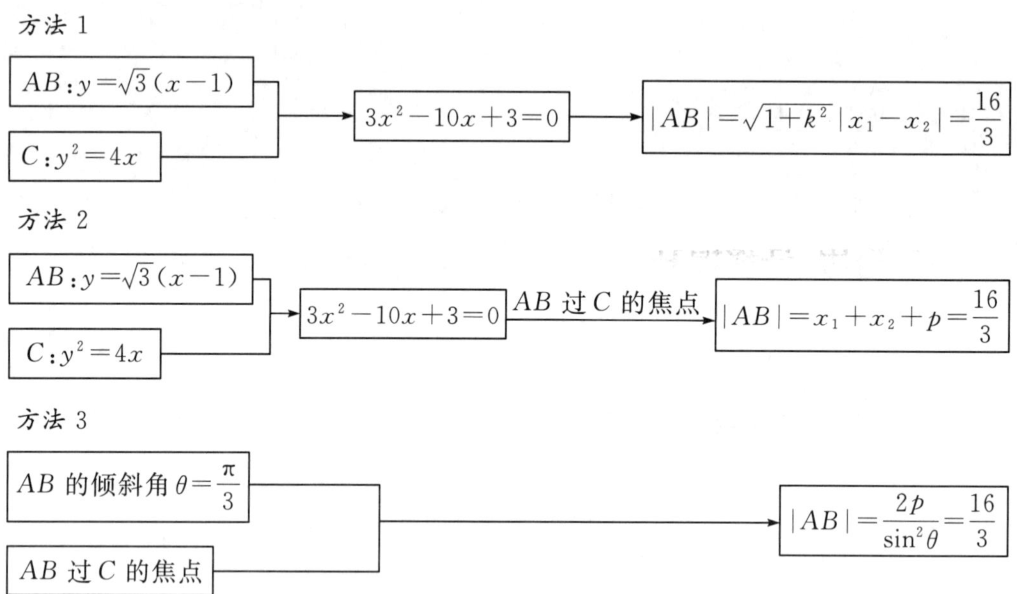

方法 1 直接利用弦长公式求解,方法 2、方法 3 则抓住几何特征,利用焦点弦长公式的两种不同表达方式求解.

规范解答 精准示范

$\frac{16}{3}$ **解析**:方法 1:因为抛物线的方程为 $y^2=4x$,所以抛物线的焦点 F 的坐标为 $F(1,0)$,又因为直线 AB 过焦点 F 且斜率为 $\sqrt{3}$,所以直线 AB 的方程为 $y=\sqrt{3}(x-1)$.代入抛物线方程 $y^2=4x$,消去 y,得 $3x^2-10x+3=0$,解得 $x_1=\frac{1}{3}, x_2=3$. 所以 $|AB|=\sqrt{1+k^2}|x_1-x_2|=\sqrt{1+3}\cdot\left|3-\frac{1}{3}\right|=\frac{16}{3}$.

方法 2:因为抛物线的方程为 $y^2=4x$,所以抛物线的焦点 F 的坐标为 $F(1,0)$,又因为直线 AB 过焦点 F 且斜率为 $\sqrt{3}$,所以直线 AB 的方程为 $y=\sqrt{3}(x-1)$.代入抛物线方程 $y^2=4x$,消去 y,得 $3x^2-10x+3=0$,设 $A(x_1,$

$y_1)$，$B(x_2,y_2)$，则 $x_1+x_2=\dfrac{10}{3}$，所以 $|AB|=|AF|+|BF|=x_1+1+x_2+1=x_1+x_2+2=\dfrac{16}{3}$.

方法 3：因为抛物线的方程为 $y^2=4x$，所以抛物线的焦点 F 的坐标为 $F(1,0)$，又因为直线 AB 的斜率为 $\sqrt{3}$，即倾斜角为 $\dfrac{\pi}{3}$，设 $|AF|>|BF|$，所以 $|AF|=\dfrac{p}{1-\cos\theta}$，$|BF|=\dfrac{p}{1+\cos\theta}$，因为直线 AB 经过焦点 F，所以 $|AB|=|AF|+|BF|=\dfrac{p}{1-\cos\theta}+\dfrac{p}{1+\cos\theta}=\dfrac{2p}{\sin^2\theta}=\dfrac{16}{3}$.

解后反思 迁移提升

1. 一般弦长计算路径.

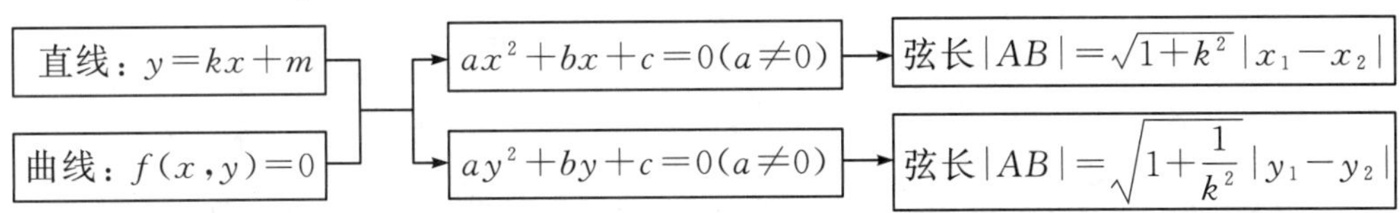

2. 直线被圆所截得弦长的计算路径.

直线 AB：$kx-y+m=0$；圆 C：$(x-a)^2+(y-b)^2=r^2$ → 圆心到直线的距离为 d → 弦长 $|AB|=2\sqrt{r^2-d^2}$

3. 经过椭圆 $\dfrac{x^2}{a^2}+\dfrac{y^2}{b^2}=1(a>b>0)$ 焦点 $F(c,0)$ 的弦长：弦长 $|AB|=|AF|+|BF|=e(d_1+d_2)=e\left(\dfrac{a^2}{c}-x_1+\dfrac{a^2}{c}-x_2\right)=2a-e(x_1+x_2)$，其中 e 为椭圆离心率，d_1，d_2 分别表示点 A，B 到椭圆右准线的距离.经过双曲线焦点的弦长公式可类比推导.

4. 经过抛物线 $y^2=2px(p>0)$ 焦点的弦长：弦长 $|AB|=|AF|+|BF|=d_1+d_2=x_1+\dfrac{p}{2}+x_2+\dfrac{p}{2}=x_1+x_2+p$.若直线 AB 的倾斜角为 θ，则 $|AB|=\dfrac{2p}{\sin^2\theta}$.抛物线的标准方程为其他形式时，焦点弦长公式可类比推导.

15. 切线背景　方程判断

圆锥曲线的切线问题常见的思路是根据题中条件设出切线方程，将切线方程代入圆锥曲线方程，化为关于 x（或 y）的一元二次方程，利用切线与圆锥曲线相切的充要条件为判别式 $\Delta=0$，即可解出切线方程.注意关于 x（或 y）的一元二次方程的二次项系数不为 0 这一条件.圆锥曲线的切线问题要根据曲线不同，选择不同的方法.直线与圆相切可以利用圆心到直线的距离等于半径求解.

典例 1　（2022 年新高考Ⅰ卷 14）写出与圆 $x^2+y^2=1$ 和 $(x-3)^2+(y-4)^2=16$ 都相切的一条直线的方程：____________________.

关键点击　直击靶心

1. 判断两圆的位置关系，确定公切线的条数.
2. 优先求解两条特殊位置的切线方程.

图析路径　思维可视

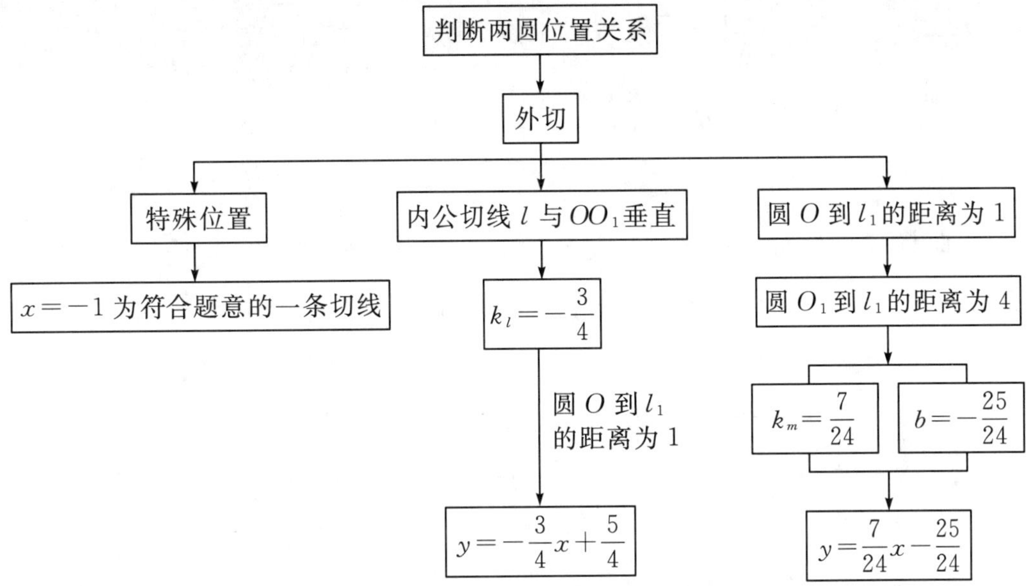

通过作图能够发现一条特殊的切线 $x=-1$ 符合题意.

由于两圆相外切，所以内公切线是相对比较好求的一条切线，最后一条切线需通过解方程组求解.

规范解答　精准示范

$x=-1$ 或 $y=-\frac{3}{4}x+\frac{5}{4}$ 或 $y=\frac{7}{24}x-\frac{25}{24}$　**解析：**圆 $x^2+y^2=1$ 的圆心为 $O(0,0)$，半径为 1，圆 $(x-3)^2+(y-4)^2=16$ 的圆心为 $O_1(3,4)$，半径为 4，两圆圆心距为 $\sqrt{3^2+4^2}=5$，等于两圆半径之和，故两圆外切，如图 15－1.

图 15－1

当切线为 n 时，易知切线方程为 $x=-1$. 当切线为 l 时，因为 $k_{OO_1}=\frac{4}{3}$，所以 $k_l=-\frac{3}{4}$，设方程为 $y=-\frac{3}{4}x+t(t>0)$，O 到 l 的距离 $d=\frac{|t|}{\sqrt{1+\frac{9}{16}}}=1$，解得 $t=\frac{5}{4}$，所以 l 的方程为 $y=-\frac{3}{4}x+\frac{5}{4}$.

当切线为 m 时，设直线方程为 $kx-y+b=0$，其中 $b<0,k>0$，由题意

$$\begin{cases}\dfrac{|b|}{\sqrt{1+k^2}}=1,\\ \dfrac{|3k-4+b|}{\sqrt{1+k^2}}=4,\end{cases}$$ 解得 $$\begin{cases}k=\dfrac{7}{24},\\ b=-\dfrac{25}{24},\end{cases}$$ $y=\dfrac{7}{24}x-\dfrac{25}{24}$（另一条直线 l 已求出）.

典例 2 已知抛物线 $y^2=2px$ 上三点 $A(2,2)$，B，C，直线 AB，AC 是圆 $(x-2)^2+y^2=1$ 的两条切线，则直线 BC 的方程为 （　　）

A. $x+2y+1=0$　　B. $3x+6y+4=0$

C. $2x+6y+3=0$　　D. $x+3y+2=0$

关键点击　直击靶心

1. 经过抛物线上两点的直线的斜率可以结合斜率公式，以及抛物线上点的坐标的特点进行表示.

2. 利用同构思想解题时，同构成满足两点坐标的二元一次方程即经过两点的直线方程，同构成满足两点坐标的一元二次方程，即直曲联立后的方程.

图析路径　思维可视

方法 1：

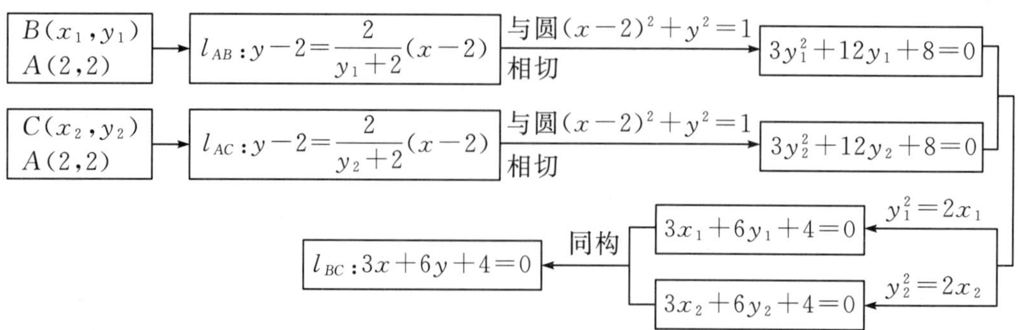

方法 2：

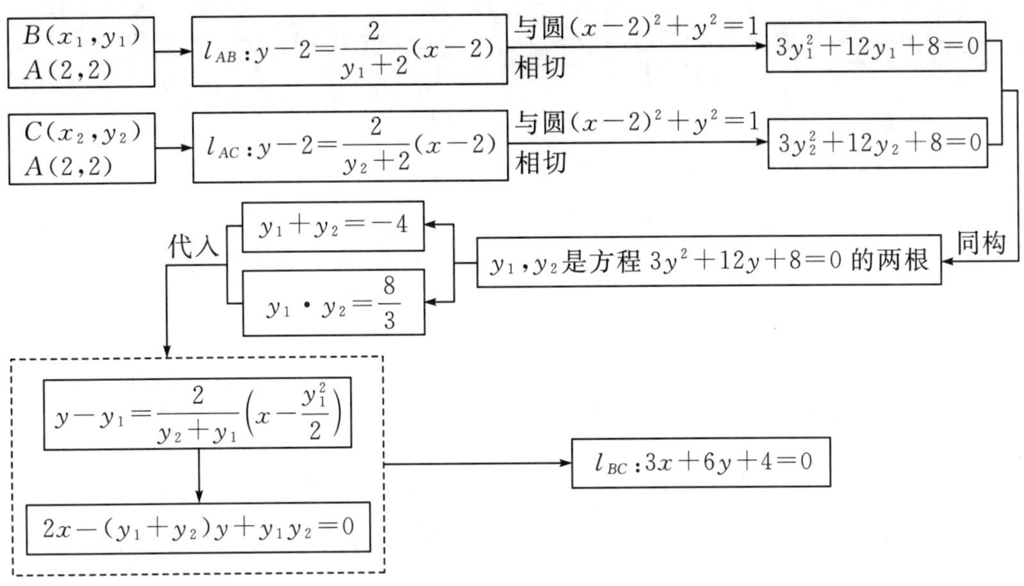

方法 1 是同构出关于点 B,C 的坐标满足的二元一次方程，即直线 BC 的方程；方法 2 是同构出点 B,C 的纵坐标满足的一元二次方程，利用根与系数的关系及点斜式求出 BC 的方程.

规范解答　精准示范

B　**解析**：将 $A(2,2)$ 代入抛物线方程 $y^2=2px$ 中，得 $p=1$，故抛物线方程为 $y^2=2x$.

方法 1：设 $B(x_1,y_1)$，$C(x_2,y_2)$，因为点 B,C 在抛物线 $y^2=2x$ 上，所以 $x_1=\frac{y_1^2}{2}$，$x_2=\frac{y_2^2}{2}$. 则 $k_{AB}=\frac{y_1-2}{\frac{y_1^2}{2}-2}=\frac{2}{y_1+2}$，所以直线 AB 的方程为 $y-2=\frac{2}{y_1+2}(x-2)$，即 $2x-(y_1+2)y+2y_1=0$.

又圆心 $(2,0)$ 到直线 AB 的距离为 1，则 $\frac{|4+2y_1|}{\sqrt{4+(y_1+2)^2}}=1$，整理得 $3y_1^2+12y_1+8=0$.

又 $x_1=\frac{y_1^2}{2}$，所以 $3x_1+6y_1+4=0$. 同理可得 $3x_2+6y_2+4=0$. 即 B,C 两点都在直线 $3x+6y+4=0$ 上，即直线 BC 的方程为 $3x+6y+4=0$. 故选 B.

方法 2：设 $B(x_1,y_1)$，$C(x_2,y_2)$，因为 B，C 在抛物线 $y^2=2x$ 上，所以 $x_1=\frac{y_1^2}{2}$，$x_2=\frac{y_2^2}{2}$. 则 $k_{AB}=\frac{y_1-2}{\frac{y_1^2}{2}-2}=\frac{2}{y_1+2}$，所以直线 AB 的方程为 $y-2=\frac{2}{y_1+2}(x-2)$，即 $2x-(y_1+2)y+2y_1=0$.

又圆心 $(2,0)$ 到直线 AB 的距离为 1，则 $\frac{|4+2y_1|}{\sqrt{4+(y_1+2)^2}}=1$，整理得 $3y_1^2+12y_1+8=0$.

同理，由圆心 $(2,0)$ 到直线 AC 的距离为 1，则 $\frac{|4+2y_2|}{\sqrt{4+(y_2+2)^2}}=1$，整理得 $3y_2^2+12y_2+8=0$. 因此，y_1，y_2 是方程 $3y^2+12y+8=0$ 的两根，所以 $y_1+y_2=-4$，$y_1\cdot y_2=\frac{8}{3}$. 又 $k_{BC}=\frac{y_2-y_1}{\frac{y_2^2}{2}-\frac{y_1^2}{2}}=\frac{2}{y_2+y_1}$，所以直线 BC 的方程为 $y-y_1=\frac{2}{y_2+y_1}\left(x-\frac{y_1^2}{2}\right)$，整理得 $2x-(y_1+y_2)y+y_1y_2=0$，所以直线 BC 的方程为 $3x+6y+4=0$. 故选 B.

典例 3 （2021 年天津卷 18）如图 15 - 2，已知椭圆 $\frac{x^2}{a^2}+\frac{y^2}{b^2}=1(a>b>0)$ 的右焦点为 F，上顶点为 B，离心率为 $\frac{2\sqrt{5}}{5}$，且 $|BF|=\sqrt{5}$.

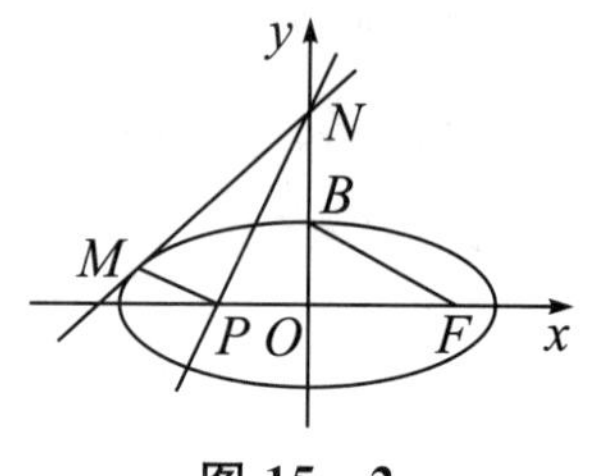

图 15 - 2

（1）求椭圆的方程；

（2）直线 l 与椭圆有唯一的公共点 M，与 y 轴的正半轴交于点 N，过点 N 与 BF 垂直的直线交 x 轴于点 P，若 $MP\parallel BF$，求直线 l 的方程.

关键点击 直击靶心

解决直线与椭圆的位置关系问题，首先要适当设直线的方程，进而求出相应点的坐标，根据题中几何关系联立方程或方程组求解.

图析路径 思维可视

（1）

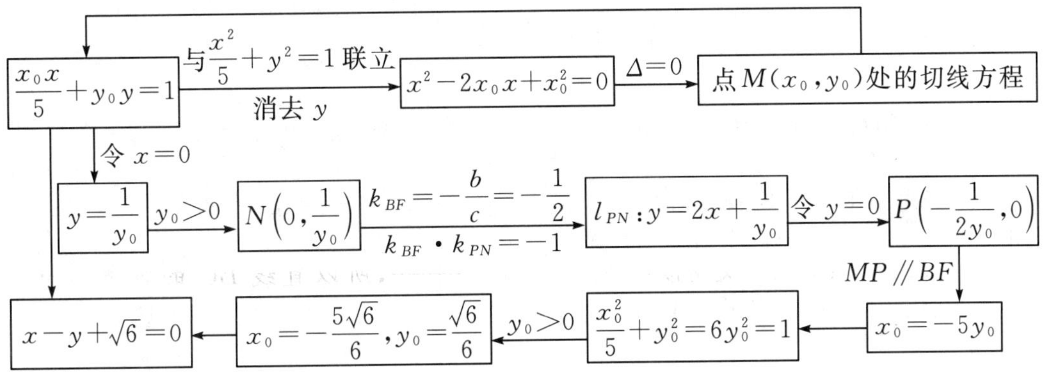

1. 求出 a 的值，结合 c 的值可得出 b 的值，进而得到椭圆的方程.

2. 设点 $M(x_0,y_0)$，分析出直线 l 的方程为 $\frac{x_0x}{5}+y_0y=1$，求出点 P 的坐标，根据 $MP\,//\,BF$ 可得出 $k_{MP}=k_{BF}$，求出 x_0,y_0 的值，即可得出直线 l 的方程.

规范解答 精准示范

解：(1) 易知点 $F(c,0)$，$B(0,b)$，故 $|BF|=\sqrt{c^2+b^2}=a=\sqrt{5}$.

因为椭圆的离心率为 $e=\frac{c}{a}=\frac{2\sqrt{5}}{5}$，所以 $c=2$，$b=\sqrt{a^2-c^2}=1$. 因此，椭圆的方程为 $\frac{x^2}{5}+y^2=1$.

(2) 设点 $M(x_0,y_0)$ 为椭圆 $\frac{x^2}{5}+y^2=1$ 上一点，先证明直线 MN 的方程为 $\frac{x_0x}{5}+y_0y=1$. 联立 $\begin{cases}\frac{x_0x}{5}+y_0y=1,\\ \frac{x^2}{5}+y^2=1,\end{cases}$ 消去 y，并整理得 $x^2-2x_0x+x_0^2=0$，

$\Delta=4x_0^2-4x_0^2=0$.因此,椭圆$\frac{x^2}{5}+y^2=1$在点$M(x_0,y_0)$处的切线方程为$\frac{x_0x}{5}+y_0y=1$.

在直线MN的方程中,令$x=0$,可得$y=\frac{1}{y_0}$,由题意可知$y_0>0$,即点$N\left(0,\frac{1}{y_0}\right)$,直线$BF$的斜率为$k_{BF}=-\frac{b}{c}=-\frac{1}{2}$,所以直线$PN$的方程为$y=2x+\frac{1}{y_0}$,在直线$PN$的方程中,令$y=0$,可得$x=-\frac{1}{2y_0}$,即点$P\left(-\frac{1}{2y_0},0\right)$.

因为$MP/\!/BF$,所以$k_{MP}=k_{BF}$,即$\frac{y_0}{x_0+\frac{1}{2y_0}}=\frac{2y_0^2}{2x_0y_0+1}=-\frac{1}{2}$,整理可得$(x_0+5y_0)^2=0$,所以$x_0=-5y_0$.

因此,$\frac{x_0^2}{5}+y_0^2=6y_0^2=1$,又$y_0>0$,故$y_0=\frac{\sqrt{6}}{6}$,$x_0=-\frac{5\sqrt{6}}{6}$,得直线$l$的方程为$-\frac{\sqrt{6}}{6}x+\frac{\sqrt{6}}{6}y=1$,即$x-y+\sqrt{6}=0$.

注意:在解答过程中多次用到$\frac{x_0^2}{5}+y_0^2=1$这一条件,如果解析中有步骤没看懂,不妨带着这个条件再看看.

解后反思 迁移提升

1. 利用椭圆(双曲线、抛物线类似)的切线方程时,一般可用以下方法进行求解:

(1) 设切线方程为$y=kx+m$,与椭圆方程联立,由$\Delta=0$进行求解;

(2) 椭圆$\frac{x^2}{a^2}+\frac{y^2}{b^2}=1$在其上一点$(x_0,y_0)$的切线方程为$\frac{x_0x}{a^2}+\frac{y_0y}{b^2}=1$,应用此方程时,首先应证明直线$\frac{x_0x}{a^2}+\frac{y_0y}{b^2}=1$与椭圆$\frac{x^2}{a^2}+\frac{y^2}{b^2}=1$相切.

2. 与圆相关的切线问题,上述方法仍成立,但圆相关的问题更多的情况是利用几何性质简化运算.

16. 求离心率 构齐次式

处理圆锥曲线离心率(范围)问题处理的主体步骤:建立关于一个 a,b,c 的方程(或不等式),然后解方程或不等式.要注意,建立的方程或不等式应该是齐次式.

典例 1 (2023 年新高考Ⅰ卷 16)已知双曲线 $C:\frac{x^2}{a^2}-\frac{y^2}{b^2}=1(a>0,b>0)$的左、右焦点分别为 F_1,F_2.点 A 在 C 上,点 B 在 y 轴上,$\overrightarrow{F_1A}\perp\overrightarrow{F_1B}$,$\overrightarrow{F_2A}=-\frac{2}{3}\overrightarrow{F_2B}$,则 C 的离心率为________.

关键点击 直击靶心

本题既可以从数的角度,设出各点坐标,利用向量关系求出点 A 坐标,再代入双曲线方程中得到离心率;也可以从形的角度,利用题给线段关系,结合双曲线几何性质,解三角形,解出离心率.

图析路径 思维可视

方法 1:数的角度

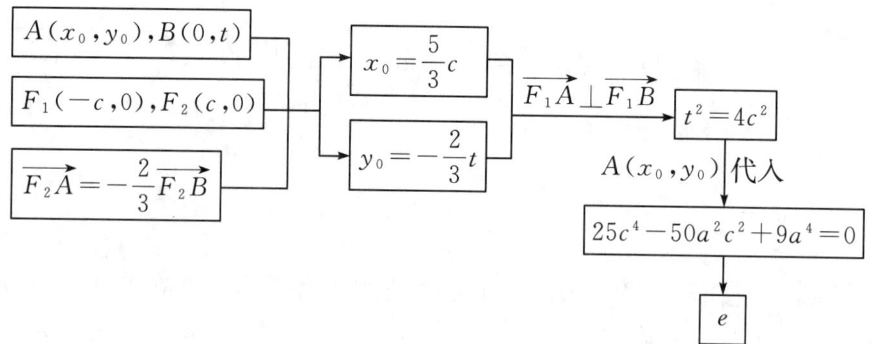

方法 2:形的角度

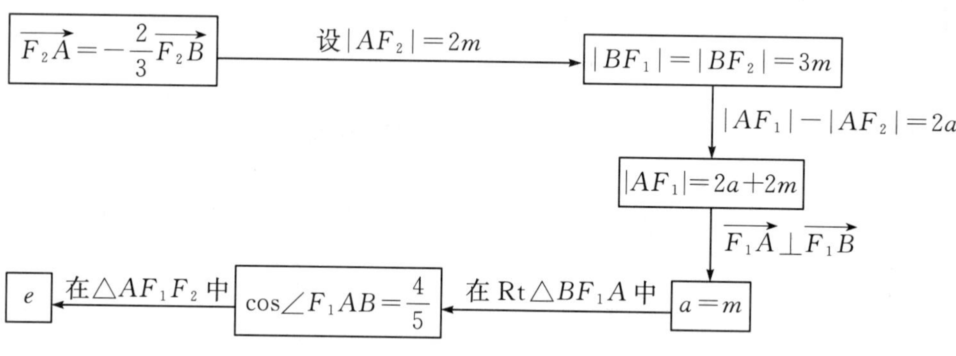

方法 3:借助向量(在方法 2 的基础上)

$\overrightarrow{F_1F_2}=\frac{3}{5}\overrightarrow{F_1A}+\frac{2}{5}\overrightarrow{F_1B}$ —平方→ $4c^2=\frac{9}{25}\times16m^2+\frac{4}{25}\times9m^2$ —$m=a$→ e

1. 从数的角度思考,依题意设出各点坐标,由向量坐标运算求得 $x_0=\frac{5}{3}c$,$y_0=-\frac{2}{3}t$,$t^2=4c^2$,将点 A 代入双曲线 C 得到关于 a,b,c 的齐次方程,从而得到离心率.

2. 从形的角度思考,利用向量共线及双曲线的定义得到 $|AF_2|$,$|BF_2|$,$|BF_1|$,$|AF_1|$,进而利用余弦定理得到 a,c 的齐次方程,从而得解.

3. 本题也可以在方法 2 的基础上,利用 $\overrightarrow{F_1F_2}=\frac{3}{5}\overrightarrow{F_1A}+\frac{2}{5}\overrightarrow{F_1B}$,两边平方求解(感兴趣的读者可以自行探索).

规范解答 精准示范

$\frac{3\sqrt{5}}{5}$ **解析**:方法 1:依题意,得 $F_1(-c,0)$,$F_2(c,0)$.

设 $A(x_0,y_0)$,$B(0,t)$,因为 $\overrightarrow{F_2A}=-\frac{2}{3}\overrightarrow{F_2B}$,所以 $(x_0-c,y_0)=-\frac{2}{3}(-c,t)$,则 $x_0=\frac{5}{3}c$,$y_0=-\frac{2}{3}t$.

又因为 $\overrightarrow{F_1A}\perp\overrightarrow{F_1B}$,所以 $\overrightarrow{F_1A}\cdot\overrightarrow{F_1B}=\left(\frac{8}{3}c,-\frac{2}{3}t\right)\cdot(c,t)=\frac{8}{3}c^2-\frac{2}{3}t^2=0$,则 $t^2=4c^2$.

又因为点 A 在 C 上,所以 $\frac{\frac{25}{9}c^2}{a^2}-\frac{\frac{4}{9}t^2}{b^2}=1$,整理得 $\frac{25c^2}{9a^2}-\frac{4t^2}{9b^2}=1$,则 $\frac{25c^2}{9a^2}-\frac{16c^2}{9b^2}=1$,所以 $25c^2b^2-16c^2a^2=9a^2b^2$,即 $25c^2(c^2-a^2)-16a^2c^2=9a^2(c^2-a^2)$,整理得 $25c^4-50a^2c^2+9a^4=0$,则 $(5c^2-9a^2)(5c^2-a^2)=0$,解得 $5c^2=9a^2$ 或 $5c^2=a^2$.

又因为 $e>1$,所以 $e=\frac{3\sqrt{5}}{5}$.

方法 2:依题意,设 $|AF_2|=2m$,则 $|BF_2|=3m=|BF_1|$,$|AF_1|=2a+2m$(易知点 A 在双曲线的右支上),在 $\mathrm{Rt}\triangle ABF_1$ 中,$9m^2+(2a+2m)^2=25m^2$,则 $(a+3m)(a-m)=0$,故 $a=m$ 或 $a=-3m$(舍去),所以 $|AF_1|=4a$,$|AF_2|=2a$,$|BF_2|=|BF_1|=3a$,则 $|AB|=5a$,故 $\cos\angle F_1AF_2=\frac{|AF_1|}{|AB|}=\frac{4a}{5a}=\frac{4}{5}$,所以在 $\triangle AF_1F_2$ 中,$\cos\angle F_1AF_2=\frac{16a^2+4a^2-4c^2}{2\times4a\times2a}=\frac{4}{5}$,整理得 $5c^2=9a^2$,故 $e=\frac{c}{a}=\frac{3\sqrt{5}}{5}$.

典例 2 (2022 年全国乙卷理 11 改编题)双曲线 C 的两个焦点为 F_1，F_2，以 C 的实轴为直径的圆记为圆 D，过 F_1 作圆 D 的切线与 C 的两支交于 M，N 两点，且 $\cos\angle F_1NF_2=\frac{3}{5}$，则 C 的离心率为 ( )

A. $\frac{\sqrt{5}}{2}$　　B. $\frac{3}{2}$　　C. $\frac{\sqrt{13}}{2}$　　D. $\frac{\sqrt{17}}{2}$

关键点击 直击靶心

1. 将$\triangle NF_1F_2$ 的面积"算两次"建立等量关系.

2. 利用 $\cos\angle F_1NF_2$ 的值"算两次"求得结果.

图析路径 思维可视

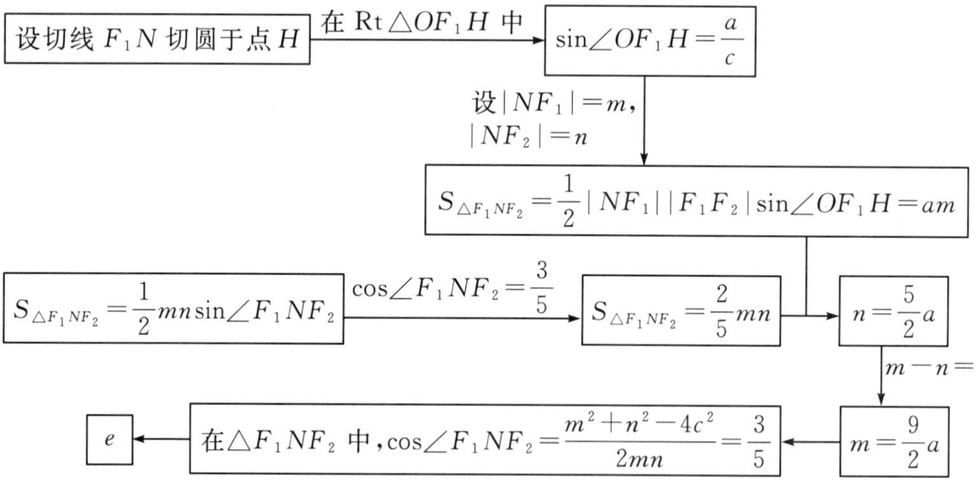

设切线 F_1N 切圆于点 H —在 $\mathrm{Rt}\triangle OF_1H$ 中→ $\sin\angle OF_1H=\frac{a}{c}$

—设 $|NF_1|=m$，$|NF_2|=n$→ $S_{\triangle F_1NF_2}=\frac{1}{2}|NF_1||F_1F_2|\sin\angle OF_1H=am$

$S_{\triangle F_1NF_2}=\frac{1}{2}mn\sin\angle F_1NF_2$ —$\cos\angle F_1NF_2=\frac{3}{5}$→ $S_{\triangle F_1NF_2}=\frac{2}{5}mn$ → $n=\frac{5}{2}a$

—$m-n=2a$→ $m=\frac{9}{2}a$ → 在$\triangle F_1NF_2$ 中，$\cos\angle F_1NF_2=\frac{m^2+n^2-4c^2}{2mn}=\frac{3}{5}$ → e

规范解答 精准示范

C **解析**：设切线 F_1N 切圆 O 于点 H，$|NF_1|=m$，$|NF_2|=n$，则在 $\mathrm{Rt}\triangle OF_1H$ 中，$|OF_1|=c$，$|OH|=a$，所以 $\sin\angle OF_1H=\frac{a}{c}$，则 $S_{\triangle F_1NF_2}=$

$\frac{1}{2}|F_1N||F_1F_2|\sin\angle OF_1H=am$.

因为 $\cos\angle F_1NF_2=\frac{3}{5}$，所以在 $\triangle F_1NF_2$ 中，$\sin\angle F_1NF_2=\frac{4}{5}$，所以

$S_{\triangle F_1NF_2}=\frac{1}{2}mn\sin\angle F_1NF_2=\frac{2}{5}mn$，所以 $am=\frac{2}{5}mn$，即 $n=\frac{5}{2}a$.

$\cos\angle F_1NF_2=\frac{3}{5}>0$，若点 N 在左支上，则 $\angle F_1NF_2>\angle F_1NO>\angle F_1HO=90°$，即 $\cos\angle F_1NF_2<0$，与题意不符，所以点 N 在右支上.

由双曲线的定义知 $m-n=2a$，所以 $m=\frac{9}{2}a$.又因为 $\cos\angle F_1NF_2=\frac{3}{5}=\frac{m^2+n^2-4c^2}{2mn}$，将 $m=\frac{9}{2}a$，$n=\frac{5}{2}a$ 代入，得 $e=\frac{c}{a}=\frac{\sqrt{13}}{2}$.故选 C.

本题是一道有名的高考题，原题其实有两个正确的答案，在本题中，加上了“两支”这一限制条件，排除了一个结果.感兴趣的读者可深入探究.

典例 3 （2021 年全国乙卷理 11）设 B 是椭圆 C：$\frac{x^2}{a^2}+\frac{y^2}{b^2}=1(a>b>0)$ 的上顶点，若 C 上的任意一点 P 都满足 $|PB|\leqslant 2b$，则 C 的离心率的取值范围是（　　）

A. $\left[\frac{\sqrt{2}}{2},1\right)$　　B. $\left[\frac{1}{2},1\right)$　　C. $\left(0,\frac{\sqrt{2}}{2}\right]$　　D. $\left(0,\frac{1}{2}\right]$

关键点击 直击靶心

1. 根据两点间的距离公式表示出 $|PB|$.

2. 根据定义域讨论函数的单调性，求 $|PB|$ 的最大值，再构造齐次不等式求解.

图析路径 思维可视

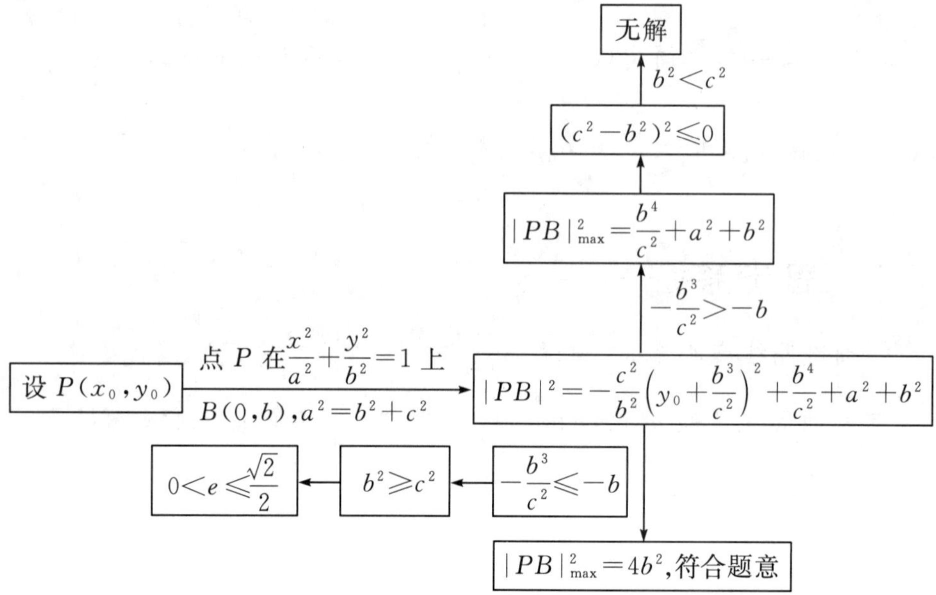

任意一点 P 都满足 $|PB|\leqslant 2b$,可转化为 $|PB|_{\max}\leqslant 2b$,通过分类讨论求出 $|PB|$ 的最大值

规范解答 精准示范

C **解析**:设 $P(x_0,y_0)$,因为 $B(0,b)$,$\frac{x_0^2}{a^2}+\frac{y_0^2}{b^2}=1$,$a^2=b^2+c^2$,所以 $|PB|^2=x_0^2+(y_0-b)^2=a^2\left(1-\frac{y_0^2}{b^2}\right)+(y_0-b)^2=-\frac{c^2}{b^2}\left(y_0+\frac{b^3}{c^2}\right)^2+\frac{b^4}{c^2}+a^2+b^2$.

因为 $-b\leqslant y_0\leqslant b$,所以由二次曲线的形状可知,当 $-\frac{b^3}{c^2}\leqslant -b$,即 $b^2\geqslant c^2$ 时,$|PB|^2_{\max}=4b^2$,即 $|PB|_{\max}=2b$,此时 $y_0=-b$,符合题意,由 $b^2\geqslant c^2$ 可得 $a^2\geqslant 2c^2$,即 $0<e\leqslant\frac{\sqrt{2}}{2}$.

当$-\frac{b^3}{c^2}>-b$，即$b^2<c^2$时，$|PB|_{\max}^2=\frac{b^4}{c^2}+a^2+b^2$，若$|PB|\leqslant 2b$，则$\frac{b^4}{c^2}+a^2+b^2\leqslant 4b^2$，化简得$(c^2-b^2)^2\leqslant 0$，显然该不等式不成立.

故选 C.

解后反思 迁移提升

求解圆锥曲线离心率时，要注意利用圆锥曲线的定义以及题中的几何关系来解决问题.同时不能忽略圆锥曲线离心率的自身限制条件（椭圆、双曲线离心率的取值范围不一致），否则很容易产生增根或者扩大所求离心率的取值范围.

17. 焦点构形　定义优先

椭圆(或双曲线)上一点 P 与其焦点 F_1,F_2 构成的三角形称为焦点三角形.解决焦点三角形问题常利用椭圆(或双曲线)的定义和正弦定理、余弦定理、勾股定理.对此类问题的求解,能够加深我们对椭圆(或双曲线)的定义、方程、几何性质等的理解,同时帮助我们回顾解三角形(正弦定理、余弦定理和三角形面积公式)等基础知识.有的问题虽然没有直接出现焦点三角形,但是可以通过添加辅助线构造焦点三角形,利用相关方法求解.要重视经典试题的演算,积累解题经验,并能总结相关试题所蕴含的数学思想方法,注重基础知识与基本数学思想方法整合,提升数学核心素养.

典例 1　(2020 年全国Ⅰ卷文 11)设 F_1,F_2 是双曲线 $C:x^2-\frac{y^2}{3}=1$ 的两个焦点,O 为坐标原点,点 P 在 C 上且 $|OP|=2$,则 $\triangle PF_1F_2$ 的面积为 (　　)

A. $\frac{7}{2}$　　B. 3　　C. $\frac{5}{2}$　　D. 2

关键点击　直击靶心

本题考查双曲线中焦点三角形面积的计算问题,涉及双曲线的定义,考查数学运算能力.

图析路径 思维可视

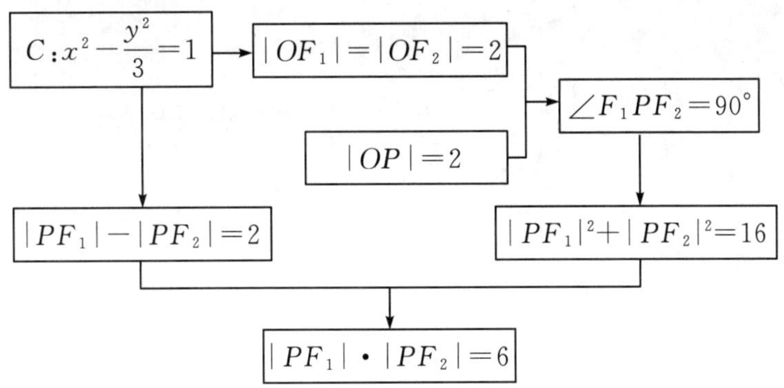

1. 先判断$\triangle PF_1F_2$为直角三角形.

2. 再根据双曲线的定义和直角三角形的性质即可求出$\triangle PF_1F_2$的面积.

规范解答 精准示范

B **解析**:方法1:由题意可得$a=1,b=\sqrt{3},c=2$,所以$|F_1F_2|=2c=4$.因为$|OP|=2$,所以$|OP|=\frac{1}{2}|F_1F_2|$,又$|OF_1|=|OF_2|=2$,所以$\triangle PF_1F_2$为直角三角形,所以$PF_1\perp PF_2$.

因为$||PF_1|-|PF_2||=2a=2$,所以$|PF_1|^2+|PF_2|^2-2|PF_1|\cdot|PF_2|=4$,又因为$|PF_1|^2+|PF_2|^2=4c^2=16$,所以$|PF_1|\cdot|PF_2|=6$,所以$\triangle PF_1F_2$的面积为$S=\frac{1}{2}|PF_1|\cdot|PF_2|=3$.故选B.

方法2:由题意可得$a=1,b=\sqrt{3},c=2$,所以$|F_1F_2|=2c=4$.因为$|OP|=2$,所以$|OP|=\frac{1}{2}|F_1F_2|$,所以$\triangle PF_1F_2$为直角三角形.由双曲线焦点三角形的面积公式$S_{\triangle F_1PF_2}=\dfrac{b^2}{\tan\dfrac{\angle F_1PF_2}{2}}$,可得$S_{\triangle F_1PF_2}=\frac{3}{\tan 45°}=3$.故选B.

典例2 (2021年全国甲卷文16)已知F_1,F_2为椭圆$C:\frac{x^2}{16}+\frac{y^2}{4}=1$的两个焦点,$P,Q$为$C$上关于坐标原点对称的两点,且$|PQ|=|F_1F_2|$,则四边形$PF_1QF_2$的面积为________.

关键点击 直击靶心

1. 判断四边形 PF_1QF_2 为矩形.

2. 利用椭圆的定义及勾股定理求解即可.

图析路径 思维可视

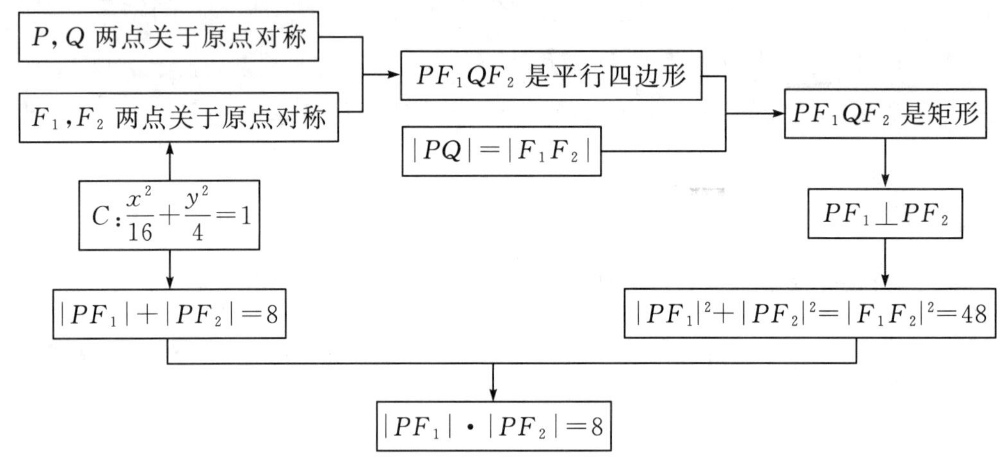

规范解答 精准示范

8 **解析**:方法 1:因为 P,Q 为 C 上关于坐标原点对称的两点,且 $|PQ|=|F_1F_2|$,所以四边形 PF_1QF_2 为矩形.

因为 $|PF_1|+|PF_2|=2a=8$,所以 $|PF_1|^2+2|PF_1|\cdot|PF_2|+|PF_2|^2=64$.

因为 $|PF_1|^2+|PF_2|^2=|F_1F_2|^2=4c^2=4(a^2-b^2)=48$,所以 $|PF_1|\cdot|PF_2|=8$,所以矩形 PF_1QF_2 的面积为 $|PF_1|\times|PF_2|=8$.故填 8.

方法 2:因为 P,Q 为 C 上关于坐标原点对称的两点,且 $|PQ|=|F_1F_2|$,所以四边形 PF_1QF_2 为矩形,所以 $\angle F_1PF_2=90°$.

由椭圆焦点三角形的面积公式 $S_{\triangle F_1PF_2}=b^2\tan\frac{\angle F_1PF_2}{2}$ 可得 $S=4\tan 45°=4$,所以四边形 PF_1QF_2 的面积为 $2S_{\triangle F_1PF_2}=8$.

典例 3 (2023 年全国甲卷理 12)设 O 为坐标原点,F_1,F_2 为椭圆 C:$\frac{x^2}{9}+\frac{y^2}{6}=1$ 的两个焦点,点 P 在 C 上,$\cos\angle F_1PF_2=\frac{3}{5}$,则 $|OP|$ 等于(　　)

A. $\frac{13}{5}$　　B. $\frac{\sqrt{30}}{2}$　　C. $\frac{14}{5}$　　D. $\frac{\sqrt{35}}{2}$

关键点击 直击靶心

本题根据求解的目标可以选择利用椭圆中的一个二级结论——焦点三角形的面积公式快速解出,也可以利用定义,结合余弦定理以及向量的数量积的方式解决,还可以直接用中线长定理解决.

图析路径 思维可视

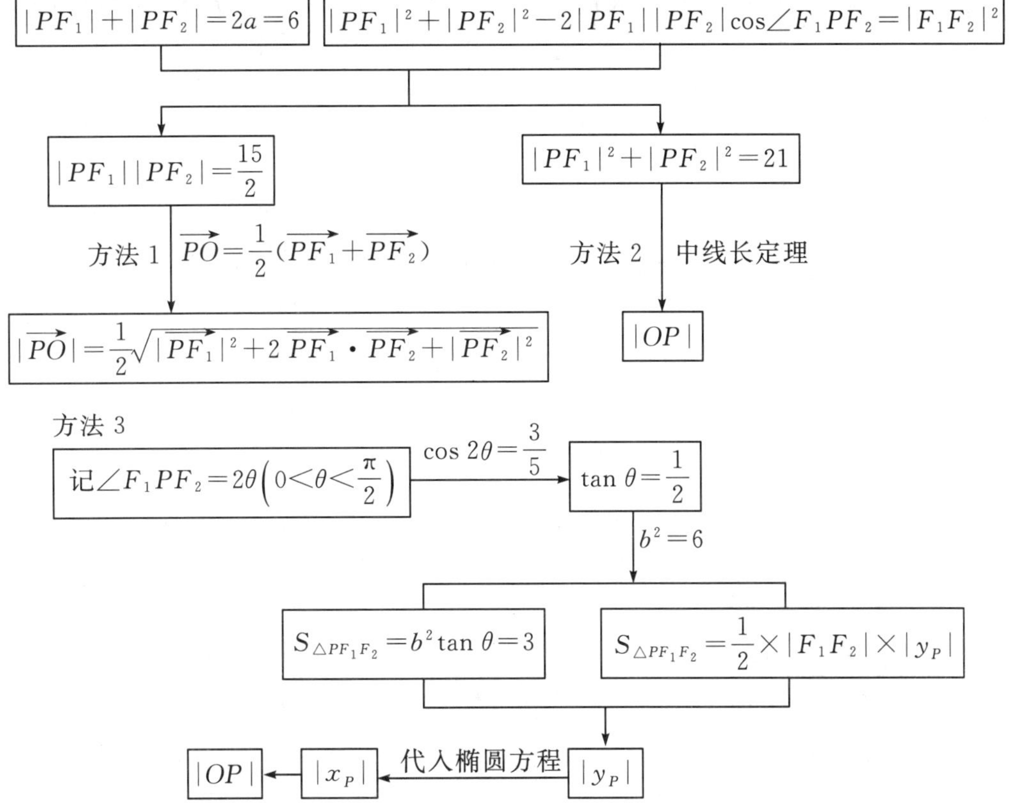

1. 利用椭圆的定义以及余弦定理求出$|PF_1||PF_2|$，$|PF_1|^2+|PF_2|^2$，再结合中线的向量公式以及数量积求解.也可以在求出$|PF_1|^2+|PF_2|^2$后，根据中线长定理求解.

2. 本题也可以根据焦点三角形面积公式求出$\triangle PF_1F_2$的面积，得到点P的坐标，从而得$|OP|$的值.

规范解答　精准示范

B　**解析**：方法1：因为$|PF_1|+|PF_2|=2a=6$①，$|PF_1|^2+|PF_2|^2-2|PF_1||PF_2|\cos\angle F_1PF_2=|F_1F_2|^2$，即$|PF_1|^2+|PF_2|^2-\frac{6}{5}|PF_1||PF_2|=12$②，联立①②，解得$|PF_1||PF_2|=\frac{15}{2}$，$|PF_1|^2+|PF_2|^2=21$，而$\overrightarrow{PO}=\frac{1}{2}(\overrightarrow{PF_1}+\overrightarrow{PF_2})$，所以$|OP|=|\overrightarrow{PO}|=\frac{1}{2}|\overrightarrow{PF_1}+\overrightarrow{PF_2}|$，即$|\overrightarrow{PO}|=\frac{1}{2}|\overrightarrow{PF_1}+\overrightarrow{PF_2}|=\frac{1}{2}\sqrt{|\overrightarrow{PF_1}|^2+2\overrightarrow{PF_1}\cdot\overrightarrow{PF_2}+|\overrightarrow{PF_2}|^2}=\frac{1}{2}\sqrt{21+2\times\frac{3}{5}\times\frac{15}{2}}=\frac{\sqrt{30}}{2}$.故选B.

方法2：同方法1可解得$|PF_1|^2+|PF_2|^2=21$，由中线长定理可知，$(2|OP|)^2+|F_1F_2|^2=2(|PF_1|^2+|PF_2|^2)=42$，易知$|F_1F_2|=2\sqrt{3}$，解得$|OP|=\frac{\sqrt{30}}{2}$.故选B.

方法3：设$\angle F_1PF_2=2\theta$，$0<\theta<\frac{\pi}{2}$，则$S_{\triangle PF_1F_2}=b^2\tan\frac{\angle F_1PF_2}{2}=b^2\tan\theta$，由$\cos\angle F_1PF_2=\cos^2\theta-\sin^2\theta=\frac{\cos^2\theta-\sin^2\theta}{\cos^2\theta+\sin^2\theta}=\frac{1-\tan^2\theta}{1+\tan^2\theta}=\frac{3}{5}$，且$\tan\theta>0$，解得$\tan\theta=\frac{1}{2}$，由椭圆方程可知，$a^2=9$，$b^2=6$，$c^2=a^2-b^2=3$，所以$S_{\triangle PF_1F_2}=\frac{1}{2}\times$

$|F_1F_2|\times|y_P|=\frac{1}{2}\times2\sqrt{3}\times|y_P|=6\times\frac{1}{2}$，解得 $y_P=\sqrt{3}$，即 $x_P^2=9\times\left(1-\frac{3}{6}\right)=\frac{9}{2}$，因此 $|OP|=\sqrt{x_P^2+y_P^2}=\sqrt{\frac{9}{2}+3}=\frac{\sqrt{30}}{2}$. 故选 B.

解后反思 迁移提升

1. 已知 F_1，F_2 为椭圆 C：$\frac{x^2}{a^2}+\frac{y^2}{b^2}=1(a>b>0)$的两个焦点，$P$ 为 C 上的点，则$\triangle PF_1F_2$ 的面积是 $b^2\tan\frac{\angle F_1PF_2}{2}$.

证明：因为$|PF_1|+|PF_2|=2a$，所以$|PF_1|^2+2|PF_2|\times|PF_1|+|PF_2|^2=4a^2$.在$\triangle PF_1F_2$ 中，由余弦定理$|PF_1|^2+|PF_2|^2-|F_1F_2|^2=2|PF_2|\times|PF_1|\times\cos\angle F_1PF_2$，得$|PF_1|^2+|PF_2|^2=4c^2+2|PF_2|\times|PF_1|\times\cos\angle F_1PF_2$，所以 $4c^2+2|PF_2|\times|PF_1|\times\cos\angle F_1PF_2+2|PF_2|\times|PF_1|=4a^2$，所以 $2|PF_2|\times|PF_1|\times(\cos\angle F_1PF_2+1)=4a^2-4c^2=4b^2$，所以 $|PF_2|\times|PF_1|=\frac{2b^2}{\cos\angle F_1PF_2+1}$，所以$\triangle PF_1F_2$ 的面积是 $S_{\triangle PF_1F_2}=\frac{1}{2}|PF_2|\times|PF_1|\sin\angle F_1PF_2=\frac{1}{2}\times\frac{2b^2\sin\angle F_1PF_2}{\cos\angle F_1PF_2+1}=b^2\frac{\sin\angle F_1PF_2}{\cos\angle F_1PF_2+1}=$

$$b^2\frac{2\sin\frac{\angle F_1PF_2}{2}\cos\frac{\angle F_1PF_2}{2}}{2\cos^2\frac{\angle F_1PF_2}{2}-1+1}=b^2\tan\frac{\angle F_1PF_2}{2}.$$

2. 已知 F_1，F_2 为双曲线 C：$\frac{x^2}{a^2}-\frac{y^2}{b^2}=1(a>0,b>0)$的两个焦点，$P$ 为 C 上的点，则$\triangle PF_1F_2$ 的面积是$\frac{b^2}{\tan\frac{\angle F_1PF_2}{2}}$（参考上述证明过程，请自行证明）.

18. 经典名题 根深叶茂

阿基米德三角形是抛物线的弦与过弦的端点的两条切线所围成的三角形.阿基米德三角形一直备受高考命题专家青睐,它的很多性质成为命题的热点素材.此类试题综合性强,难度大、运算要求高,需要深刻理解并灵活运用阿基米德三角形的性质,能很好地考查逻辑推理、数学运算等多方面能力.

典例 1 (2021 年全国乙卷理 20)已知抛物线 $C: x^2=2py(p>0)$ 的焦点为 F,且 F 与圆 $M: x^2+(y+4)^2=1$ 上点的距离的最小值为 4.

(1) 求 p;

(2) 若点 P 在 M 上,PA,PB 是 C 的两条切线,A,B 是切点,求$\triangle PAB$面积的最大值.

关键点击 直击靶心

1. 结合圆的几何性质,得到点 F 与圆 M 上的点之间的最短距离为 $|MF|-r$.

2. 以点 P 的坐标为参数,表达直线 AB 的方程,进而得到$\triangle PAB$ 的面积表达式.

图析路径 思维可视

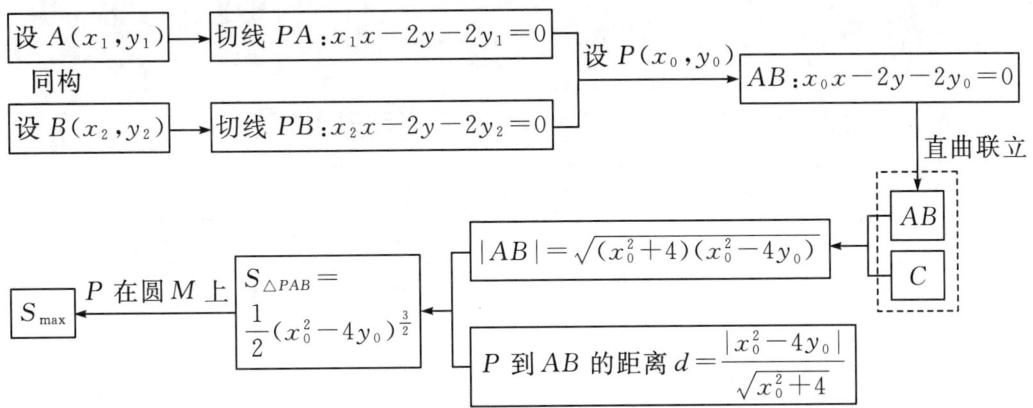

通过设点 $A(x_1,y_1)$，$B(x_2,y_2)$，得出直线 PA 和直线 PB 的方程，根据点 $P(x_0,y_0)$ 在这两条直线上，得到 $x_1x_0-2y_1-2y_0=0$ 与 $x_2x_0-2y_2-2y_0=0$，故直线 AB 的方程为 $x_0x-2y-2y_0=0$，从而点 P 到直线 AB 的距离与弦长 AB 均可以用 x_0，y_0 表示，进一步建立目标式 $S_{\triangle PAB}=f(x_0,y_0)$，再由点 P 在圆 M 上得 x_0，y_0 满足的关系式，消元求解.

规范解答 精准示范

解：(1) 抛物线 C 的焦点为 $F\left(0,\frac{p}{2}\right)$，$|FM|=\frac{p}{2}+4$，所以 F 与圆 M：$x^2+(y+4)^2=1$ 上点的距离的最小值为 $\frac{p}{2}+4-1=4$，解得 $p=2$.

(2) 抛物线 C 的方程为 $x^2=4y$，即 $y=\frac{x^2}{4}$，求导，得 $y'=\frac{x}{2}$，设点 $A(x_1,y_1)$，$B(x_2,y_2)$，$P(x_0,y_0)$，则直线 PA 的方程为 $y-y_1=\frac{x_1}{2}(x-x_1)$，即 $y=\frac{x_1x}{2}-y_1$，即 $x_1x-2y_1-2y=0$，同理，直线 PB 的方程为 $x_2x-2y_2-2y=0$.

因为点 P 是这两条直线的公共点，所以 $\begin{cases}x_1x_0-2y_1-2y_0=0,\\x_2x_0-2y_2-2y_0=0,\end{cases}$ 所以直线 AB 的方程为 $x_0x-2y-2y_0=0$.

联立$\begin{cases}x_0x-2y-2y_0=0,\\ y=\dfrac{x^2}{4},\end{cases}$得 $x^2-2x_0x+4y_0=0$，所以 $x_1+x_2=2x_0$，$x_1x_2=4y_0$，所以 $|AB|=\sqrt{1+\left(\dfrac{x_0}{2}\right)^2}\cdot\sqrt{(x_1+x_2)^2-4x_1x_2}=\sqrt{1+\left(\dfrac{x_0}{2}\right)^2}\cdot\sqrt{4x_0^2-16y_0}=\sqrt{(x_0^2+4)(x_0^2-4y_0)}$，又因为点 P 到直线 AB 的距离 $d=\dfrac{|x_0^2-4y_0|}{\sqrt{x_0^2+4}}$，所以 $S_{\triangle PAB}=\dfrac{1}{2}|AB|\cdot d=\dfrac{1}{2}\sqrt{(x_0^2+4)(x_0^2-4y_0)}\cdot\dfrac{|x_0^2-4y_0|}{\sqrt{x_0^2+4}}=\dfrac{1}{2}(x_0^2-4y_0)^{\frac{3}{2}}$. 因为 $x_0^2-4y_0=1-(y_0+4)^2-4y_0=-y_0^2-12y_0-15=-(y_0+6)^2+21$，又因为 $-5\leqslant y_0\leqslant-3$，所以当 $y_0=-5$ 时，$\triangle PAB$ 的面积取最大值，为 $\dfrac{1}{2}\times20^{\frac{3}{2}}=20\sqrt{5}$.

典例 2 已知曲线 $C:y=\dfrac{x^2}{2}$，D 为直线 $y=-\dfrac{1}{2}$上的动点，过点 D 作 C 的两条切线，切点分别为 A，B.

(1) 求证：直线 AB 过定点；

(2) 若以 $E\left(0,\dfrac{5}{2}\right)$为圆心的圆与直线 AB 相切，且切点为线段 AB 的中点，求四边形 $ADBE$ 的面积.

关键点击 直击靶心

1.以点 D 的横坐标 t 为参数，表达直线 AB 的方程，得到直线 AB 经过的定点.

2. 直曲联立，表示线段 AB 的中点 M 的坐标，利用 $EM\perp AB$ 解出 t 的值，进而求出四边形 $ADBE$ 的面积.

图析路径 思维可视

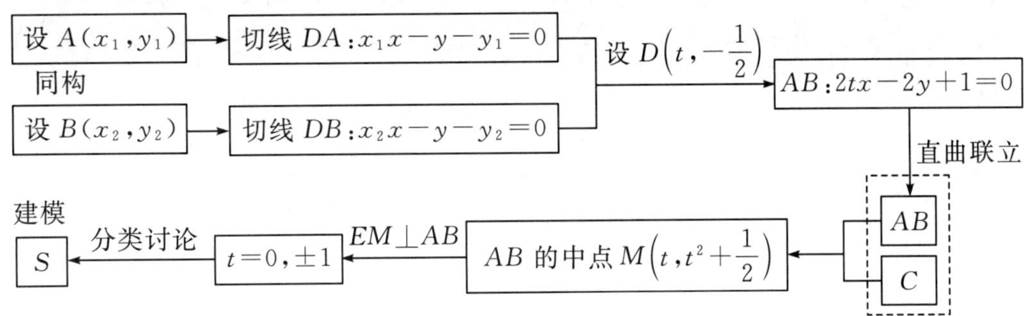

1. 设 $A(x_1,y_1)$,$B(x_2,y_2)$,$D\left(t,-\frac{1}{2}\right)$,求出 A,B 两点处的切线方程,两直线均过点 D,同构得出直线 AB 的方程,最后求出 AB 所过的定点.

2. 将直线 AB 的方程和抛物线方程联立,再通过 M 为线段 AB 的中点,$\overrightarrow{EM}\perp\overrightarrow{AB}$ 得出 M 的坐标和 $|\overrightarrow{EM}|$ 的值,d_1,d_2 分别为点 D,E 到直线 AB 的距离,则 $d_1=\sqrt{t^2+1}$,$d_2=\frac{2}{\sqrt{t^2+1}}$,结合弦长公式和根与系数的关系求解即可.

规范解答 精准示范

解:(1) 证明:设 $D\left(t,-\frac{1}{2}\right)$,$A(x_1,y_1)$,则 $y_1=\frac{1}{2}x_1^2$.

因为 $y=\frac{1}{2}x^2$,所以 $y'=x$,所以切线 DA 的斜率为 x_1,所以切线 DA 的方程为 $y-y_1=x_1(x-x_1)$,整理,得 $x_1x-y-y_1=0$.设 $B(x_2,y_2)$,同理 DB 的方程为 $x_2x-y-y_2=0$.

因为 D 为这两条直线的公共点,所以 $\begin{cases}tx_1+\frac{1}{2}-y_1=0,\\tx_2+\frac{1}{2}-y_2=0,\end{cases}$ 所以直线 AB 的方程为 $2tx-2y+1=0$,即 $2tx+(-2y+1)=0$.当 $2x=0$,$-2y+1=0$ 时,等式恒

成立，所以直线 AB 恒过定点 $\left(0,\frac{1}{2}\right)$.

(2) 由(1)得直线 AB 的方程为 $y=tx+\frac{1}{2}$.

联立 $\begin{cases} y=tx+\frac{1}{2}, \\ y=\frac{x^2}{2} \end{cases}$ 得 $x^2-2tx-1=0$，所以 $x_1+x_2=2t$，$x_1x_2=-1$，

$y_1+y_2=t(x_1+x_2)+1=2t^2+1$，所以 $|AB|=\sqrt{1+t^2}\,|x_1-x_2|=\sqrt{1+t^2}\sqrt{(x_1+x_2)^2-4x_1x_2}=2(t^2+1)$.

设 d_1，d_2 分别为点 D，E 到直线 AB 的距离，则 $d_1=\sqrt{t^2+1}$，$d_2=\frac{2}{\sqrt{t^2+1}}$，所以四边形 $ADBE$ 的面积 $S=\frac{1}{2}|AB|(d_1+d_2)=(t^2+3)\sqrt{t^2+1}$.

设 M 为线段 AB 的中点，则 $M\left(t,t^2+\frac{1}{2}\right)$，因为 $\overrightarrow{EM}\perp\overrightarrow{AB}$，$\overrightarrow{EM}=(t,t^2-2)$，$\overrightarrow{AB}\parallel(1,t)$，所以 $t+(t^2-2)t=0$，解得 $t=0$ 或 $t=\pm1$.

当 $t=0$ 时，$S=3$；当 $t=\pm1$ 时，$S=4\sqrt{2}$. 因此，四边形 $ADBE$ 的面积为 3 或 $4\sqrt{2}$.

解后反思 迁移提升

以 $x^2=2py(p>0)$ 为例. 设 $A(x_1,y_1)$，$B(x_2,y_2)$ 为该抛物线上不同的两点，以 A，B 为切点的切线 PA，PB 相交于点 $P(x_0,y_0)$，称 $\triangle PAB$ 为阿基米德三角形，AB 为阿基米德三角形的底边.

1. 阿基米德三角形的常用性质：

(1) $x_0=\frac{x_1+x_2}{2}$；

(2) AB 的方程为 $(x_1+x_2)x-2py-x_1x_2=0$ 或 $x_0x=p(y+y_0)$；

(3) $S_{\triangle PAB}=\frac{1}{8p}|x_1-x_2|^3$；

(4) 若点 $P(x_0,y_0)$在准线上，则 AB 所在直线经过焦点 F，反之亦然，且此时$\angle PFA=\angle PFB=\frac{\pi}{2}$.

2. 阿基米德三角形的常见处理方法：

方法 1：设切点 $A(x_1,y_1)$，$B(x_2,y_2)$，分别表示点 A，B 处的切线方程，利用两条切线均过点 $P(x_0,y_0)$，运用同构法得到 AB 所在直线的方程.

方法 2：已知点 $P(x_0,y_0)$，设切线 PA 的方程为 $y-y_0=k(x-x_0)$，与抛物线 $x^2=2py(p>0)$联立，由判别式 $\Delta=0$ 得到 $pk^2-2x_0k+2y_0=0$，根据点 A 处的切线斜率公式，将 k 用$\frac{x_1}{p}$替换，得到 $x_0x_1=p(y_0+y_1)$，运用同构法得到 AB 所在直线的方程.

19. 四点共圆　性质助力

四点共圆问题是平面几何中的一类典型问题，这类问题也走进了高考的解析几何试题中.它一方面给解析几何试题增添了色彩和活力，另一方面也给解决这类问题带来了困难.四点共圆有时出现在条件中；有时是证明的目标；有时显性呈现在试题中；有时隐藏在问题背后，需要挖掘四点共圆的数学本质.四点共圆的处理方法比较灵活，可以利用其平面几何的性质，也可以直接代数运算，也可以几何性质与代数运算相结合.此类问题对直观想象、逻辑推理、数学运算等素养要求较高.

典例 1　(2021 年新高考Ⅰ卷 21)在平面直角坐标系 xOy 中，已知点 $F_1(-\sqrt{17},0)$，$F_2(\sqrt{17},0)$，$|MF_1|-|MF_2|=2$，点 M 的轨迹为 C.

(1) 求 C 的方程；

(2) 设点 T 在直线 $x=\frac{1}{2}$ 上，过点 T 的两条直线分别交 C 于 A，B 两点和 P，Q 两点，且 $|TA|\cdot|TB|=|TP|\cdot|TQ|$，求直线 AB 的斜率与直线 PQ 的斜率之和.

关键点击　直击靶心

1. 利用双曲线的定义求轨迹方程比直接法更简洁，但需注意轨迹是双曲线的一支.

2. 利用弦长公式转化等量关系，也可以挖掘四点共圆，简化运算.

图析路径 思维可视

方法 1：

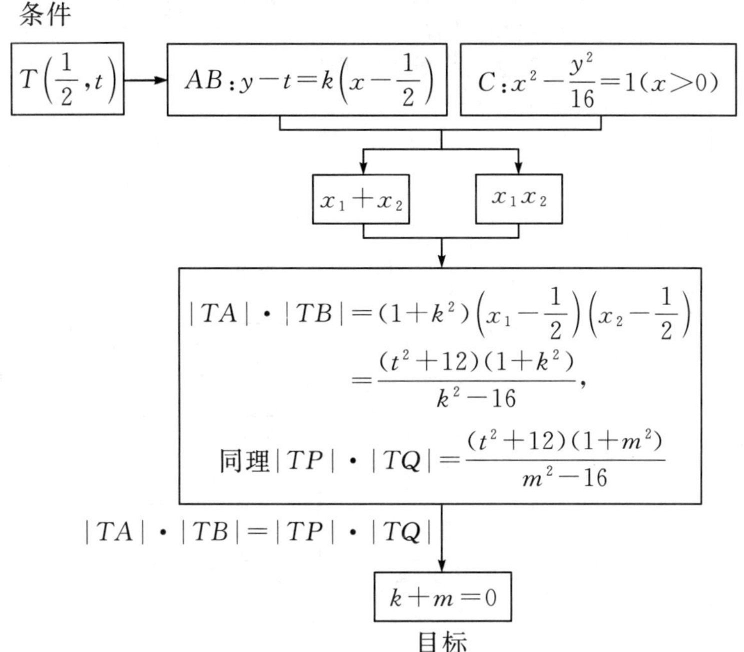

方法 2：

条件

$T\left(\frac{1}{2},t\right)$ → $x=\frac{1}{2}+l\cos\alpha$，$y=t+l\sin\alpha$

↓ 代入 $x^2-\frac{y^2}{16}=1(x>0)$

$|TA|\cdot|TB|=l_1l_2=\frac{t^2+12}{\sin^2\alpha-16\cos^2\alpha}$

同理 $|TP|\cdot|TQ|=l_3l_4=\frac{t^2+12}{\sin^2\beta-16\cos^2\beta}$

↓ $|TA|\cdot|TB|=|TP|\cdot|TQ|$

$\alpha+\beta=\pi$

↓

$k_1+k_2=0$

目标

方法 3：

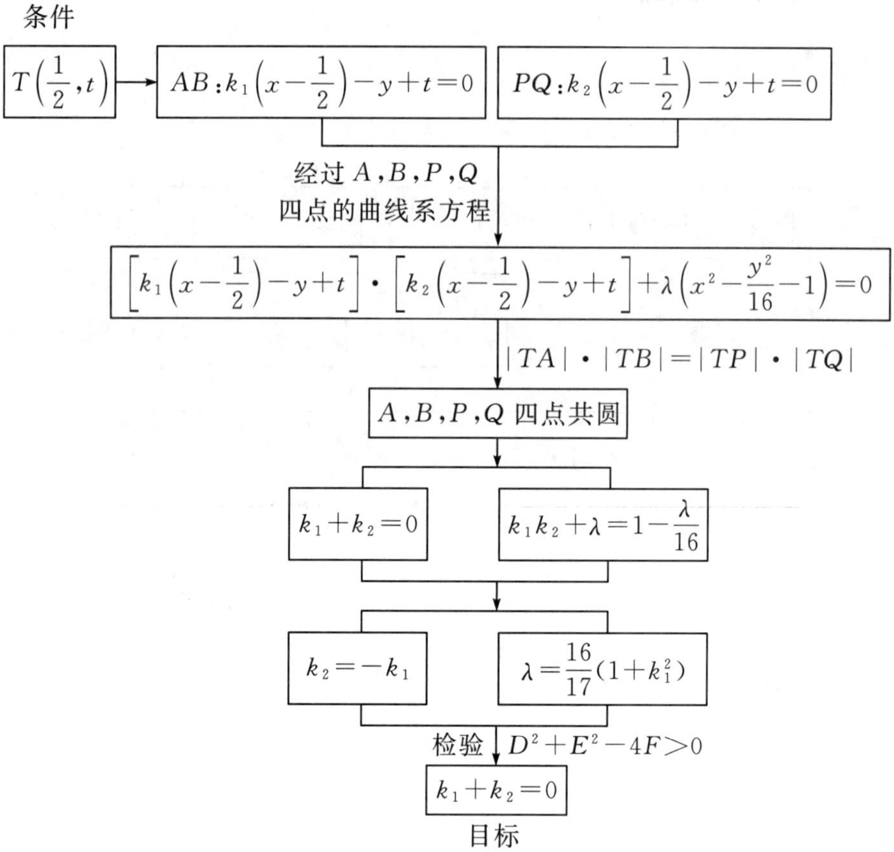

条件

$T\left(\frac{1}{2},t\right)$ → $AB: k_1\left(x-\frac{1}{2}\right)-y+t=0$　　$PQ: k_2\left(x-\frac{1}{2}\right)-y+t=0$

↓ 经过 A,B,P,Q 四点的曲线系方程

$$\left[k_1\left(x-\frac{1}{2}\right)-y+t\right]\cdot\left[k_2\left(x-\frac{1}{2}\right)-y+t\right]+\lambda\left(x^2-\frac{y^2}{16}-1\right)=0$$

↓ $|TA|\cdot|TB|=|TP|\cdot|TQ|$

A,B,P,Q 四点共圆

↓

$k_1+k_2=0$　　$k_1k_2+\lambda=1-\frac{\lambda}{16}$

↓

$k_2=-k_1$　　$\lambda=\frac{16}{17}(1+k_1^2)$

↓ 检验 $D^2+E^2-4F>0$

$k_1+k_2=0$

目标

方法 1：通过联立直线 $TB: y=k\left(x-\frac{1}{2}\right)+t$ 与曲线 $x^2-\frac{y^2}{16}=1(x>0)$ 利用设而不求整体求解. 方法 2：利用直线的参数方程求解. 方法 3：利用圆系方程求解，但要注意等价性说明.

规范解答　精准示范

解：(1) 由题设，可得 C 为双曲线 $\frac{x^2}{a^2}-\frac{y^2}{b^2}=1(a>0,b>0)$ 的右支，且 $c=\sqrt{17}$，$2a=2$，得 $a=1$. 由 $a^2+b^2=17$，解得 $b=4$. 故 C 的方程是 $x^2-\frac{y^2}{16}=1(x>0)$.

(2) 方法 1：由题意，可设 $T\left(\frac{1}{2},t\right)$，$A(x_1,y_1)$，$B(x_2,y_2)$，直线 AB 的方程为 $y-t=k\left(x-\frac{1}{2}\right)$.

将直线 AB 的方程代入 C 的方程，可得 $(k^2-16)x^2+(2kt-k^2)x+\frac{k^2}{4}-kt+t^2+16=0(x>0)$，故 $x_1+x_2=\frac{k^2-2kt}{k^2-16}>0$，$x_1x_2=\frac{\frac{k^2}{4}-kt+t^2+16}{k^2-16}=\frac{k^2-4kt+4t^2+64}{4k^2-64}>0$，则 $|TA||TB|=\overrightarrow{TA}\cdot\overrightarrow{TB}=\left(x_1-\frac{1}{2}\right)\left(x_2-\frac{1}{2}\right)+(y_1-t)(y_2-t)=(1+k^2)\left(x_1-\frac{1}{2}\right)\left(x_2-\frac{1}{2}\right)=(1+k^2)\left[x_1x_2-\frac{1}{2}(x_1+x_2)+\frac{1}{4}\right]=(1+k^2)\left(\frac{k^2-4kt+4t^2+64}{4k^2-64}-\frac{1}{2}\times\frac{k^2-2kt}{k^2-16}+\frac{1}{4}\right)=(1+k^2)\left(\frac{k^2-4kt+4t^2+64-2k^2+4kt}{4k^2-64}+\frac{1}{4}\right)=(1+k^2)\frac{-k^2+4t^2+64+k^2-16}{4k^2-64}=(1+k^2)\frac{4t^2+48}{4k^2-64}=\frac{(1+k^2)(t^2+12)}{k^2-16}$.

设直线 PQ 的斜率为 $m(m\neq k)$，同理可得 $|TP||TQ|=\frac{(1+m^2)(t^2+12)}{m^2-16}$.

由题设得 $\frac{(1+k^2)(t^2+12)}{k^2-16}=\frac{(1+m^2)(t^2+12)}{m^2-16}$，解得 $k^2=m^2$，所以 $m=-k$，即 $m+k=0$.故直线 AB 的斜率与直线 PQ 的斜率之和为 0.

方法 2：设 $T\left(\frac{1}{2},t\right)$，设直线 AB 的参数方程为 $\begin{cases}x=\frac{1}{2}+l\cos\alpha,\\ y=t+l\sin\alpha,\end{cases}$ 代入 C 的方程，可得 $(16\cos^2\alpha-\sin^2\alpha)l^2+(16\cos\alpha-2t\sin\alpha)l-12-t^2=0$.故 $l_1l_2=\frac{-12-t^2}{16\cos^2\alpha-\sin^2\alpha}$，则 $|TA||TB|=\frac{-12-t^2}{16\cos^2\alpha-\sin^2\alpha}$.

设直线 PQ 的参数方程为 $\begin{cases}x=\frac{1}{2}+l\cos\beta,\\ y=t+l\sin\beta,\end{cases}$ 同理 $|TP||TQ|=\frac{-12-t^2}{16\cos^2\beta-\sin^2\beta}$.

由 $|TA||TB|=|TP||TQ|$，得 $\frac{-12-t^2}{16\cos^2\alpha-\sin^2\alpha}=\frac{-12-t^2}{16\cos^2\beta-\sin^2\beta}$，解得 $\cos^2\alpha=\cos^2\beta$.因为 $\cos\alpha\neq\cos\beta$，$0<\alpha<\pi$，$0<\beta<\pi$，所以 $\cos\alpha=-\cos\beta$，$\sin\alpha=\sin\beta$.

因为 $\cos\alpha\neq0,\cos\beta\neq0$，所以 $\tan\alpha=-\tan\beta$，故 $k_1=-k_2$，即 $k_1+k_2=0$.

方法 3：设 $T\left(\frac{1}{2},t\right)$，直线 AB 的斜率为 k_1，直线 PQ 的斜率为 k_2，l_{AB}：$k_1x-y+t-\frac{1}{2}k_1=0$，$l_{PQ}$：$k_2x-y+t-\frac{1}{2}k_2=0$.则过 A,B,P,Q 四点的曲线方程为 $\left(k_1x-y+t-\frac{1}{2}k_1\right)\left(k_2x-y+t-\frac{1}{2}k_2\right)+\lambda\left(x^2-\frac{y^2}{16}-1\right)=0$，化简得 $(k_1k_2+\lambda)x^2+\left(1-\frac{\lambda}{16}\right)y^2+(k_1t+k_2t-k_1k_2)x+\left(\frac{1}{2}k_1+\frac{1}{2}k_2-2t\right)y-(k_1+k_2)xy+t^2-\frac{1}{2}t(k_1+k_2)+\frac{1}{4}k_1k_2-\lambda=0$.

由 $|TA||TB|=|TP||TQ|$ 知，A,B,P,Q 四点共圆，所以 $\begin{cases}k_1+k_2=0,\\ k_1k_2+\lambda=1-\frac{\lambda}{16},\end{cases}$ 所以 $k_1=-k_2,\lambda=\frac{16}{17}(1+k_1^2)$，则曲线方程为 $x^2+y^2+Dx+Ey+F=0,D=-\frac{17k_1^2}{k_1^2-16},E=\frac{34t}{k_1^2-16},F=\frac{64+81k_1^2-68t^2}{4k_1^2-64}$，验证 $D^2+E^2-4F>0$，所以 $k_1+k_2=0$.

典例 2 已知 O 为坐标原点，F 为椭圆 C：$x^2+\frac{y^2}{2}=1$ 在 y 轴正半轴上的焦点，过点 F 且斜率为 $-\sqrt{2}$ 的直线 l 与 C 交于 A,B 两点，点 P 满足 $\overrightarrow{OA}+\overrightarrow{OB}+\overrightarrow{OP}=\mathbf{0}$.

(1) 求证：点 P 在 C 上；

(2) 设点 P 关于点 O 的对称点为 Q，求证：A,P,B,Q 四点在同一圆上.

关键点击 直击靶心

利用两条相交弦的中垂线的交点为圆心，求出圆心，证明四点到圆心的距离均相等.

图析路径 思维可视

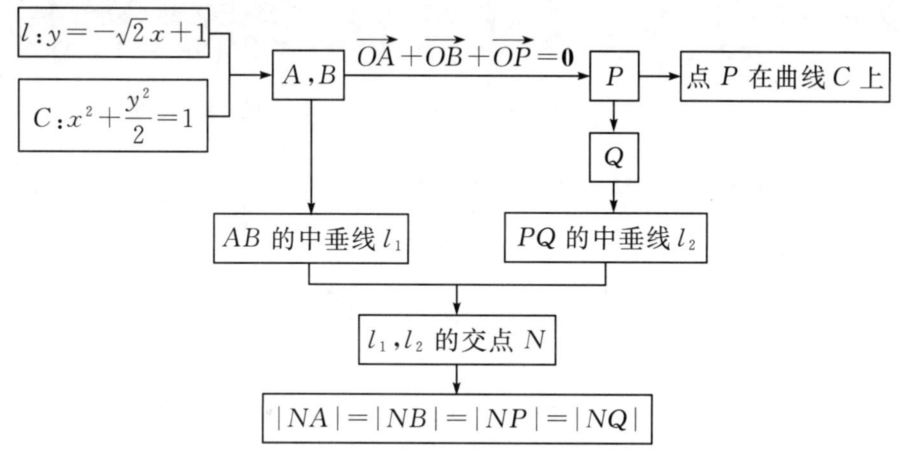

1. 求出点 P 坐标,代入椭圆方程检验.

2. 求出 AB,PQ 中垂线的交点,证明该点与 A,B,P,Q 的距离相等.

规范解答 精准示范

解:(1) 证明:已知 $F(0,1)$,则 l 的方程为 $y=-\sqrt{2}x+1$,代入 $x^2+\frac{y^2}{2}=1$并化简,得 $4x^2-2\sqrt{2}x-1=0$.

设 $A(x_1,y_1)$,$B(x_2,y_2)$,$P(x_3,y_3)$,则 $x_1=\frac{\sqrt{2}-\sqrt{6}}{4}$,$x_2=\frac{\sqrt{2}+\sqrt{6}}{4}$,$x_1+x_2=\frac{\sqrt{2}}{2}$,$y_1+y_2=-\sqrt{2}(x_1+x_2)+2=1$,由题意得 $x_3=-(x_1+x_2)=-\frac{\sqrt{2}}{2}$,$y_3=-(y_1+y_2)=-1$,所以点 P 的坐标为$\left(-\frac{\sqrt{2}}{2},-1\right)$.经验证点 P 的坐标$\left(-\frac{\sqrt{2}}{2},-1\right)$满足方程 $x^2+\frac{y^2}{2}=1$,所以点 P 在椭圆C 上.

(2) 证明:由 $P\left(-\frac{\sqrt{2}}{2},-1\right)$和题设,知 $Q\left(\frac{\sqrt{2}}{2},1\right)$,$PQ$ 的中垂线 l_1 的方程为 $y=-\frac{\sqrt{2}}{2}x$①.

设 AB 的中点为 M，则 $M\left(\frac{\sqrt{2}}{4},\frac{1}{2}\right)$，则 AB 的中垂线 l_2 的方程为 $y=\frac{\sqrt{2}}{2}x+\frac{1}{4}$②.

由①②得 l_1 与 l_2 的交点为 $N\left(-\frac{\sqrt{2}}{8},\frac{1}{8}\right)$，所以 $|NP|=\sqrt{\left(-\frac{\sqrt{2}}{2}+\frac{\sqrt{2}}{8}\right)^2+\left(-1-\frac{1}{8}\right)^2}=\frac{3\sqrt{11}}{8}$，$|AB|=\sqrt{1+(-\sqrt{2})^2}\cdot|x_2-x_1|=\frac{3\sqrt{2}}{2}$，$|AM|=\frac{3\sqrt{2}}{4}$，$|MN|=\sqrt{\left(\frac{\sqrt{2}}{4}+\frac{\sqrt{2}}{8}\right)^2+\left(\frac{1}{2}-\frac{1}{8}\right)^2}=\frac{3\sqrt{3}}{8}$，$|NA|=\sqrt{|AM|^2+|MN|^2}=\frac{3\sqrt{11}}{8}$，所以 $|NP|=|NA|$.

又因为 $|NP|=|NQ|$，$|NA|=|NB|$，所以 $|NA|=|NP|=|NB|=|NQ|$，由此知 A,P,B,Q 四点在以 N 为圆心，NA 为半径的圆上.

解后反思 迁移提升

四点共圆问题既可以从平面几何角度思考，又可以从解析几何角度思考.

1. 平面几何视角下的四点共圆的判定与性质：

(1) 四点到定点距离相等，则此四点共圆；

(2) 若一个四边形的一组对角互补，则此四边形的四个顶点共圆，反之亦成立；

(3) 平面内 A,B,C,D 四点，分别连接 AB,CD，它们(或它们的延长线)的交点为 P，若 $|PA|\cdot|PB|=|PC|\cdot|PD|$，则 A,B,C,D 四点共圆(即圆幂定理)，反之亦成立；

(4) 两个三角形一边重合，该边对角在同一侧，若两个对角相等，则四点共圆.

2. 解析几何视角下的四点共圆的判定与性质：已知符合标准方程的圆锥曲线 C 与两条直线 l_1,l_2 分别相交于不同的点 A,B 和 C,D，若直线 l_1,l_2 的倾斜角互补，则这四个点共圆，反之亦成立.

20. 面积公式 不同表征

圆锥曲线中的面积问题是解析几何中常见的一类题型.把圆锥曲线上的点、焦点、顶点等不同类型的点连接,形成三角形或者平行四边形、梯形等图形.在此基础上,借助面积的求解,考查对三角形、四边形、梯形等面积公式的掌握情况,也考查对基本图形的认识与理解.解答此类问题基本方法有:根据题意,运用弦长公式、点到直线的距离公式求出图形面积的表达式;通过添加辅助线,把复杂图形转化为基本图形;根据图形的结构特征,灵活选择面积公式.

典例 1 (2023 年全国甲卷文 21)已知直线 $x-2y+1=0$ 与抛物线 C:$y^2=2px(p>0)$交于 A,B 两点,且$|AB|=4\sqrt{15}$.

(1) 求 p;

(2) 设 F 为C 的焦点,M,N 为C 上两点,$\overrightarrow{FM}\cdot\overrightarrow{FN}=0$,求$\triangle MFN$ 面积的最小值.

关键点击 直击靶心

本题解题的关键是根据向量的数量积为零找到等量关系,一是为了减元,二是通过相互的制约关系找到各自的范围,且可以得到的三角形面积公式中自变量的取值范围,从而求出面积的最小值.

图析路径 思维可视

方法1:设线

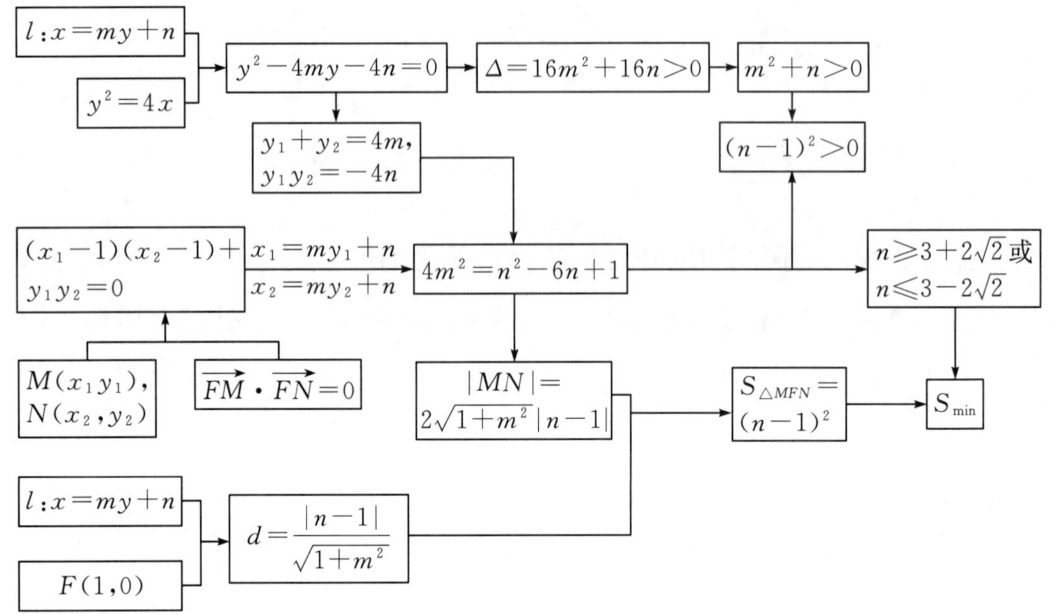

方法2:设点

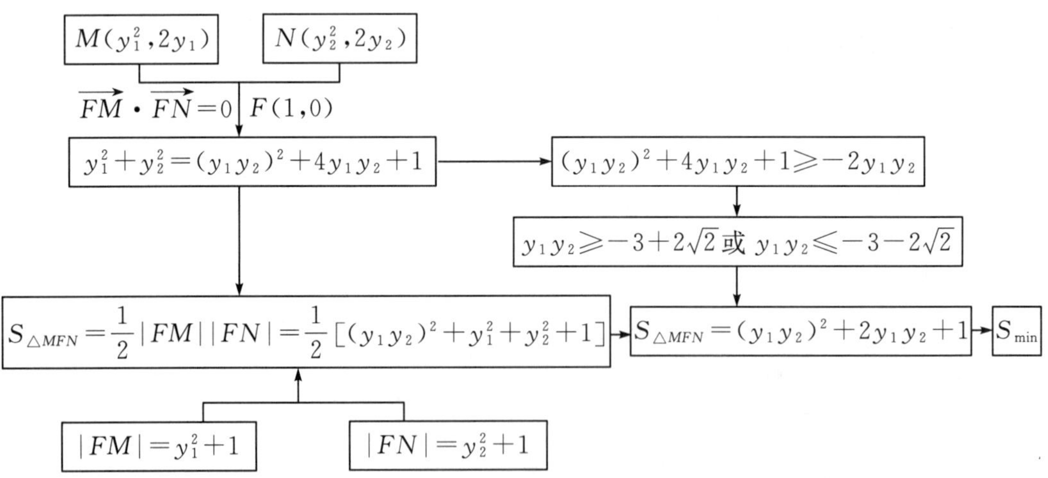

1. 确定表达面积的方式,可以选择 $S=\frac{1}{2}\times|MN|\times d$,也可以选择$S=\frac{1}{2}|FM||FN|$.

2. 方法 1 设 $l_{MN}:x=my+n$,需要准确求出 n 的范围;方法 2 设 $M(y_1^2,2y_1)$,$N(y_2^2,2y_2)$,需要准确求出 y_1y_2 的范围.

规范解答 精准示范

解:(1) 设 $A(x_A,y_A)$,$B(x_B,y_B)$,由 $\begin{cases}x-2y+1=0,\\y^2=2px,\end{cases}$ 可得 $y^2-4py+2p=0$,所以 $y_A+y_B=4p$,$y_Ay_B=2p$,所以 $|AB|=\sqrt{(x_A-x_B)^2+(y_A-y_B)^2}=\sqrt{5}|y_A-y_B|=\sqrt{5}\times\sqrt{(y_A+y_B)^2-4y_Ay_B}=4\sqrt{15}$,即 $2p^2-p-6=0$,因为 $p>0$,解得 $p=2$.

(2) 方法 1:由(1)可得焦点坐标为 $F(1,0)$,显然直线 MN 的斜率不可能为零,设直线 $MN:x=my+n$,$M(x_1,y_1)$,$N(x_2,y_2)$,由 $\begin{cases}y^2=4x,\\x=my+n,\end{cases}$ 可得 $y^2-4my-4n=0$,所以 $y_1+y_2=4m$,$y_1y_2=-4n$,$\Delta=16m^2+16n>0$,即 $m^2+n>0$.

因为 $\overrightarrow{FM}\cdot\overrightarrow{FN}=0$,所以 $(x_1-1)(x_2-1)+y_1y_2=0$,即 $(my_1+n-1)\cdot(my_2+n-1)+y_1y_2=0$,即 $(m^2+1)y_1y_2+m(n-1)(y_1+y_2)+(n-1)^2=0$,将 $y_1+y_2=4m$,$y_1y_2=-4n$ 代入,得 $4m^2=n^2-6n+1$,则 $4(m^2+n)=(n-1)^2>0$,所以 $n\neq1$,且 $n^2-6n+1\geqslant0$,解得 $n\geqslant3+2\sqrt{2}$ 或 $n\leqslant3-2\sqrt{2}$.

设点 F 到直线 MN 的距离为 d,则 $d=\dfrac{|n-1|}{\sqrt{1+m^2}}$,$|MN|=\sqrt{(x_1-x_2)^2+(y_1-y_2)^2}=\sqrt{1+m^2}\,|y_1-y_2|=\sqrt{1+m^2}\sqrt{16m^2+16n}=\sqrt{1+m^2}\sqrt{4(n^2-6n+1)+16n}=2\sqrt{1+m^2}\,|n-1|$,所以 $\triangle MFN$ 的面积 $S=\dfrac{1}{2}\times|MN|\times d=\dfrac{1}{2}\times\dfrac{|n-1|}{\sqrt{1+m^2}}\times2\sqrt{1+m^2}\,|n-1|=(n-1)^2$,而 $n\geqslant3+2\sqrt{2}$ 或 $n\leqslant3-2\sqrt{2}$,所以当 $n=3-2\sqrt{2}$ 时,$\triangle MFN$ 的面积 $S_{\min}=(2-2\sqrt{2})^2=12-8\sqrt{2}$.

方法 2：设 $M(y_1^2,2y_1)$，$N(y_2^2,2y_2)$，则 $\overrightarrow{FM}=(y_1^2-1,2y_1)$，$\overrightarrow{FN}=(y_2^2-1,2y_2)$，因为 $\overrightarrow{FM}\cdot\overrightarrow{FN}=0$，所以 $(y_1^2-1)(y_2^2-1)+4y_1y_2=0$，所以 $y_1^2y_2^2+4y_1y_2+1=y_1^2+y_2^2\geqslant-2y_1y_2$，即 $y_1^2y_2^2+6y_1y_2+1\geqslant0$，所以 $y_1y_2\leqslant-3-2\sqrt{2}$ 或 $y_1y_2\geqslant-3+2\sqrt{2}$，$S_{\triangle MNF}=\dfrac{1}{2}|FM||FN|=\dfrac{1}{2}(y_1^2+1)(y_2^2+1)=(y_1y_2+1)^2\geqslant12-8\sqrt{2}$，当且仅当 $y_1y_2=-3+2\sqrt{2}$，且 $y_1+y_2=0$ 时取等号. 故 $\triangle MFN$ 面积的最小值为 $12-8\sqrt{2}$.

典例 2　在平面直角坐标系 xOy 中，点 B 与点 $A(-1,1)$ 关于原点 O 对称，P 是动点，且直线 AP 与 BP 的斜率之积等于 $-\dfrac{1}{3}$.

(1) 求动点 P 的轨迹方程.

(2) 设直线 AP 和 BP 分别与直线 $x=3$ 交于点 M,N，问：是否存在点 P 使得 $\triangle PAB$ 与 $\triangle PMN$ 的面积相等？若存在，求出点 P 的坐标；若不存在，说明理由.

关键点击　直击靶心

求轨迹方程要注意去除不符合题意的点.求面积要合理选择面积表达方式，将面积的等量关系转化为共线的弦长的比例关系求解.

图析路径 思维可视

(1)

$A(-1,1)$
原点对称
$B(1,-1)$
设 $P(x,y)$
$k_{PA}=\frac{y-1}{x+1}$，$k_{PB}=\frac{y+1}{x-1}$
斜率之积为 $-\frac{1}{3}$
$k_{PA}k_{PB}=\frac{y^2-1}{x^2-1}=-\frac{1}{3}$
$x\neq\pm1$
$x^2+3y^2=4$
$x^2+3y^2=4(x\neq\pm1)$

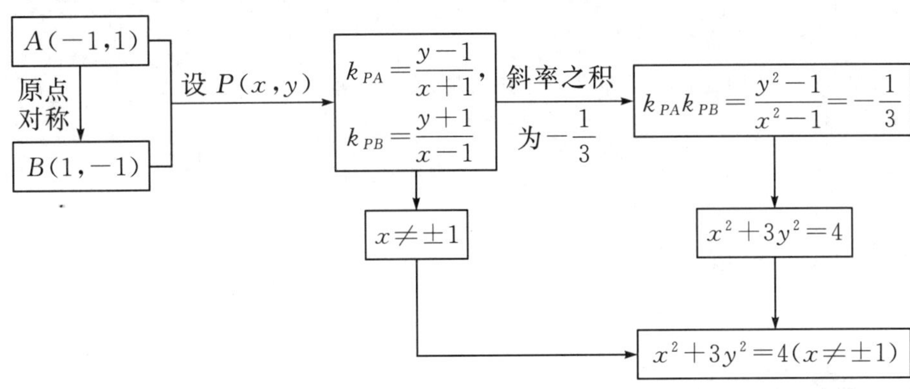

(2)

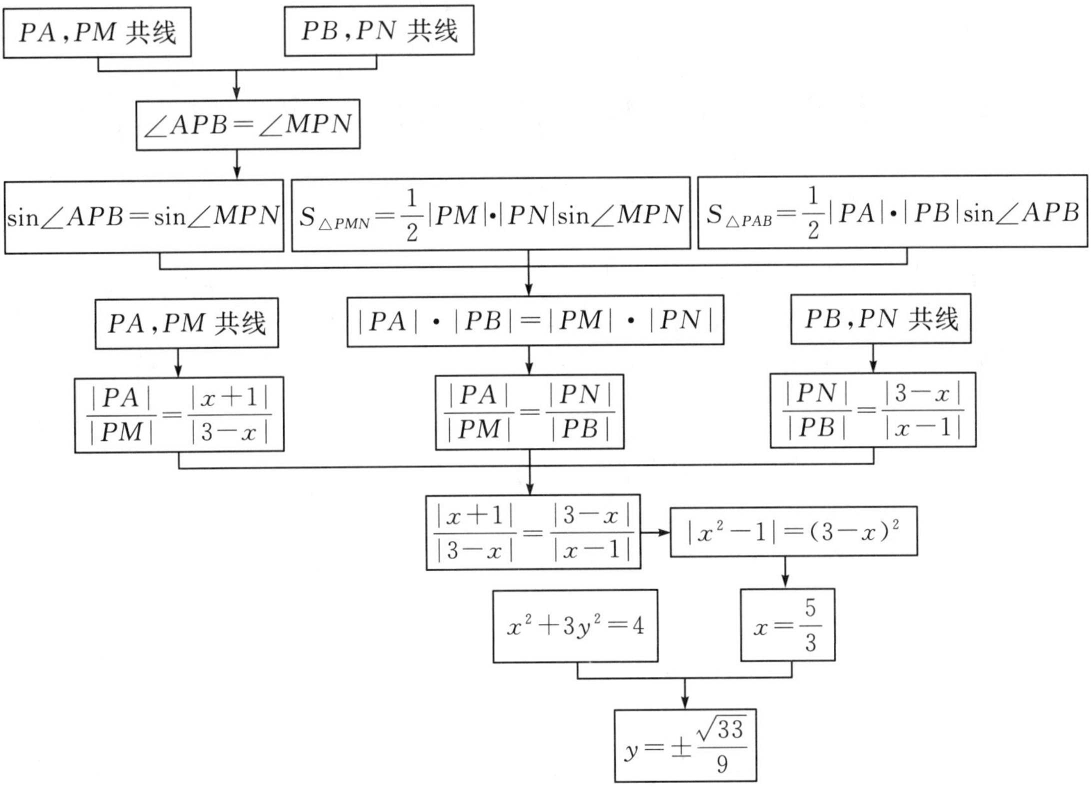

PA,PM 共线
PB,PN 共线
$\angle APB=\angle MPN$
$\sin\angle APB=\sin\angle MPN$
$S_{\triangle PMN}=\frac{1}{2}|PM|\cdot|PN|\sin\angle MPN$
$S_{\triangle PAB}=\frac{1}{2}|PA|\cdot|PB|\sin\angle APB$
PA,PM 共线
$|PA|\cdot|PB|=|PM|\cdot|PN|$
PB,PN 共线
$\frac{|PA|}{|PM|}=\frac{|x+1|}{|3-x|}$
$\frac{|PA|}{|PM|}=\frac{|PN|}{|PB|}$
$\frac{|PN|}{|PB|}=\frac{|3-x|}{|x-1|}$
$\frac{|x+1|}{|3-x|}=\frac{|3-x|}{|x-1|}$
$|x^2-1|=(3-x)^2$
$x^2+3y^2=4$
$x=\frac{5}{3}$
$y=\pm\frac{\sqrt{33}}{9}$

1. 设点 P 的坐标为 (x,y)，先分别求出直线 AP 与 BP 的斜率，再利用直线 AP 与 BP 的斜率之间的关系即可得到关系式，化简后可得动点 P 的轨迹方程.

2. 因为 $\triangle PAB$ 与 $\triangle PMN$ 的两条边分别共线，所以 $\angle APB=\angle MPN$，故选择面积公式 $S=\frac{1}{2}ab\sin C$，可得 $\frac{1}{2}|PA|\cdot|PB|\sin\angle APB=\frac{1}{2}|PM|\cdot|PN|\sin\angle MPN$. 根据线段共线得到关于点 P 的横坐标的方程.

规范解答　精准示范

解：(1) 因为点 B 与点 $A(-1,1)$ 关于原点 O 对称，所以点 B 的坐标为 $(1,-1)$.

设点 P 的坐标为 (x,y)，则 $\frac{y-1}{x+1}\times\frac{y+1}{x-1}=-\frac{1}{3}$，化简得 $x^2+3y^2=4(x\neq\pm1)$. 故动点 P 的轨迹方程为 $x^2+3y^2=4(x\neq\pm1)$.

(2) 假设存在点 P 使得 $\triangle PAB$ 与 $\triangle PMN$ 的面积相等，设点 P 的坐标为 (x_0,y_0). 则 $\frac{1}{2}|PA|\cdot|PB|\sin\angle APB=\frac{1}{2}|PM|\cdot|PN|\sin\angle MPN$. 因为 $\sin\angle APB=\sin\angle MPN$，所以 $\frac{|PA|}{|PM|}=\frac{|PN|}{|PB|}$，所以 $\frac{|x_0+1|}{|3-x_0|}=\frac{|3-x_0|}{|x_0-1|}$.

因为 $(3-x_0)^2=|x_0^2-1|$，所以 $(3-x_0)^2=x_0^2-1$ 或 $(3-x_0)^2=1-x_0^2$，解得 $x_0=\frac{5}{3}$.

因为 $x_0^2+3y_0^2=4(x_0\neq\pm1)$，所以 $y_0=\pm\frac{\sqrt{33}}{9}$. 故存在点 P 使得 $\triangle PAB$ 与 $\triangle PMN$ 的面积相等，此时点 P 的坐标为 $\left(\frac{5}{3},\frac{\sqrt{33}}{9}\right)$ 或 $\left(\frac{5}{3},-\frac{\sqrt{33}}{9}\right)$.

典例 3 如图 20－1，在平面直角坐标系 xOy 中，B_1，B_2 是椭圆 $\frac{x^2}{a^2}+\frac{y^2}{b^2}=1(a>b>0)$ 的短轴端点，P 是椭圆上异于点 B_1，B_2 的一动点．当直线 PB_1 的方程为 $y=x+3$ 时，线段 PB_1 的长为 $4\sqrt{2}$．

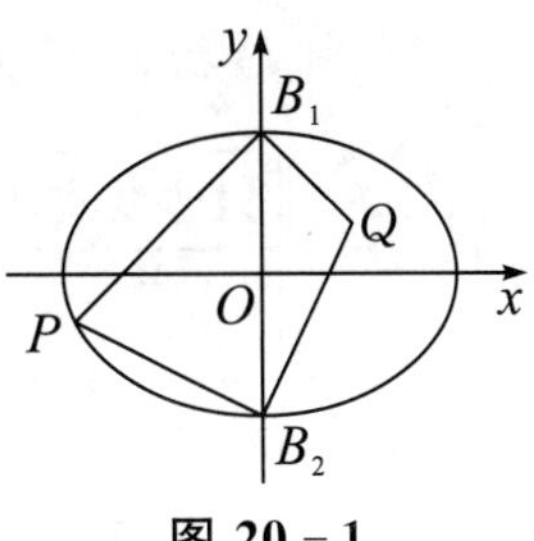

图 20－1

(1) 求椭圆的标准方程；

(2) 设点 Q 满足 $QB_1\perp PB_1$，$QB_2\perp PB_2$，求证：$\triangle PB_1B_2$ 与 $\triangle QB_1B_2$ 的面积之比为定值．

关键点击 直击靶心

1. 合理选择参数的问题，问题本质都是回到 P，Q 两点横坐标的关系．
2. 注意了解椭圆中常见二级结论及挖掘几何特征．

图析路径 思维可视

设计路径一：(设点)

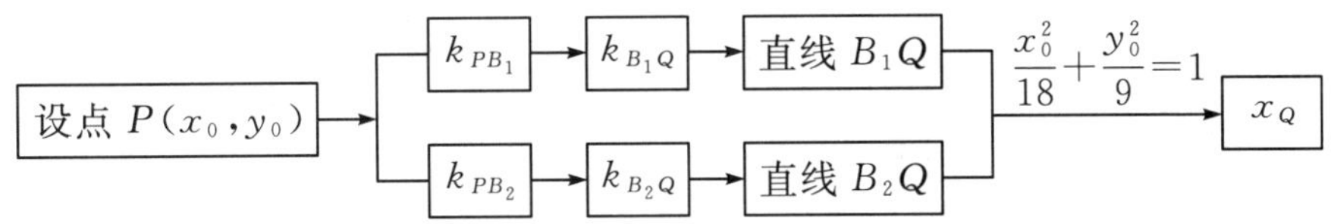

设计路径二：(设线)

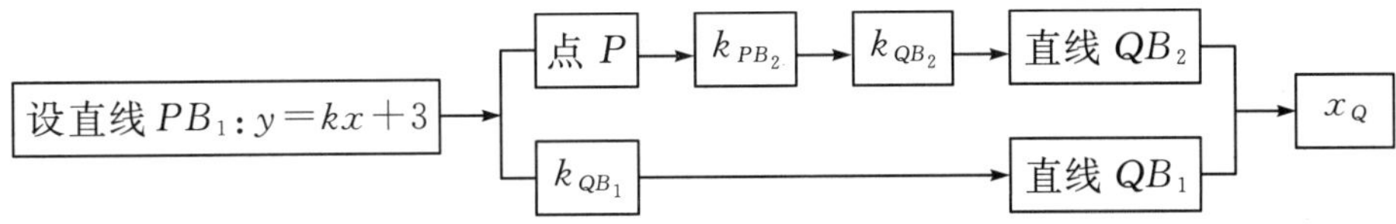

设计路径三:(设线)

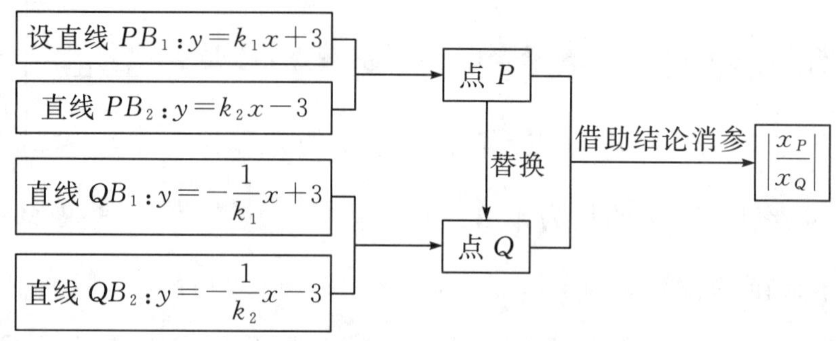

设计路径四:(设点)

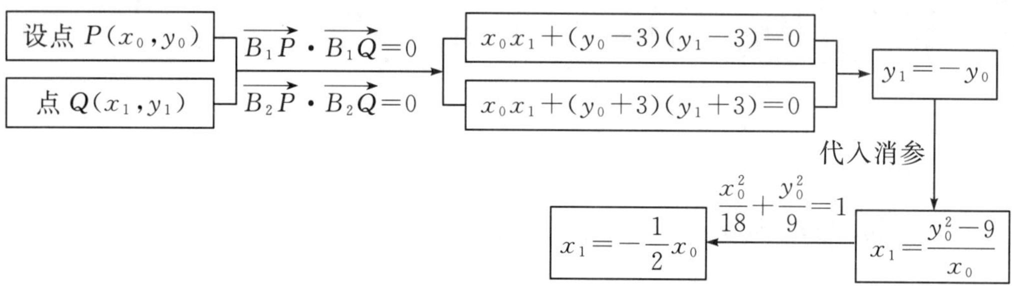

设计路径五:(挖掘几何特征)

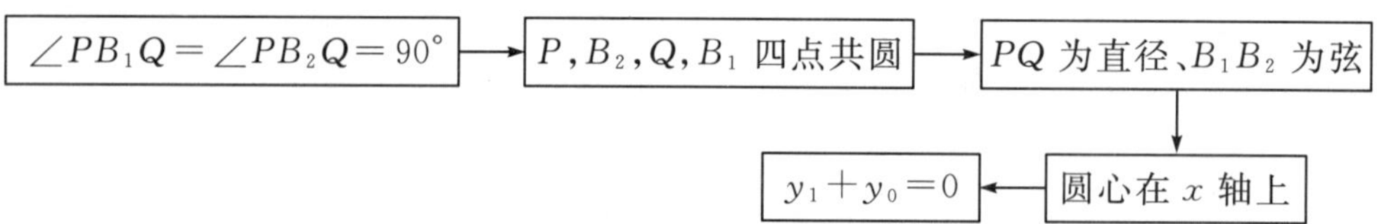

将两直角转化为两直线的斜率乘积为-1是路径一的关键;路径二中引一条直线的斜率为参数,一方面利用斜率关系加一个点设直线方程,另一方面利用直曲联立解点,利用两点表达斜率,还是围绕求出两直线的方程展开;路径三看似引入了两个斜率作为参数,但两斜率乘积为定值是隐含条件;路径四是从数的角度,路径五是挖掘图形的几何特征,最终都是得到 P,Q 两点纵坐标互为相反数,体现了数形结合的思想.

规范解答 精准示范

解:(1) 在 $y=x+3$ 中,令 $x=0$,得 $y=3$,从而 $b=3$.

由$\begin{cases}\dfrac{x^2}{a^2}+\dfrac{y^2}{9}=1,\\ y=x+3,\end{cases}$ 得$\dfrac{x^2}{a^2}+\dfrac{(x+3)^2}{9}=1$,所以 $x_P=-\dfrac{6a^2}{9+a^2}$.因为 $|PB_1|=\sqrt{x_P^2+(y_P-3)^2}=\sqrt{2}\,|x_P|$,所以$4\sqrt{2}=\sqrt{2}\times\dfrac{6a^2}{9+a^2}$,解得 $a^2=18$.

因此,椭圆的标准方程为$\dfrac{x^2}{18}+\dfrac{y^2}{9}=1$.

(2) 设 $P(x_0,y_0)$,$Q(x_1,y_1)$.

证法 1:直线 PB_1 的斜率为 $k_{PB_1}=\dfrac{y_0-3}{x_0}$,由 $QB_1\perp PB_1$,所以直线 QB_1 的斜率为 $k_{QB_1}=-\dfrac{x_0}{y_0-3}$.于是直线 QB_1 的方程为 $y=-\dfrac{x_0}{y_0-3}x+3$.同理,QB_2 的方程为 $y=-\dfrac{x_0}{y_0+3}x-3$.联立两直线方程,消去 y,得 $x_1=\dfrac{y_0^2-9}{x_0}$.

因为 $P(x_0,y_0)$在椭圆$\dfrac{x^2}{18}+\dfrac{y^2}{9}=1$ 上,所以$\dfrac{x_0^2}{18}+\dfrac{y_0^2}{9}=1$,从而 $y_0^2-9=-\dfrac{x_0^2}{2}$,所以 $x_1=-\dfrac{x_0}{2}$,所以$\dfrac{S_{\triangle PB_1B_2}}{S_{\triangle QB_1B_2}}=\left|\dfrac{x_0}{x_1}\right|=2$.

证法 2:设直线 PB_1,PB_2 的斜率为 k,k',则直线 PB_1 的方程为 $y=kx+3$.由 $QB_1\perp PB_1$,直线 QB_1 的方程为 $y=-\dfrac{1}{k}x+3$.

将 $y=kx+3$ 代入$\dfrac{x^2}{18}+\dfrac{y^2}{9}=1$,得$(2k^2+1)x^2+12kx=0$,因为 P 是椭圆上异于点 B_1,B_2 的点,所以 $x_0\neq0$,从而 $x_0=-\dfrac{12k}{2k^2+1}$.

因为点 $P(x_0,y_0)$在椭圆$\dfrac{x^2}{18}+\dfrac{y^2}{9}=1$ 上,所以$\dfrac{x_0^2}{18}+\dfrac{y_0^2}{9}=1$,从而 $y_0^2-9=-\dfrac{x_0^2}{2}$,所以 $k\cdot k'=\dfrac{y_0-3}{x_0}\cdot\dfrac{y_0+3}{x_0}=\dfrac{y_0^2-9}{x_0^2}=-\dfrac{1}{2}$,得 $k'=-\dfrac{1}{2k}$.

因为 $QB_2 \perp PB_2$，所以直线 QB_2 的方程为 $y=2kx-3$. 联立 $\begin{cases} y=-\dfrac{1}{k}x+3, \\ y=2kx-3, \end{cases}$

则 $x=\dfrac{6k}{2k^2+1}$，即 $x_1=\dfrac{6k}{2k^2+1}$，所以 $\dfrac{S_{\triangle PB_1B_2}}{S_{\triangle QB_1B_2}}=\left|\dfrac{x_0}{x_1}\right|=\left|\dfrac{-\dfrac{12k}{2k^2+1}}{\dfrac{6k}{2k^2+1}}\right|=2.$

证法 3：由 $QB_1 \perp PB_1$，得 $\overrightarrow{PB_1} \cdot \overrightarrow{QB_1}=(x_0, y_0-3) \cdot (x_1, y_1-3)=x_0x_1+(y_0-3)(y_1-3)=0$，即 $x_0x_1+y_0y_1-3y_0-3y_1+9=0(*)$. 同理，得 $x_0x_1+y_0y_1+3y_0+3y_1+9=0$. 两式相减，得 $y_1=-y_0$，代入 $(*)$，得 $x_1=\dfrac{y_0^2-9}{x_0}$.

因为 $P(x_0, y_0)$ 在椭圆上，所以 $\dfrac{x_0^2}{18}+\dfrac{y_0^2}{9}=1$，所以 $x_1=\dfrac{y_0^2-9}{x_0}=-\dfrac{x_0}{2}$，所以 $\dfrac{S_{\triangle PB_1B_2}}{S_{\triangle QB_1B_2}}=\left|\dfrac{x_0}{x_1}\right|=2.$

解后反思 迁移提升

三角形的面积公式汇总，如表 20－1.

表 20－1

要素	公式
直角三角形的两条直角边 a, b	$S=\dfrac{1}{2}ab$
底 a，高 h	$S=\dfrac{1}{2}ah$
边 a，边 b，夹角 C	$S=\dfrac{1}{2}ab\sin C$
三个顶点的坐标	计算一个顶点到对边的距离及对边长，用 $S=\dfrac{1}{2}ah$
边对应的向量 $\overrightarrow{AB}, \overrightarrow{AC}$	$S=\dfrac{1}{2}\sqrt{\lvert\overrightarrow{AB}\rvert^2 \lvert\overrightarrow{AC}\rvert^2-(\overrightarrow{AB} \cdot \overrightarrow{AC})^2}$

21. 曲线定点 先猜再证

定点问题是解析几何中的高频考点，重点考查直观想象、逻辑推理、数学运算等核心素养.解决此类问题需要有较强的代数运算能力和图形识别能力，要能准确地进行数与形的语言转换，合理猜想并仔细推理论证.定点问题主要以考查直线过定点为主，证明直线过定点，往往要先设出直线方程，然后消掉一个参数，即得直线所过的定点.涉及圆过定点的问题常利用直径所对圆周角为直角转化为向量的数量积恒为零处理.

典例 1 (2023 年全国乙卷文 21)已知椭圆 C：$\frac{y^2}{a^2}+\frac{x^2}{b^2}=1(a>b>0)$的离心率是$\frac{\sqrt{5}}{3}$，点 $A(-2,0)$在 C 上.

(1) 求 C 的方程；

(2) 过点$(-2,3)$的直线交 C 于 P，Q 两点，直线 AP，AQ 与 y 轴的交点分别为 M，N，求证：线段 MN 的中点为定点.

关键点击 直击靶心

1. 设线，利用根与系数的关系求出定点坐标.

2. 设点，“知一求一”求出动点坐标，同构得另一点坐标，再利用三点共线的等量关系，求出定点坐标.

图析路径 思维可视

证法 1:设线(单参)

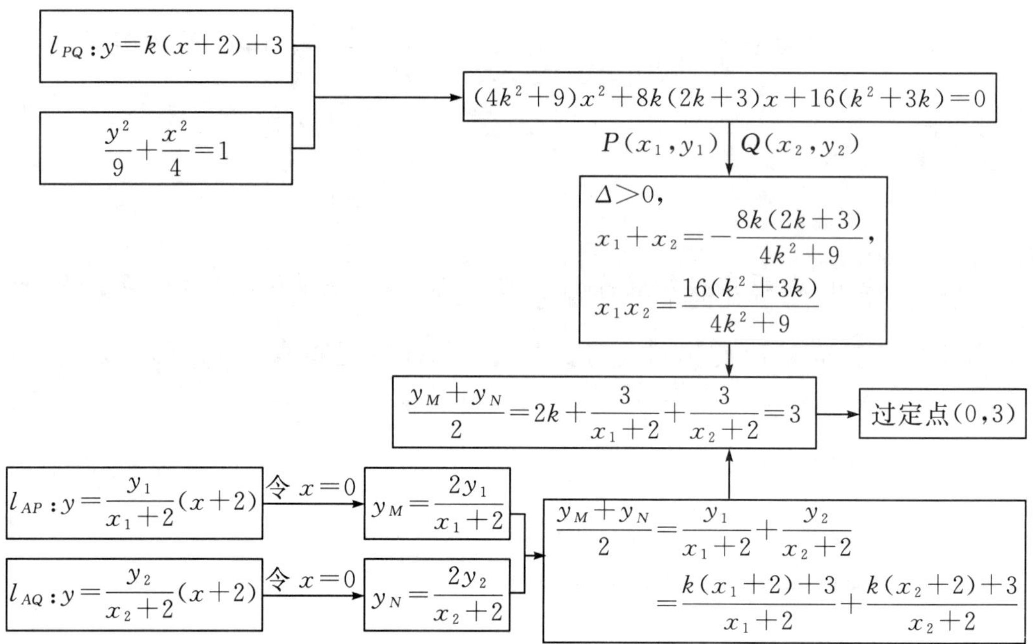

证法 2:设线(双参)

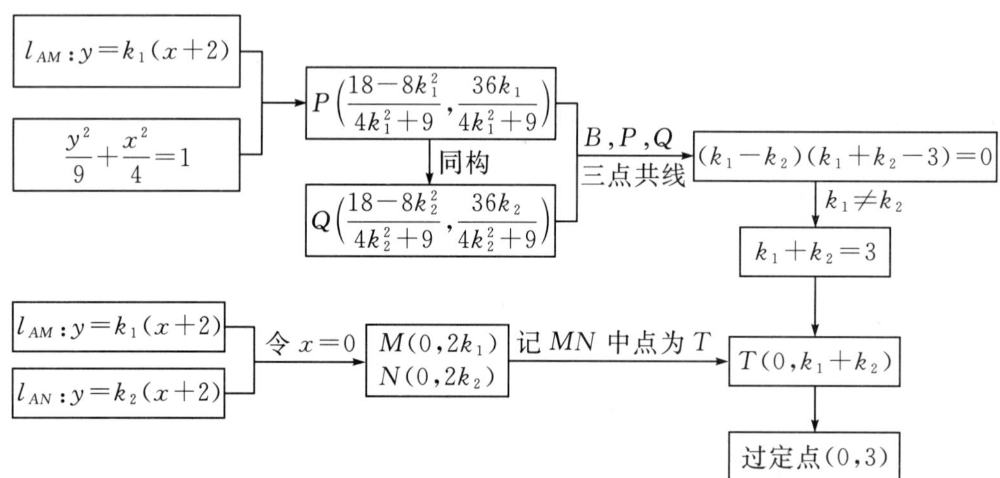

1. 设直线 PQ 的方程,进而可求点 M,N 的坐标,结合根与系数的关系验证$\frac{y_M+y_N}{2}$为定值

2. 设直线 AM,AN 的方程,联立方程组解出点 P,Q 的坐标,再利用 B,P,Q 三点共线求解.

规范解答 精准示范

解：(1) 由题意可得$\begin{cases}b=2,\\a^2=b^2+c^2,\\e=\dfrac{c}{a}=\dfrac{\sqrt{5}}{3},\end{cases}$解得$\begin{cases}a=3,\\b=2,\\c=\sqrt{5}.\end{cases}$因此，$C$ 的方程为$\dfrac{y^2}{9}+\dfrac{x^2}{4}=1.$

(2) 证法 1：由题意可知直线 PQ 的斜率存在，设 $PQ:y=k(x+2)+3$，$P(x_1,y_1)$，$Q(x_2,y_2)$. 联立方程$\begin{cases}y=k(x+2)+3,\\\dfrac{y^2}{9}+\dfrac{x^2}{4}=1,\end{cases}$消去 y，得$(4k^2+9)x^2+8k(2k+3)x+16(k^2+3k)=0$，则 $\Delta=64k^2(2k+3)^2-64(4k^2+9)(k^2+3k)=-1\,728k>0$，解得 $k<0$，可得 $x_1+x_2=-\dfrac{8k(2k+3)}{4k^2+9}$，$x_1x_2=\dfrac{16(k^2+3k)}{4k^2+9}$.

因为 $A(-2,0)$，则直线 $AP:y=\dfrac{y_1}{x_1+2}(x+2)$，令 $x=0$，解得 $y=\dfrac{2y_1}{x_1+2}$，即 $M\left(0,\dfrac{2y_1}{x_1+2}\right)$，同理可得 $N\left(0,\dfrac{2y_2}{x_2+2}\right)$，则$\dfrac{\dfrac{2y_1}{x_1+2}+\dfrac{2y_2}{x_2+2}}{2}=\dfrac{k(x_1+2)+3}{x_1+2}+\dfrac{k(x_2+2)+3}{x_2+2}=2k+\dfrac{3}{x_1+2}+\dfrac{3}{x_2+2}=2k+\dfrac{3(x_1+x_2)+12}{x_1x_2+2(x_1+x_2)+4}=2k+\dfrac{-\dfrac{24k(2k+3)}{4k^2+9}+12}{\dfrac{16(k^2+3k)}{4k^2+9}-\dfrac{16k(2k+3)}{4k^2+9}+4}=2k+\dfrac{\dfrac{-72k+108}{4k^2+9}}{\dfrac{36}{4k^2+9}}=\dfrac{108}{36}=3$，所以线段 MN 的中点是定点$(0,3)$.

证法 2：记坐标为$(-2,3)$的点为 B. 设 $l_{AM}:y=k_1(x+2)$，$l_{AN}:y=k_2(x+2)$，则 $M(0,2k_1)$，$N(0,2k_2)$，MN 的中点 $T(0,k_1+k_2)$.

由$\begin{cases} y=k_1(x+2), \\ \dfrac{y^2}{9}+\dfrac{x^2}{4}=1, \end{cases}$ 得 $P\left(\dfrac{18-8k_1^2}{4k_1^2+9},\dfrac{36k_1}{4k_1^2+9}\right)$，同理，$Q\left(\dfrac{18-8k_2^2}{4k_2^2+9},\dfrac{36k_2}{4k_2^2+9}\right)$，

所以$\overrightarrow{BP}=\left(\dfrac{36}{4k_1^2+9},\dfrac{3(12k_1-4k_1^2-9)}{4k_1^2+9}\right)$，同理$\overrightarrow{BQ}=\left(\dfrac{36}{4k_2^2+9},\dfrac{3(12k_2-4k_2^2-9)}{4k_2^2+9}\right)$.

由 B,P,Q 三点共线得 $12k_2-4k_2^2-9=12k_1-4k_1^2-9$，又因为 $k_1\neq k_2$，所以 $k_1+k_2=3$，所以线段 MN 的中点是定点$(0,3)$.

典例 2 已知双曲线 $C:\dfrac{x^2}{a^2}-\dfrac{y^2}{b^2}=1(a>0,b>0)$的左顶点为 A，过左焦点 F 的直线与 C 交于 P,Q 两点.当 $PQ\perp x$ 轴时，$|PA|=\sqrt{10}$，$\triangle PAQ$ 的面积为 3.

(1) 求 C 的方程；

(2) 求证：以 PQ 为直径的圆过定点.

关键点击 直击靶心

先根据对称性结合两个特殊位置猜出定点，再证明一般性即可.

图析路径 思维可视

(1)

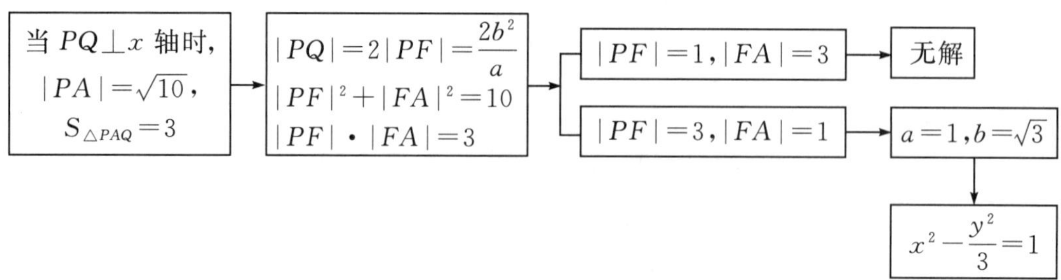

(2)

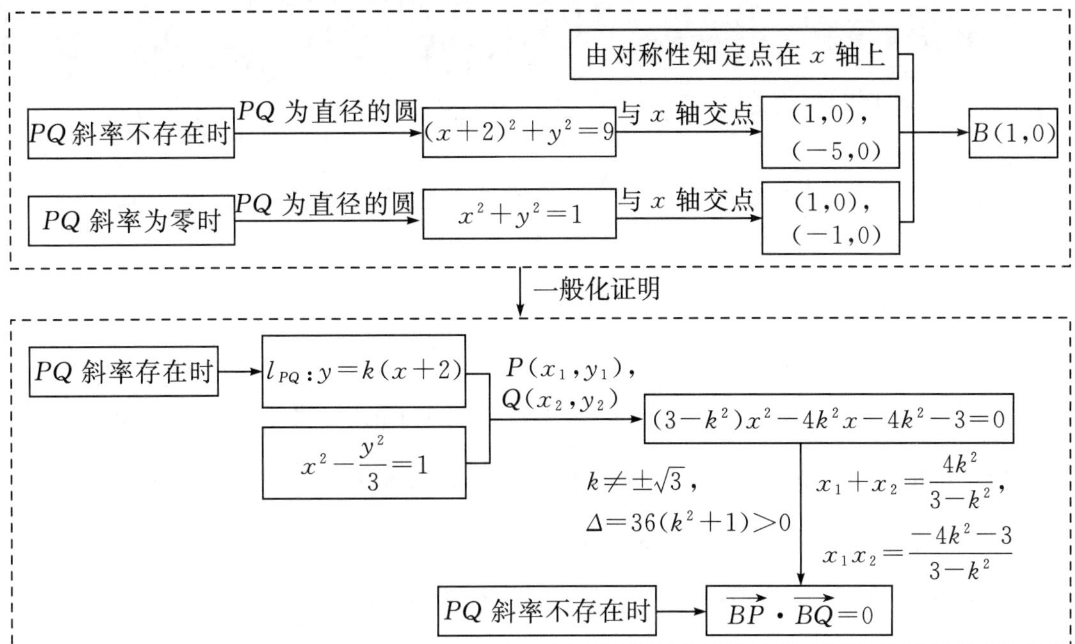

1. 当弦 PQ 为通径时,结合面积的值求出双曲线的方程.

2. 根据对称性知定点在 x 轴上,利用直线 PQ 斜率为零和不存在两种情况先猜出定点的坐标,再证明一般的圆也过该定点.

规范解答 精准示范

解:(1) 设双曲线 C 的焦距为 $2c$,则 $F(-c,0)$,$|FA|=c-a$.

令 $x=-c$,得 $y=\pm\dfrac{b^2}{a}$,所以当 $PQ\perp x$ 轴时,$|PQ|=2|PF|=\dfrac{2b^2}{a}$.

因为 $|PA|=\sqrt{10}$,$\triangle PAQ$ 的面积为 3,所以 $\begin{cases}|PF|^2+|FA|^2=10,\\|PF|\cdot|FA|=3,\end{cases}$ 解得

$\begin{cases}|PF|=1,\\|FA|=3,\end{cases}$ 或 $\begin{cases}|PF|=3,\\|FA|=1.\end{cases}$

当 $\begin{cases}|PF|=1,\\|FA|=3\end{cases}$ 时,$\begin{cases}\dfrac{b^2}{a}=1,\\c-a=3,\end{cases}$ 得 $\dfrac{b^2}{a}=\dfrac{c^2-a^2}{a}=\dfrac{(c+a)(c-a)}{a}=\dfrac{3(c+a)}{a}=$

1，所以 $3c+2a=0$(舍去).

当$\begin{cases}|PF|=3,\\|FA|=1\end{cases}$时，$\begin{cases}\dfrac{b^2}{a}=3,\\c-a=1,\end{cases}$又 $c^2=a^2+b^2$，解得$\begin{cases}a=1,\\b=\sqrt{3},\\c=2.\end{cases}$所以双曲线 C 的方程为 $x^2-\dfrac{y^2}{3}=1$.

(2) 猜想：以 PQ 为直径的圆经过定点 $B(1,0)$.

根据对称性，定点在 x 轴上. 当 $PQ\perp x$ 轴时，以 PQ 为直径的圆为 $(x+2)^2+y^2=9$，该圆与 x 轴的交点为 $(-5,0)$，$(1,0)$. 当 PQ 的斜率为 0 时，以 PQ 为直径的圆为 $x^2+y^2=1$，该圆与 x 轴的交点为 $(-1,0)$，$(1,0)$.

故猜想以 PQ 为直径的圆经过定点 $B(1,0)$.

证法 1：当直线 PQ 的斜率存在时，设直线 PQ：$y=k(x+2)$，联立 $\begin{cases}x^2-\dfrac{y^2}{3}=1,\\y=k(x+2),\end{cases}$ 消去 y，得 $(3-k^2)x^2-4k^2x-4k^2-3=0$.

设 $P(x_1,y_1)$，$Q(x_2,y_2)$，则$\begin{cases}k\neq\pm\sqrt{3},\\\Delta=36(k^2+1)>0,\\x_1+x_2=\dfrac{4k^2}{3-k^2},\\x_1x_2=\dfrac{-4k^2-3}{3-k^2},\end{cases}$ 所以 $\overrightarrow{BP}\cdot\overrightarrow{BQ}=(x_1-1,y_1)\cdot(x_2-1,y_2)=(x_1-1)(x_2-1)+y_1y_2=(x_1-1)(x_2-1)+k^2(x_1+2)\cdot(x_2+2)=(k^2+1)x_1x_2+(2k^2-1)(x_1+x_2)+4k^2+1=(k^2+1)\dfrac{-(4k^2+3)}{3-k^2}+(2k^2-1)\dfrac{4k^2}{3-k^2}+4k^2+1=\dfrac{(-4k^4-7k^2-3)+(8k^4-4k^2)+(-4k^4+11k^2+3)}{3-k^2}=0$，所以 $\overrightarrow{BP}\perp\overrightarrow{BQ}$. 当直线 PQ 的斜率不存在时，$\overrightarrow{BP}\cdot\overrightarrow{BQ}=0$. 综上，以 PQ 为直径的圆经过定点 $B(1,0)$.

证法 2：设 $P(x_1,y_1)$，$Q(x_2,y_2)$，当直线 PQ 的斜率不为 0 时，设直线 PQ：$x=ty-2$. 联立 $\begin{cases}x^2-\dfrac{y^2}{3}=1,\\ x=ty-2,\end{cases}$ 消去 x，得 $(3t^2-1)y^2-12ty+9=0$，所以

$$\begin{cases}t\neq\pm\dfrac{\sqrt{3}}{3},\\ \Delta=36(t^2+1)>0,\\ y_1+y_2=\dfrac{12t}{3t^2-1},\\ y_1y_2=\dfrac{9}{3t^2-1},\end{cases}\text{所以}\begin{cases}x_1+x_2=t(y_1+y_2)-4=\dfrac{4}{3t^2-1},\\ x_1x_2=(ty_1-2)(ty_2-2)=\dfrac{-3t^2-4}{3t^2-1}.\end{cases}$$

设以 PQ 为直径的圆 G：$(x-x_1)(x-x_2)+(y-y_1)(y-y_2)=0$，即 G：$x^2+y^2-(x_1+x_2)x-(y_1+y_2)y+x_1x_2+y_1y_2=0$，即 G：$x^2+y^2-\dfrac{4}{3t^2-1}x-\dfrac{12t}{3t^2-1}y+\dfrac{5-3t^2}{3t^2-1}=0$，整理得 $3(x^2+y^2-1)t^2-12yt-(x^2+y^2+4x-5)=0$.

令 $\begin{cases}3(x^2+y^2-1)=0,\\ 12y=0,\\ x^2+y^2+4x-5=0,\end{cases}$ 解得 $\begin{cases}x=1,\\ y=0.\end{cases}$ 故以 PQ 为直径的圆经过点 $(1,0)$.

当直线 PQ 的斜率为 0 时，以 PQ 为直径的圆的方程为 $(x+2)^2+y^2=9$，经过点 $(1,0)$. 综上，以 PQ 为直径的圆经过定点 $(1,0)$.

解后反思 迁移提升

1. 证明动直线在一定的条件下过定点一般有两种方法.

方法 1：(1) 设出直线的方程 $y=kx+b$ 或 $x=my+n$；

(2) 通过题干所给的已知条件，找到 k 和 b，m 和 n 的关系，或者用 k，m 表示出 b，n 的值，从而找出直线过的定点.

方法 2:求两点,猜定点,证向量共线.解题步骤如下:

(1) 通过题干条件,求出直线上的两个点 A,B 的坐标(含参);

(2) 取两个具体的参数值,求出对应的直线 AB,并求出它们的交点 P,该点即直线过的定点;

(3) 证明$\overrightarrow{PA}$与$\overrightarrow{PB}$共线,得出直线 AB 过定点 P.

2. 圆过定点问题,可以先取特殊值或者极值,找出这个定点,再证明一般的圆也过这个定点.

22. 度量定值　方程恒等

要证明长度(距离)、面积、坐标、斜率、比值、角度等基本量为定值,需先求得目标式,然后证明该式不随某些量的变化而变化.引参、消参是解决问题的关键.

典例 1　(2020 年新高考Ⅰ卷 22)已知椭圆 $C:\frac{x^2}{a^2}+\frac{y^2}{b^2}=1(a>b>0)$的离心率为$\frac{\sqrt{2}}{2}$,且过点 $A(2,1)$.

(1) 求 C 的方程.

(2) 点 M,N 在 C 上,且 $AM\perp AN$,$AD\perp MN$,D 为垂足.求证:存在定点 Q,使得$|DQ|$为定值.

关键点击　直击靶心

1. 将目标转化为证明直线 MN 经过定点.

2. 设直线 MN 的方程为 $y=kx+m$,寻找 k,m 满足的限制条件,通过消参将双参数直线方程化为单参数直线方程,求出定点坐标.

图析路径 思维可视

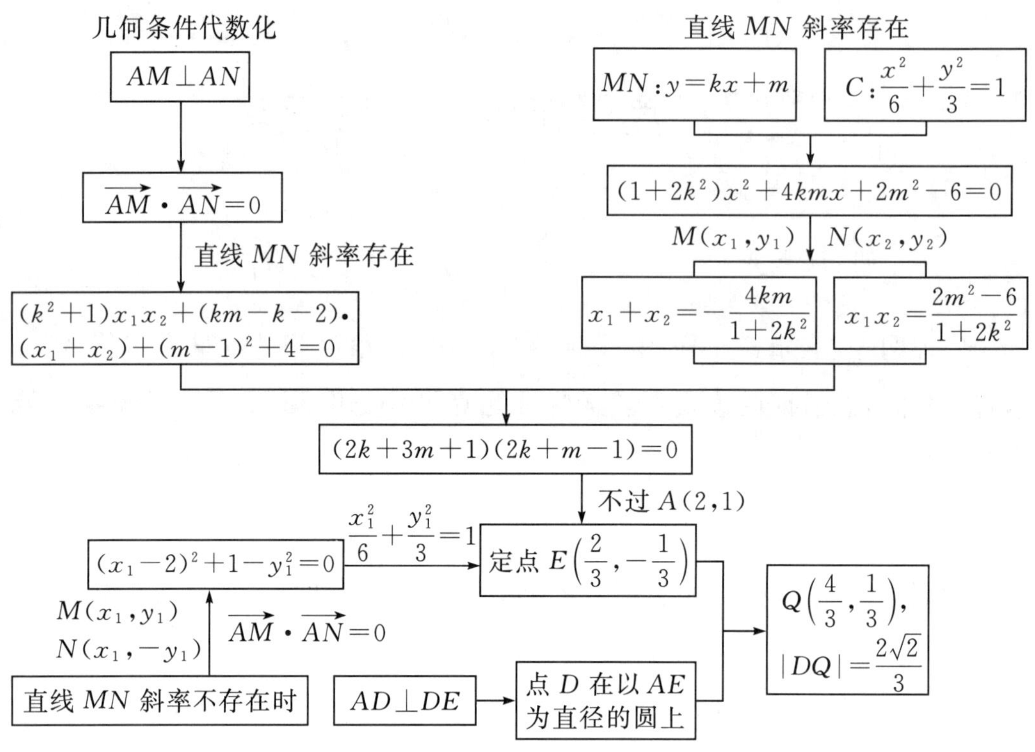

将 $AM\perp AN$ 表示为$\overrightarrow{AM}\cdot\overrightarrow{AN}=0$，坐标化后，得$(x_1-2)(x_2-2)+(y_1-1)(y_2-1)=0$，利用直线方程消元，得$(k^2+1)x_1x_2+(km-k-2)(x_1+x_2)+(m-1)^2+4=0$.

将直线 MN 的方程与椭圆 C 的方程联立，用根与系数的关系表示点 M，N 的横坐标关系，代入上式，化简得 $2k+3m+1=0$，直线 MN 的方程为 $y=k\left(x-\frac{2}{3}\right)-\frac{1}{3}$，所以直线 MN 经过定点 $E\left(\frac{2}{3},-\frac{1}{3}\right)$，又因为 $AD\perp DE$，所以点 D 到线段 AE 的中点 $Q\left(\frac{4}{3},\frac{1}{3}\right)$的距离$|DQ|$为定值$\frac{2\sqrt{2}}{3}$.

规范解答 精准示范

解：(1) 由题意得$\begin{cases}\dfrac{c}{a}=\dfrac{\sqrt{2}}{2},\\ \dfrac{4}{a^2}+\dfrac{1}{b^2}=1,\\ a^2=b^2+c^2,\end{cases}$解得$\begin{cases}a^2=6,\\ b^2=3,\\ c^2=3,\end{cases}$故椭圆 C 的方程为$\dfrac{x^2}{6}+\dfrac{y^2}{3}=1$.

(2) 证明：设点 $M(x_1,y_1)$，$N(x_2,y_2)$.

因为 $AM\perp AN$，所以$\overrightarrow{AM}\cdot\overrightarrow{AN}=0$，即$(x_1-2)(x_2-2)+(y_1-1)(y_2-1)=0(*)$.

当直线 MN 的斜率存在时，设 MN 的方程为 $y=kx+m$，根据 $y_1=kx_1+m$，$y_2=kx_2+m$，代入$(*)$，整理得$(k^2+1)x_1x_2+(km-k-2)(x_1+x_2)+(m-1)^2+4=0(**)$.

将直线 MN 的方程与椭圆 C 的方程联立，得$\begin{cases}y=kx+m,\\ \dfrac{x^2}{6}+\dfrac{y^2}{3}=1,\end{cases}$消去 y，得

$(1+2k^2)x^2+4kmx+2m^2-6=0$，所以$\begin{cases}x_1+x_2=-\dfrac{4km}{1+2k^2},\\ x_1x_2=\dfrac{2m^2-6}{1+2k^2},\end{cases}$代入$(**)$，得

$(k^2+1)\dfrac{2m^2-6}{1+2k^2}+(km-k-2)\left(-\dfrac{4km}{1+2k^2}\right)+(m-1)^2+4=0$，化简得$(2k+3m+1)(2k+m-1)=0$.

因为点 $A(2,1)$ 不在直线 MN 上，所以 $2k+m-1\neq0$，所以 $2k+3m+1=0$，$k\neq1$，所以 MN 的方程为 $y=k\left(x-\dfrac{2}{3}\right)-\dfrac{1}{3}$，所以直线 MN 过定点$E\left(\dfrac{2}{3},-\dfrac{1}{3}\right)$.

当直线 MN 的斜率不存在时，可得 $N(x_1,-y_1)$，代入$(x_1-2)(x_2-2)+(y_1-1)(y_2-1)=0$，得$(x_1-2)^2+1-y_1^2=0$，结合$\dfrac{x_1^2}{6}+\dfrac{y_1^2}{3}=1$，解得 $x_1=2$(舍去)，$x_1=\dfrac{2}{3}$，此时直线 MN 过点$E\left(\dfrac{2}{3},-\dfrac{1}{3}\right)$.

综上,直线 MN 过点 $E\left(\frac{2}{3},-\frac{1}{3}\right)$.由于 AE 为定值,且$\triangle ADE$ 为直角三角形,AE 为斜边,所以 AE 中点 Q 满足 $|QD|=\frac{1}{2}|AE|=\frac{1}{2}\sqrt{\left(2-\frac{2}{3}\right)^2+\left(1+\frac{1}{3}\right)^2}=\frac{2\sqrt{2}}{3}$.因为 $A(2,1)$,$E\left(\frac{2}{3},-\frac{1}{3}\right)$,故 $Q\left(\frac{4}{3},\frac{1}{3}\right)$.故存在点 $Q\left(\frac{4}{3},\frac{1}{3}\right)$,使得 $|DQ|$ 为定值 $\frac{2\sqrt{2}}{3}$.

典例 2 如图 22-1,在平面直角坐标系 xOy 中,椭圆 $\frac{x^2}{a^2}+\frac{y^2}{b^2}=1(a>b>0)$ 的右顶点和上顶点分别为 A,B,M 为线段 AB 的中点,且 $\overrightarrow{OM}\cdot\overrightarrow{AB}=-\frac{3}{2}b^2$.

(1) 求椭圆的离心率;

(2) 已知 $a=2$,四边形 $ABCD$ 内接于椭圆,$AB\parallel DC$.记直线 AD,BC 的斜率分别为 k_1,k_2,求证:k_1k_2 为定值.

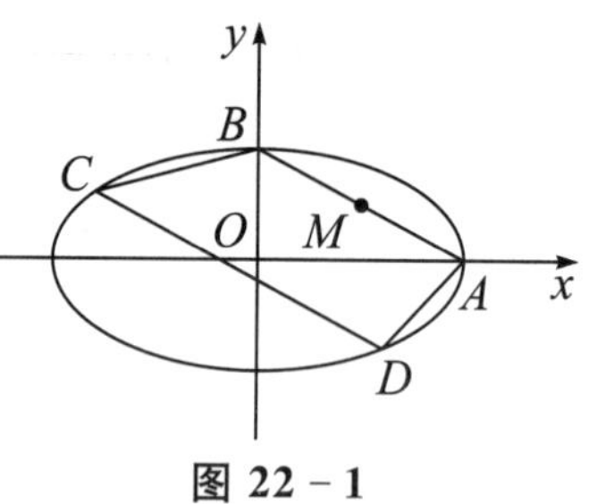

图 22-1

关键点击 直击靶心

1. 直接利用平行关系设出直线 CD 的方程,然后与椭圆方程联立,求出 C,D 两点的坐标,看似很复杂,实际可行.

2. 利用平行关系设出直线 CD 的方程,与椭圆方程联立后采取设而不求的方式处理,则问题转化为非对称结构的问题.

3. 设出点 C 坐标,根据条件求出点 D 的坐标是本题比较好的一种处理方式.

图析路径 思维可视

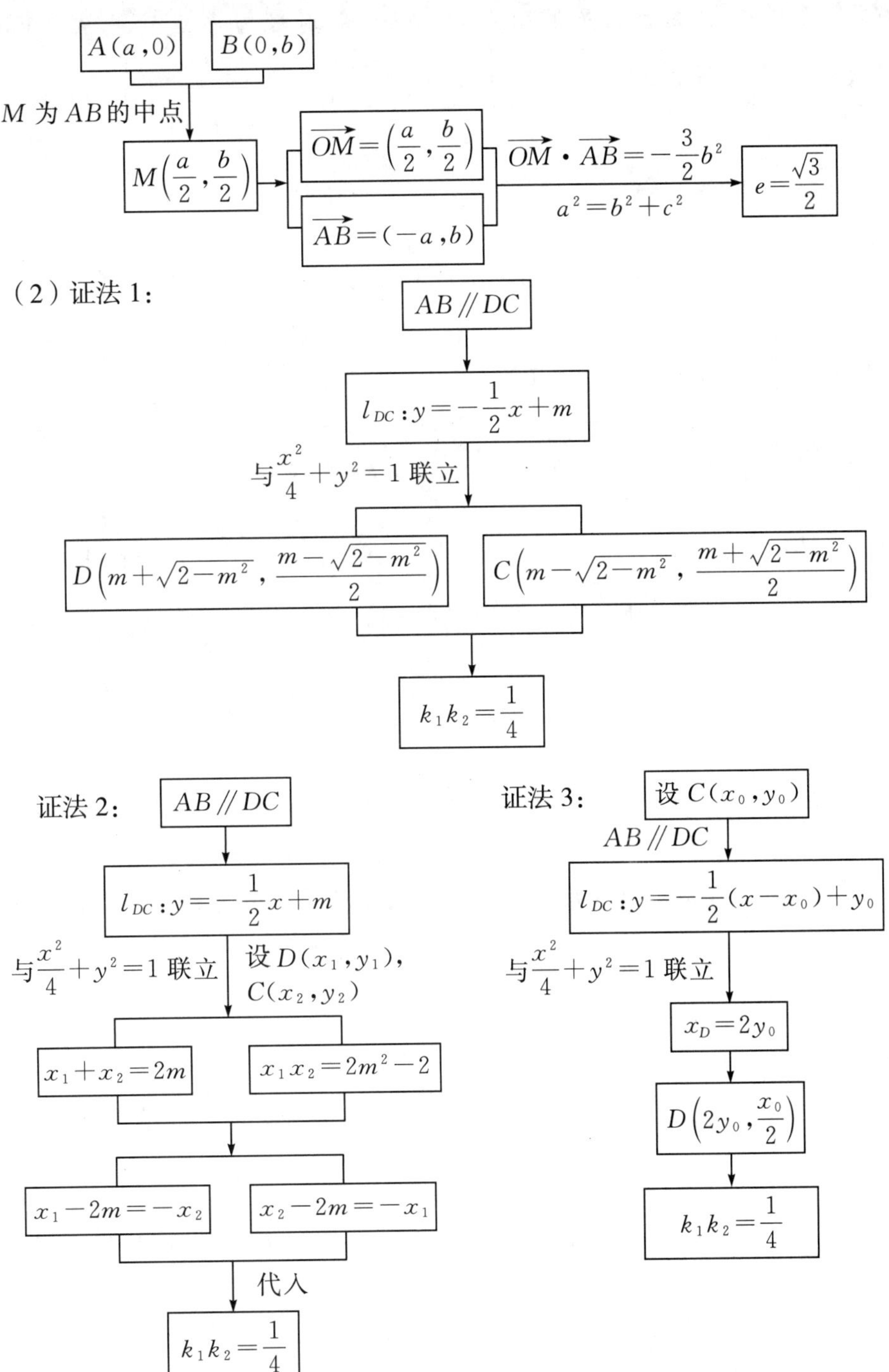
(1)
$A(a,0)$
$B(0,b)$
M 为 AB 的中点
$M\left(\frac{a}{2},\frac{b}{2}\right)$
$\overrightarrow{OM}=\left(\frac{a}{2},\frac{b}{2}\right)$
$\overrightarrow{AB}=(-a,b)$
$\overrightarrow{OM}\cdot\overrightarrow{AB}=-\frac{3}{2}b^2$
$a^2=b^2+c^2$
$e=\frac{\sqrt{3}}{2}$
(2)证法 1:
$AB /\!/ DC$
$l_{DC}:y=-\frac{1}{2}x+m$
与$\frac{x^2}{4}+y^2=1$ 联立
$D\left(m+\sqrt{2-m^2},\frac{m-\sqrt{2-m^2}}{2}\right)$
$C\left(m-\sqrt{2-m^2},\frac{m+\sqrt{2-m^2}}{2}\right)$
$k_1k_2=\frac{1}{4}$
证法 2:
$AB /\!/ DC$
$l_{DC}:y=-\frac{1}{2}x+m$
与$\frac{x^2}{4}+y^2=1$ 联立
设 $D(x_1,y_1)$, $C(x_2,y_2)$
$x_1+x_2=2m$
$x_1x_2=2m^2-2$
$x_1-2m=-x_2$
$x_2-2m=-x_1$
代入
$k_1k_2=\frac{1}{4}$
证法 3:
设 $C(x_0,y_0)$
$AB /\!/ DC$
$l_{DC}:y=-\frac{1}{2}(x-x_0)+y_0$
与$\frac{x^2}{4}+y^2=1$ 联立
$x_D=2y_0$
$D\left(2y_0,\frac{x_0}{2}\right)$
$k_1k_2=\frac{1}{4}$

证法 1 利用求根公式求出 C,D 两点的坐标，思路自然.证法 2 中变形整体代入是难点，这里的非对称结构的处理方式很多，比如根与系数的关系代一半的方式也可以.证法 3 是设出点 C 坐标，利用根与系数的关系求出点 D 坐标，代入需要求解的式子即得到定值.

规范解答　精准示范

解：(1) 由题意得 $A(a,0),B(0,b)$，由 M 为线段 AB 的中点得 $M\left(\frac{a}{2},\frac{b}{2}\right)$，所以 $\overrightarrow{OM}=\left(\frac{a}{2},\frac{b}{2}\right),\overrightarrow{AB}=(-a,b)$.

因为 $\overrightarrow{OM}\cdot\overrightarrow{AB}=-\frac{3}{2}b^2$，所以 $\left(\frac{a}{2},\frac{b}{2}\right)\cdot(-a,b)=-\frac{a^2}{2}+\frac{b^2}{2}=-\frac{3}{2}b^2$，整理得 $a^2=4b^2$，即 $a=2b$.

因为 $a^2=b^2+c^2$，所以 $3a^2=4c^2$，即 $\sqrt{3}a=2c$，所以椭圆的离心率 $e=\frac{c}{a}=\frac{\sqrt{3}}{2}$.

(2) 由(1)及 $a=2$ 可知椭圆方程为 $\frac{x^2}{4}+y^2=1$，AB 的方程为 $y=-\frac{1}{2}x+1$.

证法 1：因为 $AB\,/\!/\,DC$，故可设 DC 的方程为 $y=-\frac{1}{2}x+m$.

设 $D(x_1,y_1),C(x_2,y_2)$.

联立 $\begin{cases}y=-\frac{1}{2}x+m,\\ \frac{x^2}{4}+y^2=1,\end{cases}$ 消去 y，得 $x^2-2mx+2m^2-2=0$，其中 $\Delta=8-4m^2>0$，解得 $C\left(m-\sqrt{2-m^2},\frac{m+\sqrt{2-m^2}}{2}\right),D\left(m+\sqrt{2-m^2},\frac{m-\sqrt{2-m^2}}{2}\right)$，

所以 $k_1k_2=\dfrac{\frac{1}{2}m-\frac{1}{2}\sqrt{2-m^2}}{m+\sqrt{2-m^2}-2}\cdot\dfrac{\frac{1}{2}m+\frac{1}{2}\sqrt{2-m^2}-1}{m-\sqrt{2-m^2}}=\frac{1}{4}$，为定值.

证法 2：因为 $AB /\!/ DC$，故可设 DC 的方程为 $y=-\frac{1}{2}x+m$.

设 $D(x_1,y_1)$，$C(x_2,y_2)$.

联立 $\begin{cases} y=-\frac{1}{2}x+m, \\ \frac{x^2}{4}+y^2=1, \end{cases}$ 消去 y，得 $x^2-2mx+2m^2-2=0$，所以 $x_1+x_2=2m$，$x_1x_2=2m^2-2$，从而 $x_1-2m=-x_2$，$x_2-2m=-x_1$，则 $k_1k_2=\frac{y_1}{x_1-2}\times\frac{y_2-1}{x_2}=\frac{1}{4}\times\frac{(x_1-2m)(x_2-2m+2)}{(x_1-2)x_2}=\frac{1}{4}\times\frac{(-x_2)(2-x_1)}{(x_1-2)x_2}=\frac{1}{4}$.

证法 3：设 $C(x_0,y_0)$，则 $\frac{x_0^2}{4}+y_0^2=1$.

因为 $AB /\!/ CD$，$k_{AB}=-\frac{1}{2}$，故 CD 的方程为 $y=-\frac{1}{2}(x-x_0)+y_0$.

联立 $\begin{cases} y=-\frac{1}{2}(x-x_0)+y_0, \\ \frac{x^2}{4}+y^2=1, \end{cases}$ 消去 y，得 $x^2-(x_0+2y_0)x+2x_0y_0=0$，解得 $x_D=x_0$（舍去）或 $x_D=2y_0$，所以点 D 的坐标为 $\left(2y_0,\frac{x_0}{2}\right)$，所以 $k_1k_2=\frac{\frac{x_0}{2}}{2y_0-2}\times\frac{y_0-1}{x_0}=\frac{1}{4}$，即 k_1k_2 为定值 $\frac{1}{4}$.

解后反思 迁移提升

解答定值问题，可以利用从特殊到一般的思想，先从特殊情况入手，如特殊图形、特殊值、特殊位置等，求出定值，再证明该定值与变量无关；也可以直接设出参数，即选择合适的动点坐标或直线的斜率，将其看作变量，把要求解的定值表示成含上述变量的式子，再通过推理、计算，消去变量，得到定值.

23. 交点共线 坐标相关

定线问题以求证探究类为主，最常见的便是证明或探究两条直线的交点在定直线上.处理定线问题的核心思想，是通过核心条件，建立目标点横、纵坐标之间的关系.而这其中大部分情形是定直线与坐标轴平行或垂直，即直线方程为 $x=a$ 或 $y=a$.

典例 1 (2023 年新高考Ⅱ卷 21)如图 23－1，已知双曲线 C 的中心为坐标原点，左焦点为$(-2\sqrt{5},0)$，离心率为$\sqrt{5}$.

(1) 求 C 的方程.

(2) 记 C 的左、右顶点分别为 A_1,A_2，过点$(-4,0)$的直线与 C 的左支交于 M,N 两点，点 M 在第二象限，直线 MA_1 与 NA_2 交于点 P.求证：点 P 在定直线上.

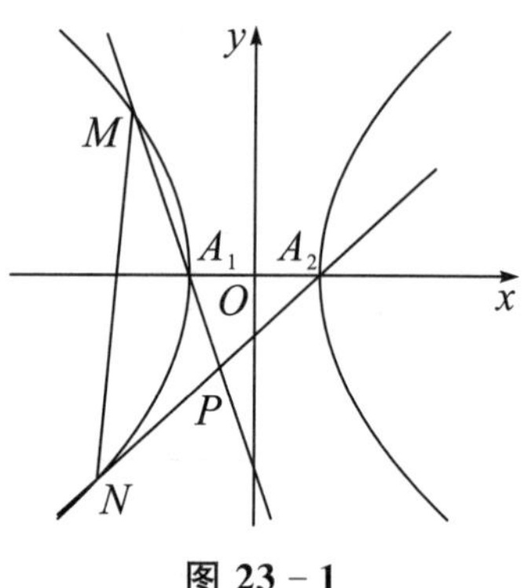

图 23－1

关键点击 直击靶心

证明点 P 的横坐标为定值，关键在于证明$\dfrac{x_P+2}{x_P-2}$为定值.

图析路径 思维可视

证法1：

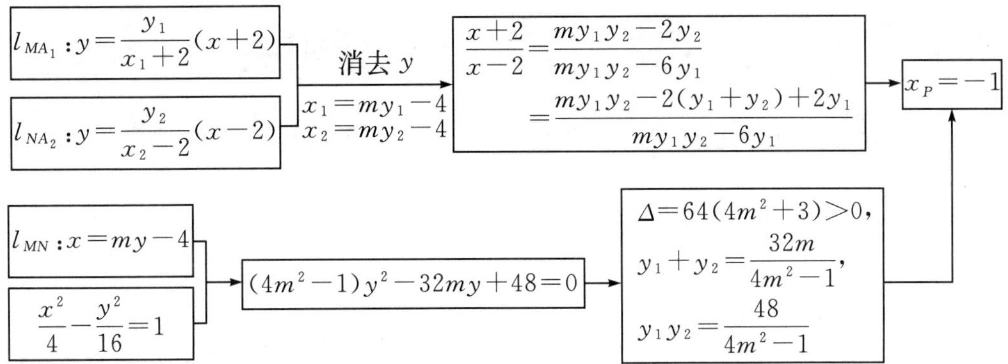

证法2：定比点差法

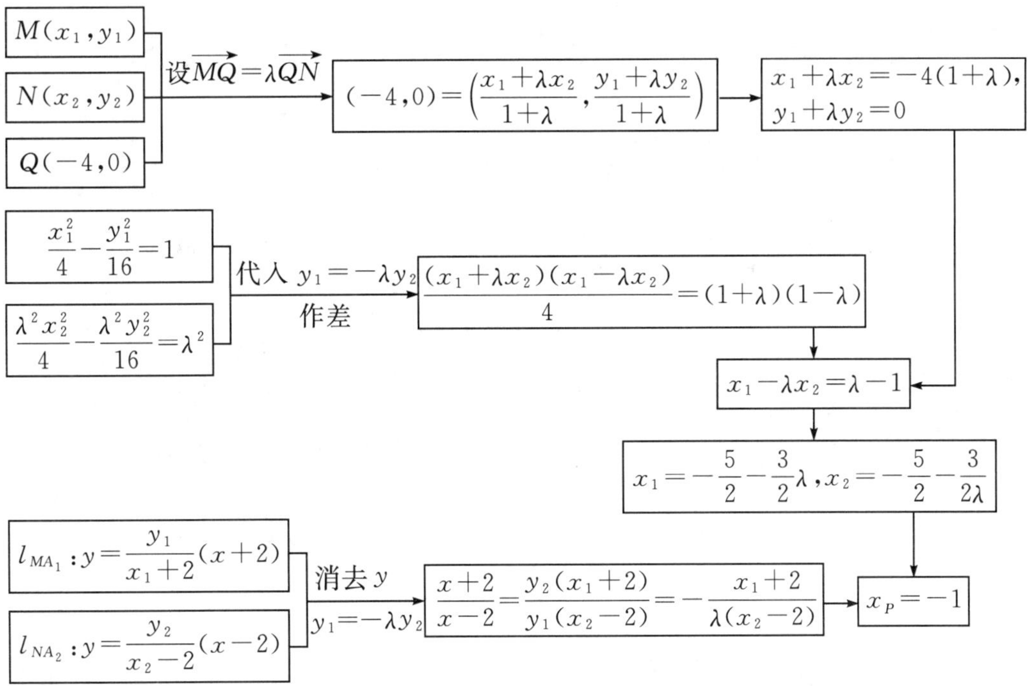

证明$\frac{x_P+2}{x_P-2}$为定值，证法1是用根与系数的关系代入一半的方法，证法2是用定比点差法.

规范解答　精准示范

解：(1) 设双曲线方程为$\frac{x^2}{a^2}-\frac{y^2}{b^2}=1(a>0,b>0)$，由焦点坐标可知$c=2\sqrt{5}$，则由$e=\frac{c}{a}=\sqrt{5}$，可得$a=2,b=\sqrt{c^2-a^2}=4$，双曲线方程为$\frac{x^2}{4}-\frac{y^2}{16}=1$.

(2) 证法1：由(1)可得$A_1(-2,0),A_2(2,0)$，设$M(x_1,y_1),N(x_2,y_2)$，显然直线的斜率不为0，所以设直线MN的方程为$x=my-4$，且$-\frac{1}{2}<m<\frac{1}{2}$.

将直线MN的方程与$\frac{x^2}{4}-\frac{y^2}{16}=1$联立，消去$x$，可得$(4m^2-1)y^2-32my+48=0$，且$\Delta=64(4m^2+3)>0$，则$y_1+y_2=\frac{32m}{4m^2-1}$，$y_1y_2=\frac{48}{4m^2-1}$.

直线MA_1的方程为$y=\frac{y_1}{x_1+2}(x+2)$，直线NA_2的方程为$y=\frac{y_2}{x_2-2}(x-2)$，联立直线MA_1与直线NA_2的方程，可得$\frac{x+2}{x-2}=\frac{y_2(x_1+2)}{y_1(x_2-2)}=\frac{y_2(my_1-2)}{y_1(my_2-6)}=\frac{my_1y_2-2(y_1+y_2)+2y_1}{my_1y_2-6y_1}=\frac{m\times\frac{48}{4m^2-1}-2\times\frac{32m}{4m^2-1}+2y_1}{m\times\frac{48}{4m^2-1}-6y_1}=\frac{\frac{-16m}{4m^2-1}+2y_1}{\frac{48m}{4m^2-1}-6y_1}=-\frac{1}{3}$. 由$\frac{x+2}{x-2}=-\frac{1}{3}$，可得$x=-1$，即$x_P=-1$，据此可得点$P$在定直线$x=-1$上运动.

证法2：记点$(-4,0)$为Q. 设$M(x_1,y_1),N(x_2,y_2)$，因为Q,M,N三点共线，所以$\overrightarrow{MQ}=\lambda\overrightarrow{QN}$，即$\overrightarrow{OQ}-\overrightarrow{OM}=\lambda\overrightarrow{ON}-\lambda\overrightarrow{OQ}$，则$(-4,0)=\left(\frac{x_1+\lambda x_2}{1+\lambda},\frac{y_1+\lambda y_2}{1+\lambda}\right)$，所以$x_1+\lambda x_2=-4(1+\lambda)$，$y_1+\lambda y_2=0$.

因为$\frac{x_1^2}{4}-\frac{y_1^2}{16}=1$，$\frac{\lambda^2x_2^2}{4}-\frac{\lambda^2y_2^2}{16}=\lambda^2$，所以作差得$\frac{(x_1+\lambda x_2)(x_1-\lambda x_2)}{4}-$

$\frac{(y_1-\lambda y_2)(y_1+\lambda y_2)}{16}=(1+\lambda)(1-\lambda)$，因为 $x_1+\lambda x_2=-4(1+\lambda)$，$y_1+\lambda y_2=0$，所以 $x_1-\lambda x_2=\lambda-1$，所以 $x_1=-\frac{5}{2}-\frac{3}{2}\lambda$，$x_2=-\frac{5}{2}-\frac{3}{2\lambda}$.

因为 $l_{MA_1}:y=\frac{y_1}{x_1+2}(x+2)$，$l_{NA_2}:y=\frac{y_2}{x_2-2}(x-2)$，两式联立，消去 y，得

$\frac{y_1}{x_1+2}(x+2)=\frac{y_2}{x_2-2}(x-2)$，所以 $\frac{x-2}{x+2}=\frac{-\lambda(x_2-2)}{x_1+2}=\frac{-\lambda\left(-\frac{5}{2}-\frac{3}{2\lambda}-2\right)}{-\frac{5}{2}-\frac{3}{2}\lambda+2}=\frac{\frac{3}{2}+\frac{9}{2}\lambda}{-\frac{1}{2}-\frac{3}{2}\lambda}=-3$，所以 $x_P=-1$.因此，点 P 在定直线 $x=-1$ 上.

典例 2 已知椭圆 $C:\frac{x^2}{a^2}+\frac{y^2}{b^2}=1(a>b>0)$ 的离心率为 $\frac{\sqrt{2}}{2}$，椭圆 C 的下顶点和上顶点分别为 B_1，B_2 且 $|B_1B_2|=2$，过点 $P(0,2)$ 且斜率为 k 的直线 l 与椭圆 C 交于 M，N 两点.

(1) 求椭圆 C 的标准方程；

(2) 求证：直线 B_1M 与直线 B_2N 的交点 T 恒在一条定直线上.

关键点击 直击靶心

1. T，M，B_1 和 T，N，B_2 两个三点共线条件及点 M，N 在直线 l 上.

2. 由对称性知点 T 在与 y 垂直的定直线上，则凑系数利用根与系数的关系化对称结构是解决问题的关键.

图析路径 思维可视

(1)

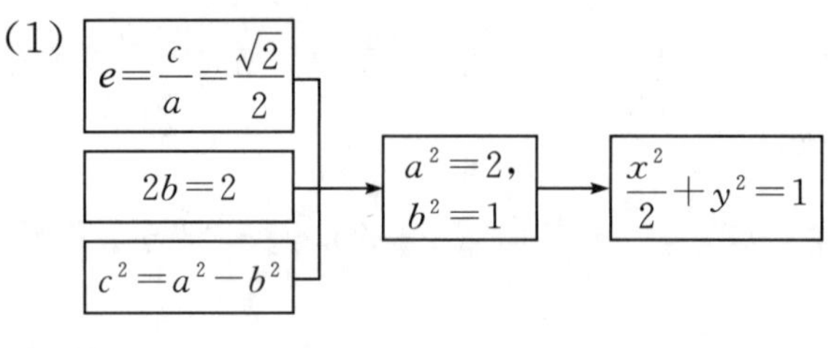

(2)

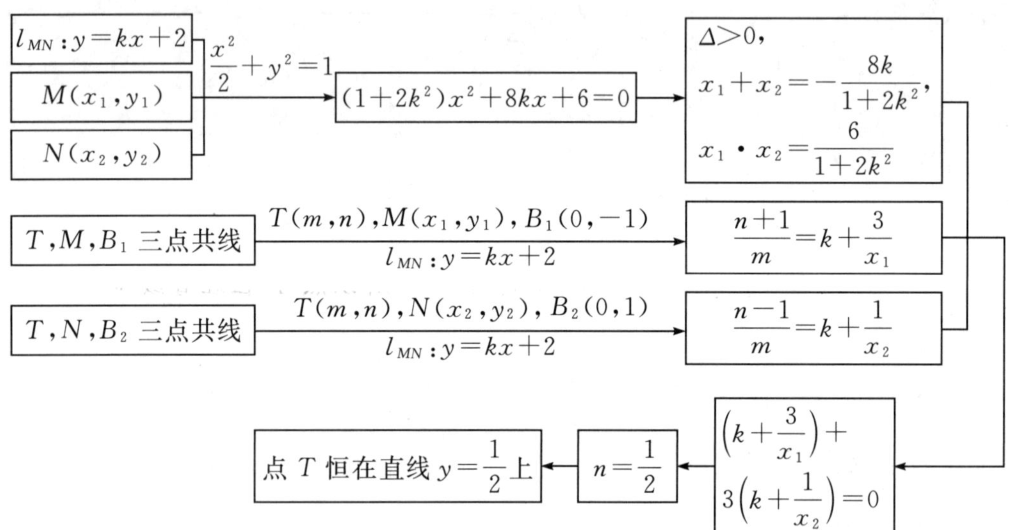

利用两个三点共线列式时，要注意将点 M,N 的坐标代入 $y=kx+2$ 消去 y，得横坐标的关系.变形得到 $\left(k+\frac{3}{x_1}\right)+3\left(k+\frac{1}{x_2}\right)=4k+\frac{3(x_1+x_2)}{x_1x_2}=0$ 是本题的难点所在.

规范解答 精准示范

解：(1) 由题意可得 $\begin{cases}e=\frac{c}{a}=\frac{\sqrt{2}}{2},\\2b=2,\\c^2=a^2-b^2,\end{cases}$ 解得 $a^2=2,b^2=1$，所以椭圆 C 的方程为 $\frac{x^2}{2}+y^2=1$.

(2) 证明:设直线 MN 的方程为 $y=kx+2$,$M(x_1,y_2)$,$N(x_2,y_2)$,联立 $\begin{cases}y=kx+2,\\ \dfrac{x^2}{2}+y^2=1,\end{cases}$ 整理可得 $(1+2k^2)x^2+8kx+6=0$,所以 $\Delta=64k^2-4\times6\times(1+2k^2)>0$,可得 $k^2>\dfrac{3}{2}$,且 $x_1+x_2=-\dfrac{8k}{1+2k^2}$,$x_1x_2=\dfrac{6}{1+2k^2}$.

由(1)可得 $B_1(0,-1)$,$B_2(0,1)$.设 $T(m,n)$,由 T,M,B_1 三点共线,可得 $\dfrac{n+1}{m}=\dfrac{y_1+1}{x_1}=\dfrac{kx_1+3}{x_1}=k+\dfrac{3}{x_1}$①,由 T,N,B_2 三点共线,可得 $\dfrac{n-1}{m}=\dfrac{y_2-1}{x_2}=\dfrac{kx_2+1}{x_2}=k+\dfrac{1}{x_2}$②,由①+②×3 可得 $\dfrac{n+1}{m}+\dfrac{3n-3}{m}=4k+\dfrac{3(x_1+x_2)}{x_1x_2}=4k+\dfrac{3\times\dfrac{-8k}{1+2k^2}}{\dfrac{6}{1+2k^2}}=0$,所以可得 $4n-2=0$,解得 $n=\dfrac{1}{2}$,所以点 T 恒在直线 $y=\dfrac{1}{2}$ 上.

解后反思 迁移提升

定线问题除了动点在定直线上的类型外,也包括动点在定曲线上,但它们的实质都是求动点的轨迹方程.常见的求解方法有直接法、参数法、相关点法等.

24. 范围最值　多种工具

解析几何中的最值（或范围）问题，主要结合直线与椭圆、直线与抛物线的位置关系进行命题，要求证明、探索、计算线段长度（距离）或图形面积或参数等.从高考来看，此类问题以主观题居多，多步设问，逐步深入，考查分析问题、解决问题的能力.

典例 1　（2021 年全国乙卷文 20）已知抛物线 $C:y^2=2px(p>0)$ 的焦点 F 到准线的距离为 2.

（1）求 C 的方程；

（2）已知 O 为坐标原点，点 P 在 C 上，点 Q 满足 $\overrightarrow{PQ}=9\overrightarrow{QF}$，求直线 OQ 斜率的最大值.

关键点击　直击靶心

1. 利用平面向量的知识求得点 Q 的坐标，在求斜率的最值的过程中要注意对 y_0 取值范围的讨论.

2. 设点 $Q(x,y)$，$P(x_0,y_0)$，结合向量关系，利用相关点法求出点 Q 的轨迹为抛物线，再通过数形结合求出直线和抛物线相切处取得最值.

图析路径 思维可视

方法 1：

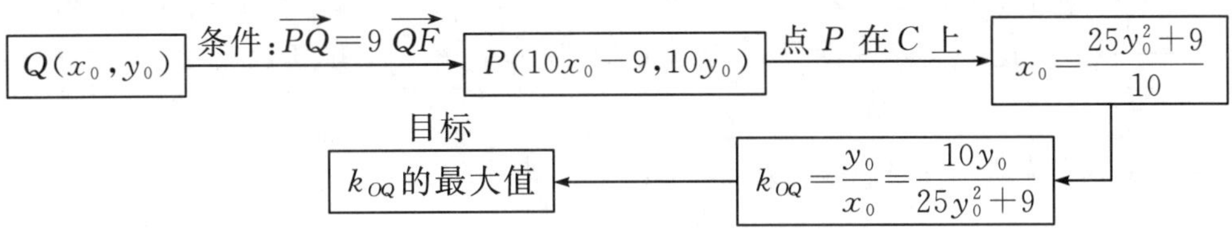

方法 2：

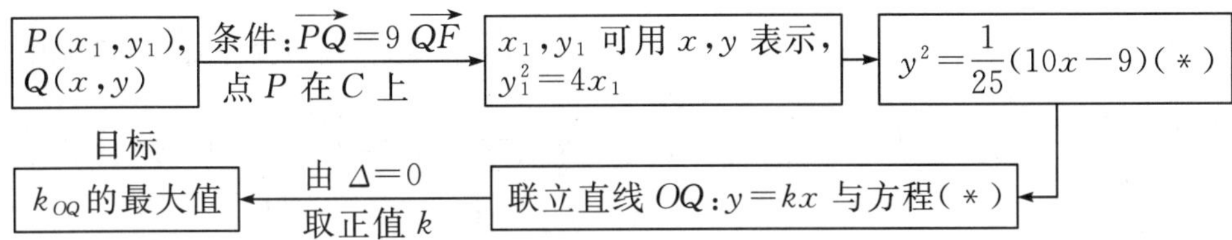

方法 1：设点 $Q(x_0,y_0)$，由向量关系式 $\overrightarrow{PQ}=9\overrightarrow{QF}$ 可得 $P(10x_0-9,10y_0)$，进而可得 $x_0=\frac{25y_0^2+9}{10}$，再由斜率公式得 $k_{OQ}=\frac{y_0}{x_0}=\frac{10y_0}{25y_0^2+9}$，接着讨论 y_0 的正负，利用基本不等式即可求解.

方法 2：设 $Q(x,y)$，$P(x_1,y_1)$，由向量关系式可将 x_1,y_1 用 x,y 表示，再代入 $y_1^2=4x_1$，可得到点 Q 的轨迹方程为 $y^2=\frac{1}{25}(10x-9)$，于是题目转化为过原点的直线 OQ 与点 Q 的轨迹有公共点，求直线 OQ 的斜率的最大值问题.

规范解答 精准示范

解：(1) 由已知得 $p=2$，所以 C 的方程为 $y^2=4x$.

(2) 由(1)可得 $F(1,0)$.

方法 1：设 $Q(x_0,y_0)$，则 $\overrightarrow{PQ}=9\overrightarrow{QF}=(9-9x_0,-9y_0)$，所以 $P(10x_0-9,10y_0)$，由 P 在抛物线上可得 $(10y_0)^2=4(10x_0-9)$，即 $x_0=\frac{25y_0^2+9}{10}$，所以直线 OQ 的斜率 $k_{OQ}=\frac{y_0}{x_0}=\frac{y_0}{\frac{25y_0^2+9}{10}}=\frac{10y_0}{25y_0^2+9}$.

当 $y_0=0$ 时，$k_{OQ}=0$. 当 $y_0\neq 0$ 时，$k_{OQ}=\dfrac{10}{25y_0+\dfrac{9}{y_0}}$，当 $y_0>0$ 时，因为 $25y_0+\dfrac{9}{y_0}\geqslant 2\sqrt{25y_0\cdot\dfrac{9}{y_0}}=30$，所以此时 $0<k_{OQ}\leqslant\dfrac{1}{3}$，当且仅当 $25y_0=\dfrac{9}{y_0}$，即 $y_0=\dfrac{3}{5}$时，等号成立；当 $y_0<0$ 时，$k_{OQ}<0$.

综上，直线 OQ 的斜率的最大值为$\dfrac{1}{3}$.

方法 2：设 $Q(x,y)$，$P(x_1,y_1)$，由向量关系式 $\overrightarrow{PQ}=9\overrightarrow{QF}$ 得 $\begin{cases}x_1=10x-9,\\y_1=10y.\end{cases}$ 代入 $y_1^2=4x_1$，化简得点 Q 的轨迹方程为 $y^2=\dfrac{1}{25}(10x-9)$（$*$）.

设过原点的直线 OQ 的方程为 $y=kx$，将其代入方程（$*$），得 $25k^2x^2-10x+9=0$，当直线 OQ 与抛物线 $y^2=\dfrac{1}{25}(10x-9)$ 相切时，有 $\begin{cases}k\neq 0,\\\Delta=100-36\times 25k^2=0,\end{cases}$ 所以$k=\pm\dfrac{1}{3}$，所以直线 OQ 的斜率的最大值为$\dfrac{1}{3}$.

典例 2　（2023 年新高考Ⅰ卷 22）在平面直角坐标系 xOy 中，点 P 到 x 轴的距离等于点 P 到点$\left(0,\dfrac{1}{2}\right)$的距离，记动点 P 的轨迹为 W.

（1）求 W 的方程；

（2）已知矩形 $ABCD$ 有三个顶点在 W 上，求证：矩形 $ABCD$ 的周长大于 $3\sqrt{3}$.

关键点击　直击靶心

1. 周长用参数合理表达出来.

2. 利用对称性、绝对值不等式将双变量双绝对值函数转化为单变量函数求解.

图析路径 思维可视

(1) 设 $P(x,y)$ → $|y|=\sqrt{x^2+\left(y-\frac{1}{2}\right)^2}$ —两边平方得→ $y=x^2+\frac{1}{4}$

(2) 方法 1:设线

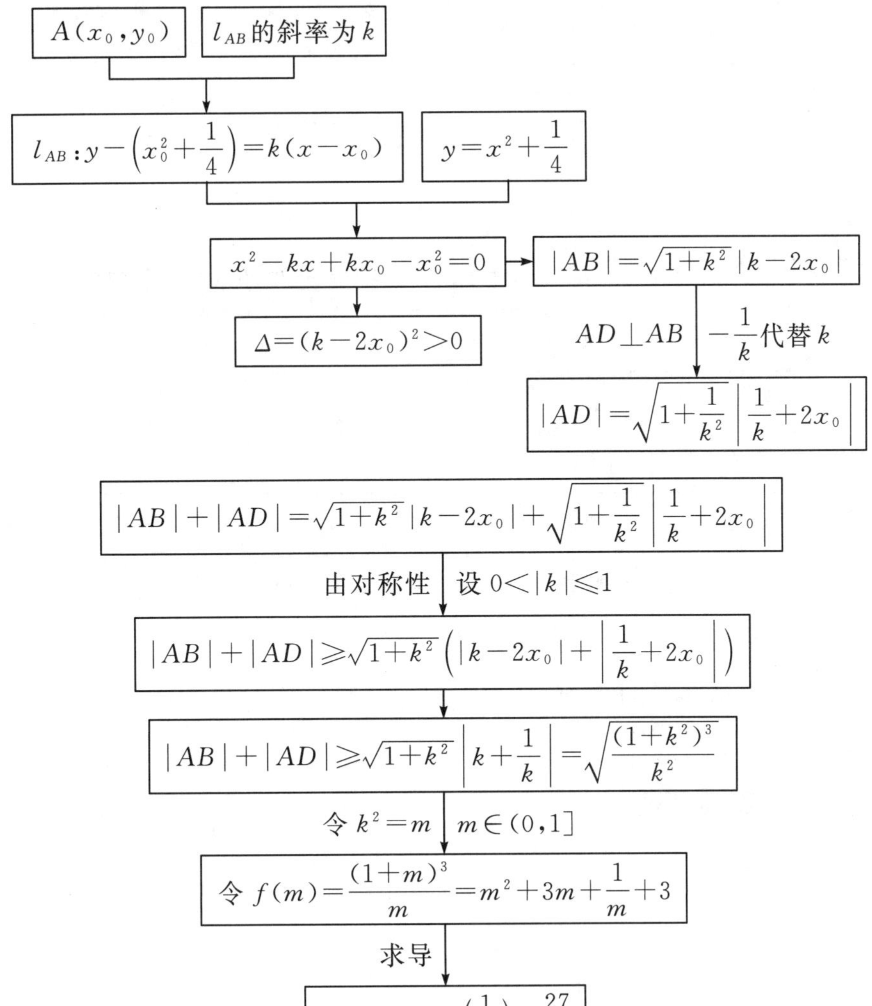

方法 2:设点

$A(x_1,y_1)$ | $B(x_2,y_2)$ | $D(x_3,y_3)$

↓ 在 $y=x^2+\frac{1}{4}$ 上　$AD\perp AB$

$k_{AB}=x_1+x_2=k$,
$k_{AD}=x_1+x_3=-\frac{1}{k}$

↓

$|AB|=\sqrt{1+k^2}\,|x_1-x_2|$,
$|AD|=\sqrt{1+\frac{1}{k^2}}\,|x_1-x_3|$,
$x_2-x_3=k+\frac{1}{k}$

↓ 设 $0<|k|\leqslant 1$

$|AB|+|AD|\geqslant\sqrt{1+k^2}\,(|x_1-x_2|+|x_1-x_3|)\geqslant\sqrt{1+k^2}\,|x_2-x_3|=\sqrt{1+k^2}\left|k+\frac{1}{k}\right|=\sqrt{\frac{(1+k^2)^3}{k^2}}$

(以下同方法 1)

方法 1 首先直曲联立表示出弦长 $|AB|$,$|AD|$,再利用绝对值不等式转化为关于 k 的函数问题,最后求导求最值,注意等号处不成立.方法 2 与方法 1 的差别仅在于转化路径的不同.

规范解答　精准示范

解:(1) 设 $P(x,y)$,则 $|y|=\sqrt{x^2+\left(y-\frac{1}{2}\right)^2}$,两边同平方化简得 $y=x^2+\frac{1}{4}$,故 W 的方程为 $y=x^2+\frac{1}{4}$.

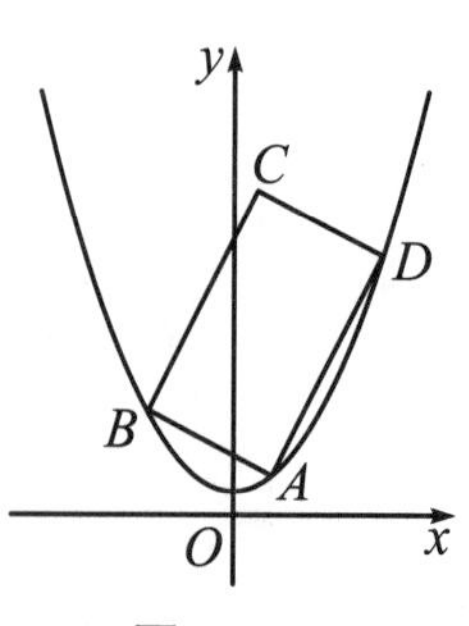

图 24－1

(2) 证明:如图 24－1,不妨设点 A,B,D 在 W 上,且 $BA\perp DA$.

依题意可设 $A(x_0,y_0)$,易知直线 BA,DA 的斜率均存在且不为 0,则设 BA,DA 的斜率分别为 k 和 $-\frac{1}{k}$.由对称性,不妨设 $|k|\leqslant 1$,直线 AB 的方程为 $y=k(x-x_0)+$

$x_0^2+\frac{1}{4}$，则联立 $\begin{cases} y=x^2+\frac{1}{4}, \\ y=k(x-x_0)+x_0^2+\frac{1}{4}, \end{cases}$ 得 $x^2-kx+kx_0-x_0^2=0$，$\Delta=k^2-4(kx_0-x_0^2)=(k-2x_0)^2>0$，则 $k\neq 2x_0$，则 $|AB|=\sqrt{1+k^2}\,|k-2x_0|$，同理 $|AD|=\sqrt{1+\frac{1}{k^2}}\left|\frac{1}{k}+2x_0\right|$. 故 $|AB|+|AD|=\sqrt{1+k^2}\,|k-2x_0|+\sqrt{1+\frac{1}{k^2}}\cdot\left|\frac{1}{k}+2x_0\right|\geqslant\sqrt{1+k^2}\left(|k-2x_0|+\left|\frac{1}{k}+2x_0\right|\right)\geqslant\sqrt{1+k^2}\left|k+\frac{1}{k}\right|=\sqrt{\frac{(1+k^2)^3}{k^2}}$.

令 $k^2=m$，则 $m\in(0,1]$，设 $f(m)=\frac{(m+1)^3}{m}=m^2+3m+\frac{1}{m}+3$，则 $f'(m)=2m+3-\frac{1}{m^2}=\frac{(2m-1)(m+1)^2}{m^2}$. 令 $f'(m)=0$，解得 $m=\frac{1}{2}$. 当 $m\in\left(0,\frac{1}{2}\right)$ 时，$f'(m)<0$，此时 $f(m)$ 单调递减；当 $m\in\left(\frac{1}{2},+\infty\right)$ 时，$f'(m)>0$，此时 $f(m)$ 单调递增. 则 $f(m)_{\min}=f\left(\frac{1}{2}\right)=\frac{27}{4}$，所以 $|AB|+|AD|\geqslant\frac{3\sqrt{3}}{2}$，但 $\sqrt{1+k^2}\,|k-2x_0|+\sqrt{1+\frac{1}{k^2}}\left|\frac{1}{k}+2x_0\right|\geqslant\sqrt{1+k^2}\left(|k-2x_0|+\left|\frac{1}{k}+2x_0\right|\right)$ 的取等条件为 $k=1$，与最终取等时 $k=\frac{\sqrt{2}}{2}$ 不一致，故 $|AB|+|AD|>\frac{3\sqrt{3}}{2}$，故矩形 $ABCD$ 的周长大于 $3\sqrt{3}$.

解后反思 迁移提升

圆锥曲线中的最值(或范围)问题类型较多，解法灵活多变，主要有两种方法：一是利用几何法，即利用圆锥曲线的定义、几何性质以及平面几何中的定理、性质等进行求解；二是利用代数法，即把待求的几何量或代数表达式表示为某个(些)参数的函数，然后利用函数方法、均值不等式方法等进行求解.

25. 探究问题 研图定向

圆锥曲线中探究性问题常常是条件不完备的情况下探讨某些结论能否成立.探究性问题是将数学知识有机结合并赋予新的情境创设而成的,要求学生自己观察、分析,创造性地运用所学知识和方法解决问题.

典例 1 (2022 年新高考Ⅱ卷 21)设双曲线 $C:\frac{x^2}{a^2}-\frac{y^2}{b^2}=1(a>0,b>0)$ 的右焦点为 $F(2,0)$,渐近线方程为 $y=\pm\sqrt{3}x$.

(1) 求 C 的方程.

(2) 过点 F 的直线与 C 的两条渐近线分别交于点 A,B,点 $P(x_1,y_1)$,$Q(x_2,y_2)$在 C 上,且 $x_1>x_2>0,y_1>0$.过点 P 且斜率为$-\sqrt{3}$的直线与过 Q 且斜率为$\sqrt{3}$的直线交于点 M,请从下面①②③中选取两个作为条件,证明另外一个条件成立:①点 M 在 AB 上;②$PQ\parallel AB$;③$|MA|=|MB|$.

关键点击 直击靶心

1. 方法 1 的关键是设点 M 的坐标为(x_0,y_0),直线 AB 的斜率为 k,然后将条件①点 M 在 AB 上;②$PQ\parallel AB$;③$|MA|=|MB|$等价转化为关于参数 x_0,y_0,k 的关系式.

2. 方法 2 的关键是通过运算的优化减小运算量.

图析路径 思维可视

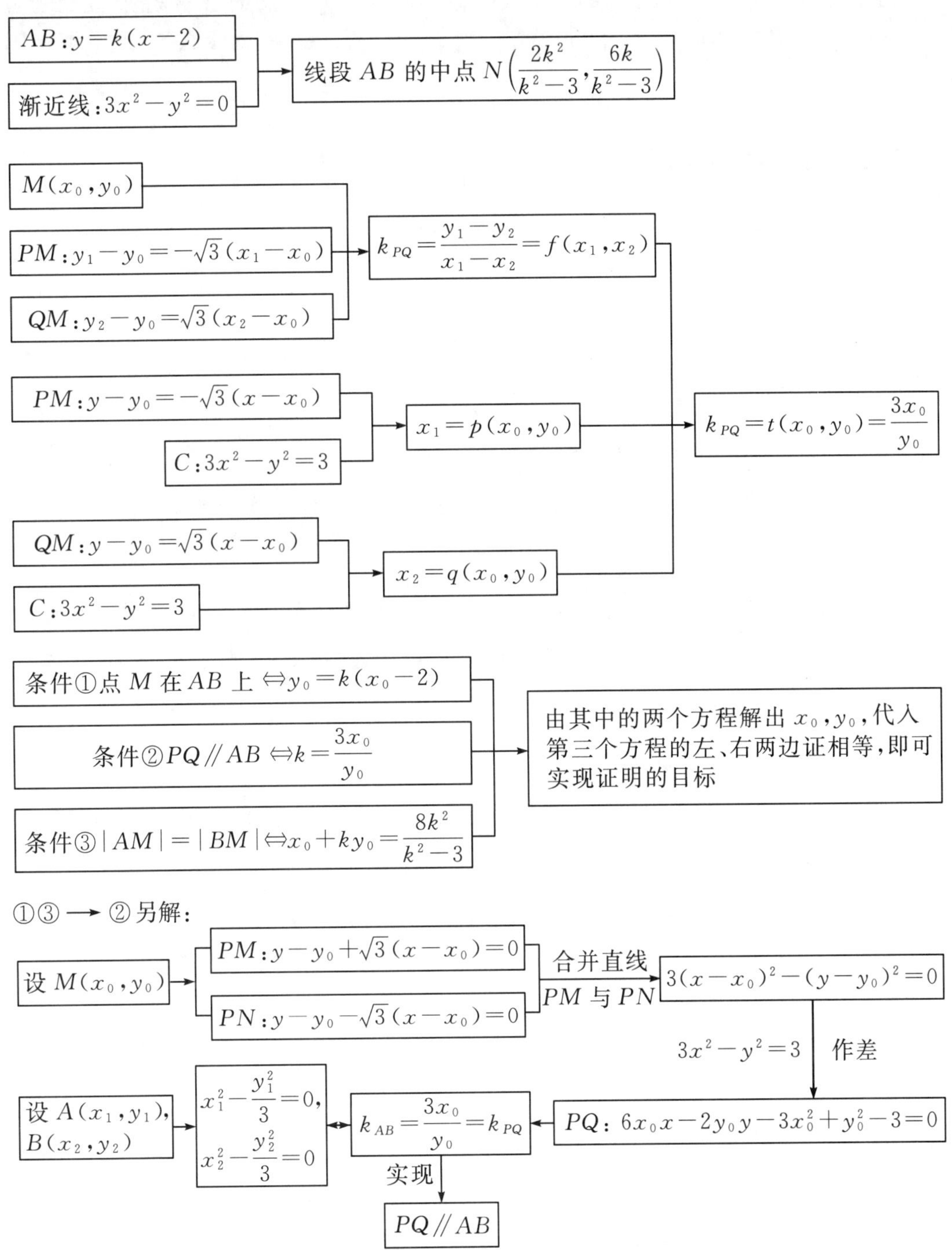

方法 1 先将几何条件①点 M 在 AB 上；②$PQ/\!/AB$；③$|MA|=|MB|$ 代数化，等价转化为关于参数 x_0,y_0,k 的关系式，而后三个命题①②推③、①③

推②和②③推①变为含参的三个等量关系的代数变形.方法2为设点法,设出点M的坐标,将直线PM,QM的方程合二为一,再与双曲线方程联立,求出直线PQ的方程,另一方面用点差法求出AB的斜率,从而获证.

规范解答 精准示范

解:(1) 右焦点为$F(2,0)$,所以$c=2$,因为渐近线方程为$y=\pm\sqrt{3}x$,所以$\frac{b}{a}=\sqrt{3}$,所以$b=\sqrt{3}a$,所以$c^2=a^2+b^2=4a^2=4$,所以$a=1$,所以$b=\sqrt{3}$.

所以C的方程为$x^2-\frac{y^2}{3}=1$.

(2) 由已知得直线PQ的斜率存在且不为零,直线AB的斜率不为零.

若选由①②推③或选由②③推①:由②成立可知直线AB的斜率存在且不为零.

若选①③推②,则M为线段AB的中点,若直线AB的斜率不存在,则由双曲线的对称性可知M在x轴上,即焦点F,此时由对称性可知P,Q关于x轴对称,与从而$x_1=x_2$,与已知不符.

总之,直线AB的斜率存在且不为零.

设直线AB的斜率为k,直线AB方程为$y=k(x-2)$,则条件①点M在AB上,等价于$y_0=k(x_0-2)$,同乘k,有$ky_0=k^2(x_0-2)$.

两渐近线的方程合并为$3x^2-y^2=0$,联立消去y,并化简整理,得$(k^2-3)x^2-4k^2x+4k^2=0$.

设$A(x_3,y_3)$,$B(x_4,y_4)$,线段中点为$N(x_N,y_N)$,则$x_N=\frac{x_3+x_4}{2}=\frac{2k^2}{k^2-3}$,$y_N=k(x_N-2)=\frac{6k}{k^2-3}$.

设$M(x_0,y_0)$,则条件③$|AM|=|BM|$等价于$(x_0-x_3)^2+(y_0-y_3)^2=(x_0-x_4)^2+(y_0-y_4)^2$,移项并利用平方差公式整理得$(x_3-x_4)[2x_0-(x_3+x_4)]+(y_3-y_4)[2y_0-(y_3+y_4)]=0$,$[2x_0-(x_3+x_4)]+\frac{y_3-y_4}{x_3-x_4}[2y_0-$

$(y_3+y_4)]=0$，即 $x_0-x_N+k(y_0-y_N)=0$，即 $x_0+ky_0=\dfrac{8k^2}{k^2-3}$.

由题意知直线 PM 的斜率为 $-\sqrt{3}$，直线 QM 的斜率为 $\sqrt{3}$，由 $y_1-y_0=-\sqrt{3}(x_1-x_0)$，$y_2-y_0=\sqrt{3}(x_2-x_0)$，所以 $y_1-y_2=-\sqrt{3}(x_1+x_2-2x_0)$，所以直线 PQ 的斜率 $m=\dfrac{y_1-y_2}{x_1-x_2}=-\dfrac{\sqrt{3}(x_1+x_2-2x_0)}{x_1-x_2}$，直线 PM：$y=-\sqrt{3}(x-x_0)+y_0$，即 $y=y_0+\sqrt{3}x_0-\sqrt{3}x$，代入双曲线的方程 $3x^2-y^2-3=0$，即 $(\sqrt{3}x+y)(\sqrt{3}x-y)=3$ 中，得 $(y_0+\sqrt{3}x_0)[2\sqrt{3}x-(y_0+\sqrt{3}x_0)]=3$，解得 P 的横坐标 $x_1=\dfrac{1}{2\sqrt{3}}\left(\dfrac{3}{y_0+\sqrt{3}x_0}+y_0+\sqrt{3}x_0\right)$，同理，$x_2=-\dfrac{1}{2\sqrt{3}}\left(\dfrac{3}{y_0-\sqrt{3}x_0}+y_0-\sqrt{3}x_0\right)$，所以 $x_1-x_2=\dfrac{1}{\sqrt{3}}\left(\dfrac{3y_0}{y_0^2-3x_0^2}+y_0\right)$，$x_1+x_2-2x_0=-\dfrac{3x_0}{y_0^2-3x_0^2}-x_0$，所以 $m=\dfrac{3x_0}{y_0}$，所以条件②$PQ//AB$ 等价于 $m=k$，即 $ky_0=3x_0$.

综上所述，条件①点 M 在 AB 上，等价于 $ky_0=k^2(x_0-2)$；条件②$PQ//AB$，等价于 $ky_0=3x_0$；条件③$|AM|=|BM|$，等价于 $x_0+ky_0=\dfrac{8k^2}{k^2-3}$.

选①②推③：由①②解得 $x_0=\dfrac{2k^2}{k^2-3}$，所以 $x_0+ky_0=4x_0=\dfrac{8k^2}{k^2-3}$，所以③成立.

选①③推②：由①③解得 $x_0=\dfrac{2k^2}{k^2-3}$，$ky_0=\dfrac{6k^2}{k^2-3}$，所以 $ky_0=3x_0$，所以②成立.

选②③推①：由②③解得 $x_0=\dfrac{2k^2}{k^2-3}$，$ky_0=\dfrac{6k^2}{k^2-3}$，所以 $x_0-2=\dfrac{6}{k^2-3}$，所以 $ky_0=k^2(x_0-2)$，所以①成立.

选①③推②另解：设 $M(x_0,y_0)$，则直线 PM 的方程为 $y-y_0+\sqrt{3}(x-x_0)=0$，直线 QM 的方程为 $y-y_0-\sqrt{3}(x-x_0)=0$，所以直线 PM 和直线 QM 的方程可表示为 $3(x-x_0)^2-(y-y_0)^2=0$.

又双曲线 C 的方程可表示为 $3x^2-y^2=3$，两式相减，得 $6x_0x-2y_0y-3x_0^2+y_0^2-3=0$.

因为 P,Q 的坐标同时满足 $6x_0x-2y_0y-3x_0^2+y_0^2-3=0$，故直线 PQ 的方程为 $6x_0x-2y_0y-3x_0^2+y_0^2-3=0$，所以直线 PQ 的斜率为 $k_{PQ}=\dfrac{3x_0}{y_0}$.

设点 $A(x_1,y_1)$，$B(x_2,y_2)$，则 $3x_1^2-y_1^2=0$，$3x_2^2-y_2^2=0$，两式相减，得 $k_{AB}=\dfrac{3(x_1+x_2)}{y_1+y_2}$.又因为 $M(x_0,y_0)$ 是 AB 的中点，所以 $k_{AB}=\dfrac{3x_0}{y_0}$.

因此，$k_{PQ}=k_{AB}$，故 $PQ/\!/AB$.

典例 2 (1) 如图 25－1，已知抛物线 $y^2=2px(p>0)$ 的焦点为 F，过焦点 F 的直线交抛物线于 P,Q 两点，点 E 为准线与 x 轴的交点.求证：$\angle PEF=\angle QEF$.

(2) 如图 25－2，已知椭圆 $\dfrac{x^2}{a^2}+\dfrac{y^2}{b^2}=1(a>b>0)$ 的右焦点为 F，直线 l 交椭圆于 A,B 两点，点 M 为准线 $x=\dfrac{a^2}{c}$ 与 x 轴的交点.已知当直线 l 的倾斜角变化时，$\angle AMF=\angle BMF$ 恒成立.求证：直线 l 经过点 F.

(3) 如图 25－3，已知双曲线 $\dfrac{x^2}{a^2}-\dfrac{y^2}{b^2}=1(a>0,b>0)$ 的右焦点为 F，经过点的 F 直线 l 交双曲线于 A,B 两点，点 M 在 x 轴的正半轴上.已知当直线 l 的倾斜角变化时，$\angle AMF=\angle BMF$ 恒成立.求证：M 为准线 $x=\dfrac{a^2}{c}$ 与 x 轴的交点.

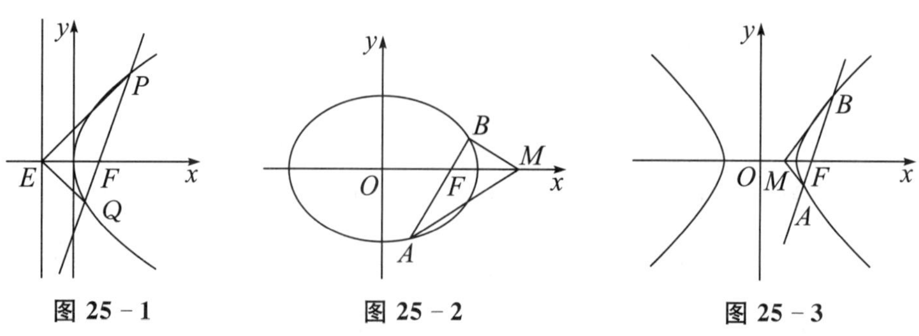

图 25－1　　图 25－2　　图 25－3

关键点击 直击靶心

1. 第(1)题关键是证明 $k_{EP}+k_{EQ}=0$.

2. 第(2)题关键是由 $k_{MA}+k_{MB}=0$ 得到直线 l 的斜率与截距的等量关系.

3. 第(3)题关键是由 $k_{MA}+k_{MB}=0$ 得到点 M 的横坐标是定值$\frac{a^2}{c}$.

图析路径 思维可视

(1)

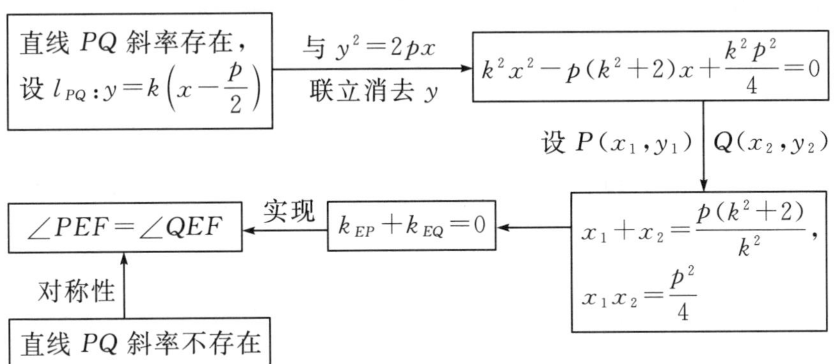

(2)

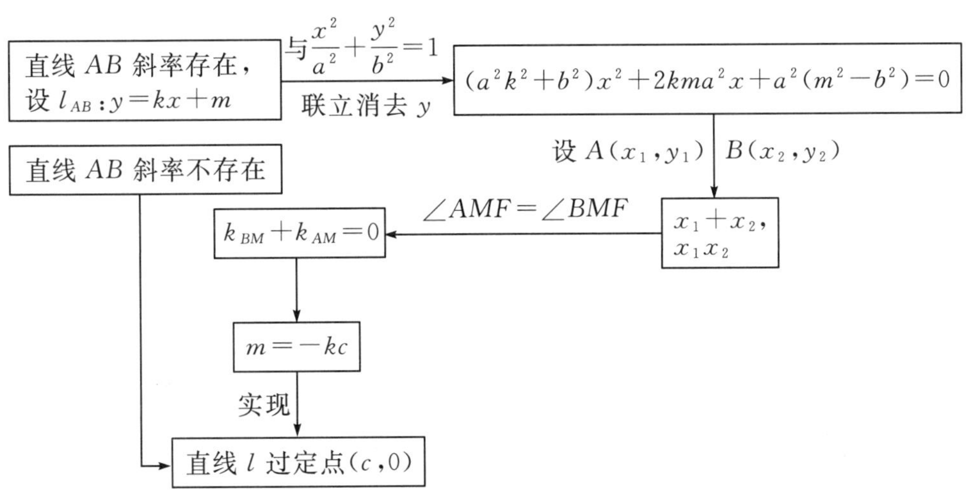

(3)

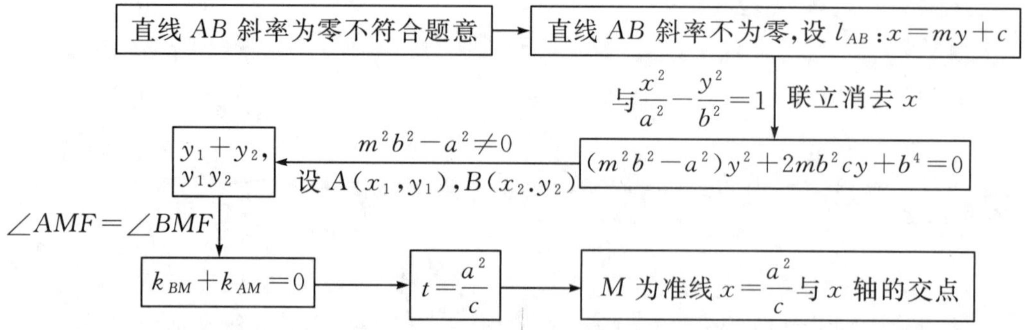

规范解答 精准示范

解:(1) 证明:设 $P(x_1,y_1),Q(x_2,y_2)$.

若直线 PQ 的斜率不存在,则由抛物线的对称性,易知 $\angle PEF=\angle QEF$.

若直线 PQ 的斜率存在,设 PQ 的方程为 $y=k\left(x-\frac{p}{2}\right)(k\neq0)$,代入 $y^2=2px$,得 $k^2x^2-p(k^2+2)x+\frac{k^2p^2}{4}=0$,$x_1,x_2$ 是上述方程的两根,由根与系数的关系,$x_1+x_2=\frac{p(k^2+2)}{k^2}$,$x_1x_2=\frac{p^2}{4}$.

直线 EP,EQ 的斜率分别是 k_{EP},k_{EQ},$k_{EP}+k_{EQ}=\frac{y_1}{x_1+\frac{p}{2}}+\frac{y_2}{x_2+\frac{p}{2}}=$

$\frac{k\left(x_1-\frac{p}{2}\right)}{x_1+\frac{p}{2}}+\frac{k\left(x_2-\frac{p}{2}\right)}{x_2+\frac{p}{2}}=2k-pk\left(\frac{1}{x_1+\frac{p}{2}}+\frac{1}{x_2+\frac{p}{2}}\right)=2k-pk\left[\frac{x_1+x_2+p}{x_1x_2+\frac{p}{2}(x_1+x_2)+\frac{p^2}{4}}\right]=2k-pk\frac{\frac{p(k^2+2)}{k^2}+p}{\frac{p^2}{4}+\frac{p}{2}\times\frac{p(k^2+2)}{k^2}+\frac{p^2}{4}}=2k-2k=0$,

所以 $\angle PEF=\angle QEF$.

(2) 证明:设 $A(x_1,y_1),B(x_2,y_2)$.

当直线 l 的斜率存在时，设 l 的方程为 $y=kx+m$，与椭圆 $\frac{x^2}{a^2}+\frac{y^2}{b^2}=1$ 联立消去 y，得 $(a^2k^2+b^2)x^2+2kma^2x+a^2(m^2-b^2)=0$，则 $x_1+x_2=-\frac{2kma^2}{a^2k^2+b^2}$，$x_1x_2=\frac{a^2(m^2-b^2)}{a^2k^2+b^2}$，因为 $\angle AMF=\angle BMF$，所以 $k_{MA}+k_{MB}=\frac{y_1}{x_1-\frac{a^2}{c}}+\frac{y_2}{x_2-\frac{a^2}{c}}=0$，因为 $y_1=kx_1+m$，$y_2=kx_2+m$，所以 $2kx_1x_2+\left(m-\frac{ka^2}{c}\right)(x_1+x_2)-\frac{2ma^2}{c}=0$，所以 $m=-kc$，即 $y=kx-kc=k(x-c)$，直线 l 过定点 $(c,0)$.

当直线斜率不存在时，显然当直线 l 过点 $(c,0)$ 时，$\angle AMF=\angle BMF$.

综上，直线 l 经过点 F.

(3) 证明：设 $A(x_1,y_1)$，$B(x_2,y_2)$，$M(t,0)(t>0)$.

当直线 l 的斜率为零时，显然不符合题意，所以设直线 l 的方程为 $x=my+c$，与双曲线 $\frac{x^2}{a^2}-\frac{y^2}{b^2}=1$ 联立，消去 x，得 $(m^2b^2-a^2)y^2+2mb^2cy+b^4=0$，所以 $y_1+y_2=-\frac{2mb^2c}{m^2b^2-a^2}$，$y_1y_2=\frac{b^4}{m^2b^2-a^2}$.

因为 $\angle AMF=\angle BMF$，所以 $k_{MA}+k_{MB}=\frac{y_1}{x_1-t}+\frac{y_2}{x_2-t}=0$，所以 $2my_1y_2+(c-t)(y_1+y_2)=0$，即 $t=\frac{a^2}{c}$，所以 M 为准线 $x=\frac{a^2}{c}$ 与 x 轴的交点.（若没有恒成立的限制，则当 $m=0$ 时，$k_{MA}+k_{MB}=0$ 对于任意 $t\neq c$ 都成立）

解后反思 迁移提升

典例 2 源自下列问题探究图 25－4 中的三个问题，即命题 1、命题 5 和命题 9.

命题 1～3 三个独立条件：① 焦点弦 PQ；② 定点 $E\left(-\frac{p}{2},0\right)$；③ $\angle PEF=$

$\angle QEF$.

说明：由①②⇒③构成的是命题 1，由②③⇒①构成的是命题 2，由①③⇒②构成的是命题 3.（部分命题必须用恒成立加以约束）

比如：一般化命题 1～3 的三个独立条件得① 过点 $M(m,0)$的弦 PQ；② 定点 $N(-m,0)$；③ $\angle PNM=\angle QNM$.则由①②⇒③构成的是命题 1′，由②③⇒①构成的是命题 2′，由①③⇒②构成的是命题 3′，后面类推.

命题 4～9 是以椭圆、双曲线为背景的，三个独立条件：①焦点弦 PQ，焦点$(c,0)$；② 定点 $E\left(\dfrac{a^2}{c},0\right)$；③$\angle PEF=\angle QEF$.一般化后的三个独立条件：① 过点 $M(m,0)$的弦 PQ；② 定点 $N\left(-\dfrac{a^2}{m},0\right)$；③$\angle PNM=\angle QNM$.

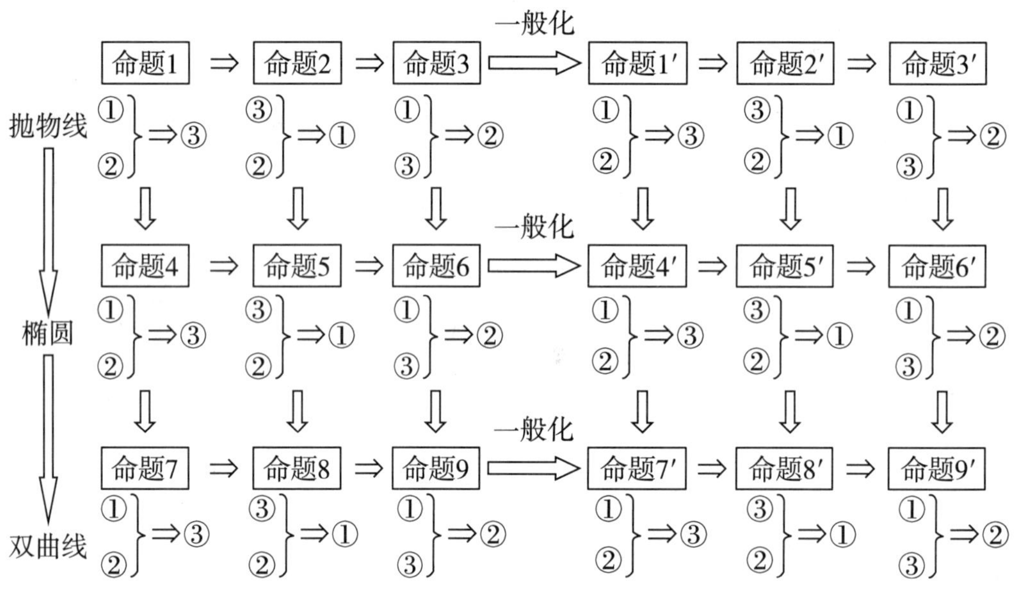

图 25－4

26. 韦达定理 和积比例

在直线与圆锥曲线的位置关系的处理中，通常把直线的方程与圆锥曲线的方程进行联立，消元后得到一元二次方程，然后利用根与系数的关系求出 x_1+x_2，x_1x_2 或 y_1+y_2，y_1y_2.在后续的过程中，遇到形如 x_1+x_2，x_1x_2，$x_1^2+x_2^2$，$|x_1-x_2|$ 的表达式，可以直接代入求解.上述结构中 x_1，x_2 是成对出现的，下标互换后表达式不变，我们称之为对称结构.而非对称结构是指形如 x_1+2x_2，x_1-2x_2，$\frac{x_1x_2+mx_1}{x_1x_2+nx_2}$ 等结构的表达式.这类结构中，x_1，x_2 的地位不相等，利用根与系数的关系不能直接得到结果.我们可以借助 x_1+x_2 与 x_1x_2 的比例关系消去 x_1x_2，再代入化简，也可以利用 x_1+x_2 消去一个根，再代入化简.

典例 1 已知双曲线 C：$\frac{x^2}{a^2}-\frac{y^2}{b^2}=1(a>0,b>0)$，四点 $M_1\left(4,\frac{\sqrt{2}}{3}\right)$，$M_2(3,\sqrt{2})$，$M_3\left(-2,-\frac{\sqrt{3}}{3}\right)$，$M_4\left(2,\frac{\sqrt{3}}{3}\right)$ 中恰有三点在 C 上.

(1) 求 C 的方程.

(2) 过点 $(3,0)$ 的直线 l 交 C 于 P，Q 两点，过点 P 作直线 $x=1$ 的垂线，垂足为 A.求证：直线 AQ 过定点.

关键点击 直击靶心

由对称性知定点在 x 轴上，反设直线方程，利用根与系数的关系将非对称结构转化为对称结构求解.

图析路径　思维可视

（1）

$M_3\left(-2,-\frac{\sqrt{3}}{3}\right)$，$M_4\left(2,\frac{\sqrt{3}}{3}\right)$ → 点 M_3,M_4 关于原点对称 → 点 M_3,M_4 都在曲线上

$y_{M_1}=\frac{\sqrt{2}}{3},y_{M_4}=\frac{\sqrt{3}}{3}$ → $y_{M_1}<y_{M_4}$

→ 点 M_1 不在曲线上

$M_4\left(2,\frac{\sqrt{3}}{3}\right)$ → $\frac{4}{a^2}-\frac{1}{3b^2}=1$

$M_2(3,\sqrt{2})$ → $\frac{9}{a^2}-\frac{2}{b^2}=1$

→ $a^2=3,b^2=1$ → $\frac{x^2}{3}-y^2=1$

（2）

$\frac{x^2}{3}-y^2=1$，$PQ:x=my+3$ → $(m^2-3)y^2+6my+6=0$

$P(x_1,y_1)$，$Q(x_2,y_2)$ → $y_1+y_2=\frac{-6m}{m^2-3},y_1y_2=\frac{6}{m^2-3}$

$P(x_1,y_1)$ → $A(1,y_1)$

$A(1,y_1)$，$Q(x_2,y_2)$ → $AQ:y-y_1=\frac{y_1-y_2}{1-x_2}(x-1)$ →（$y=0$）→ $x=\frac{2y_1+my_1y_2}{y_1-y_2}+1$

证法 1：

$x=\frac{2y_1+my_1y_2}{2y_1-(y_1+y_2)}+1$ → $x=\frac{2y_1+m\frac{6}{m^2-3}}{2y_1-\frac{6m}{3-m^2}}+1=\frac{2y_1+\frac{6m}{m^2-3}}{2y_1+\frac{6m}{m^2-3}}+1=2$ → 定点 $(2,0)$

证法 2：

$y_1+y_2=-my_1y_2$ → $x=\frac{2y_1-(y_1+y_2)}{y_1-y_2}+1=\frac{y_1-y_2}{y_1-y_2}+1=2$ → 定点 $(2,0)$

1. 由题意可知点 M_3,M_4 关于原点对称，所以 M_3,M_4 一定在双曲线上，而点 $M_1\left(4,\frac{\sqrt{2}}{3}\right)$，因为 $4>2$，但 $\frac{\sqrt{2}}{3}<\frac{\sqrt{3}}{3}$，所以点 M_1 不在双曲线上.把点

M_2,M_4 的坐标代入双曲线方程,联立即可求解.

2. 设出直线 PQ 的方程为 $x=my+3$,并与双曲线方程联立,再设出点 P,Q 的坐标,求出直线 AQ 的方程,利用根与系数的关系化简即可证明.

规范解答 精准示范

解:(1) 由题意可知点 M_3,M_4 关于原点对称,所以点 M_3,M_4 一定在双曲线上,而 $M_1\left(4,\frac{\sqrt{2}}{3}\right)$,因为 $4>2$,但$\frac{\sqrt{2}}{3}<\frac{\sqrt{3}}{3}$,所以点 M_1 不在双曲线上,所以点 M_2,M_3,M_4 在双曲线上,则$\begin{cases}\frac{4}{a^2}-\frac{1}{3b^2}=1,\\ \frac{9}{a^2}-\frac{2}{b^2}=1,\end{cases}$解得$\begin{cases}a^2=3,\\ b^2=1.\end{cases}$故双曲线方程为$\frac{x^2}{3}-y^2=1$.

(2) 证明:当斜率为 0 时,可知点 P 为双曲线的顶点,所以 $A(1,0)$,所以 $l_{AQ}:y=0$,故若直线 AQ 过定点,则定点在 x 轴上.

当斜率不为 0 时,设直线 PQ 的方程为 $x=my+3$,代入双曲线方程可得 $(m^2-3)y^2+6my+6=0$.

设 $P(x_1,y_1)$,$Q(x_2,y_2)$,则 $A(1,y_1)$,则 $y_1+y_2=\frac{-6m}{m^2-3}$,$y_1y_2=\frac{6}{m^2-3}$.

直线 AQ 的方程为 $y-y_1=\frac{y_1-y_2}{1-x_2}(x-1)$,即 $y-y_1=\frac{y_1-y_2}{-2-my_2}(x-1)$.

令 $y=0$,则 $x=\frac{2y_1+my_1y_2}{y_1-y_2}+1$.

证法 1:$x=\frac{2y_1+my_1y_2}{y_1-y_2}+1=\frac{2y_1+my_1y_2}{2y_1-(y_1+y_2)}+1$.因为 $y_1+y_2=\frac{6m}{3-m^2}$,$y_1y_2=\frac{6}{m^2-3}$,所以 $x=\frac{2y_1+m\frac{6}{m^2-3}}{2y_1-\frac{6m}{3-m^2}}+1=\frac{2y_1+\frac{6m}{m^2-3}}{2y_1+\frac{6m}{m^2-3}}+1=2$.综上,直线 AQ 过定点$(2,0)$.

证法 2：因为 $y_1+y_2=\dfrac{6m}{3-m^2}$，$y_1y_2=\dfrac{6}{m^2-3}$，所以 $my_1y_2=\dfrac{6m}{m^2-3}=-(y_1+y_2)$，所以 $x=\dfrac{2y_1-(y_1+y_2)}{y_1-y_2}+1=2$.综上，直线 AQ 过定点$(2,0)$.

典例 2 （2020 年全国Ⅰ卷理 20）已知 A，B 分别为椭圆 E：$\dfrac{x^2}{a^2}+y^2=1(a>1)$的左、右顶点，$G$ 为 E 的上顶点，$\overrightarrow{AG}\cdot\overrightarrow{GB}=8$.$P$ 为直线 $x=6$ 上的动点，PA 与 E 的另一交点为 C，PB 与 E 的另一交点为 D.

（1）求 E 的方程；

（2）求证：直线 CD 过定点.

关键点击 直击靶心

本题主要考查了椭圆的简单性质及方程思想，同时考查了计算能力、推理论证能力及转化与化归思想.

图析路径 思维可视

证法 1：

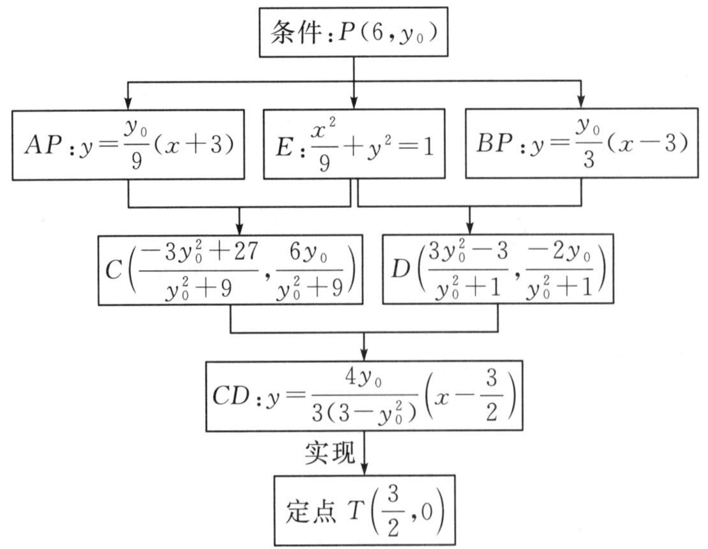

证法 2：

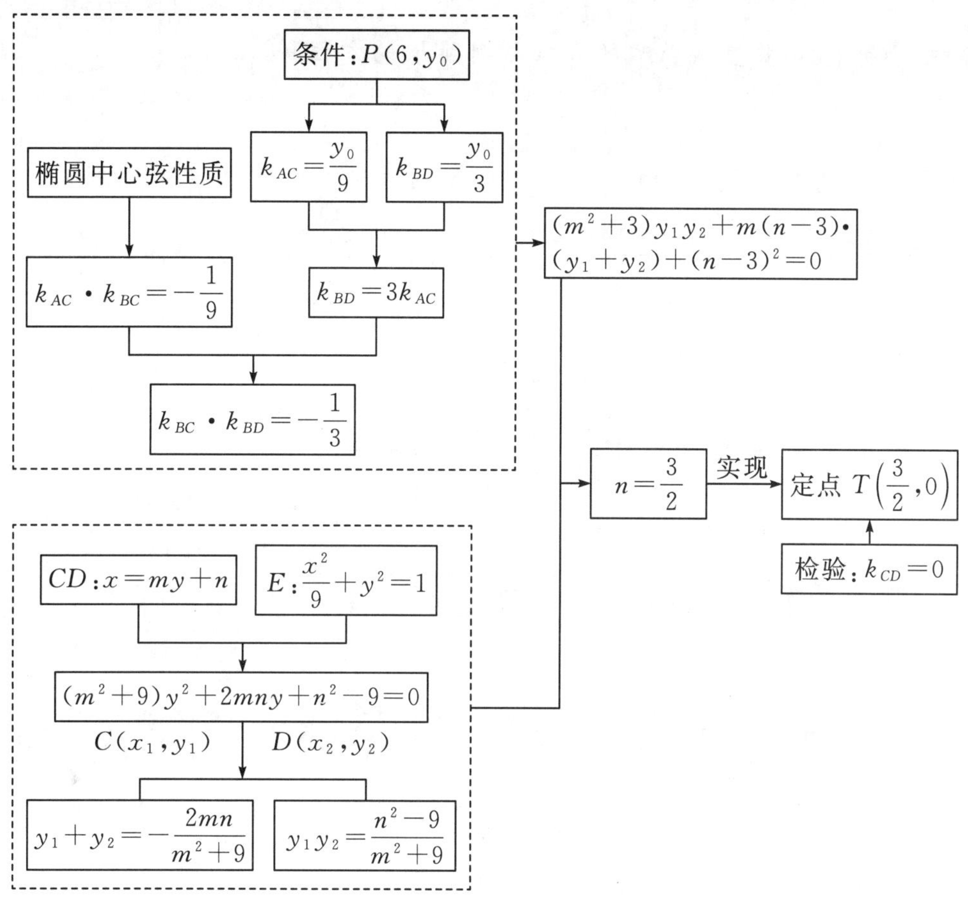

1. 方法 1：以点 P 的纵坐标为参数表达直线 CD 的方程，得到定点 T 的坐标.

2. 方法 2：设直线 CD 的方程为 $x=my+n$，寻找 m,n 满足的限制条件，通过消参得到定点 T 的坐标.

规范解答　精准示范

解：(1) 由椭圆方程 $E:\frac{x^2}{a^2}+y^2=1(a>1)$，可得 $A(-a,0)$，$B(a,0)$，$G(0,1)$，所以 $\overrightarrow{AG}=(a,1)$，$\overrightarrow{GB}=(a,-1)$，所以 $\overrightarrow{AG}\cdot\overrightarrow{GB}=a^2-1=8$，解得 $a^2=9$，所以椭圆 E 的方程为 $\frac{x^2}{9}+y^2=1$.

(2) 证法 1：设 $P(6,y_0)$，则直线 AP 的方程为 $y=\frac{y_0-0}{6-(-3)}(x+3)$，即

$y=\frac{y_0}{9}(x+3)$，将直线 AP 的方程与椭圆 E 的方程联立，得 $\begin{cases}\frac{x^2}{9}+y^2=1,\\ y=\frac{y_0}{9}(x+3),\end{cases}$ 整理得 $(y_0^2+9)x^2+6y_0^2x+9y_0^2-81=0$，解得 $x=-3$（即点 A 横坐标，舍去）或 $x=\frac{-3y_0^2+27}{y_0^2+9}$，将 $x=\frac{-3y_0^2+27}{y_0^2+9}$ 代入直线 $y=\frac{y_0}{9}(x+3)$，得 $y=\frac{6y_0}{y_0^2+9}$，所以点 C 的坐标为 $\left(\frac{-3y_0^2+27}{y_0^2+9},\frac{6y_0}{y_0^2+9}\right)$.

同理可得，点 D 的坐标为 $\left(\frac{3y_0^2-3}{y_0^2+1},\frac{-2y_0}{y_0^2+1}\right)$.

因此，直线 CD 的方程为 $y-\left(\frac{-2y_0}{y_0^2+1}\right)=\frac{\frac{6y_0}{y_0^2+9}-\left(\frac{-2y_0}{y_0^2+1}\right)}{\frac{-3y_0^2+27}{y_0^2+9}-\frac{3y_0^2-3}{y_0^2+1}}\left(x-\frac{3y_0^2-3}{y_0^2+1}\right)$，

整理可得 $y+\frac{2y_0}{y_0^2+1}=\frac{8y_0(y_0^2+3)}{6(9-y_0^4)}\left(x-\frac{3y_0^2-3}{y_0^2+1}\right)$，即 $y=\frac{4y_0}{3(3-y_0^2)}x+\frac{2y_0}{y_0^2-3}$，即 $y=\frac{4y_0}{3(3-y_0^2)}\left(x-\frac{3}{2}\right)$，故直线 CD 过定点 $\left(\frac{3}{2},0\right)$.

证法 2：设 $C(x_1,y_1)$，$D(x_2,y_2)$，$P(6,y_0)$，则直线 AC 的斜率 $k_{AC}=\frac{y_0}{9}$，直线 BD 的斜率 $k_{BD}=\frac{y_0}{3}$，所以 $k_{BD}=3k_{AC}$. 又因为 $k_{AC}k_{BC}=\frac{y_1}{x_1+3}\times\frac{y_1}{x_1-3}=\frac{y_1^2}{x_1^2-9}=\frac{1-\frac{x_1^2}{9}}{x_1^2-9}=-\frac{1}{9}$，所以 $k_{BD}k_{BC}=-\frac{1}{3}$，则 $k_{BD}k_{BC}=\frac{y_1}{x_1-3}\times\frac{y_2}{x_2-3}=-\frac{1}{3}$.

当直线 CD 的斜率不为零时，设 CD 的方程为 $x=my+n$，得 $\frac{y_1}{my_1+n-3}\times\frac{y_2}{my_2+n-3}=-\frac{1}{3}$，整理得 $(3+m^2)y_1y_2+m(n-3)(y_1+y_2)+(n-3)^2=0$（$*$）.

将直线 CD 的方程与椭圆 E 的方程联立，得 $\begin{cases}x=my+n,\\ \frac{x^2}{9}+y^2=1,\end{cases}$ 消去 x 得

$(m^2+9)y^2+2mny+n^2-9=0$，得$\begin{cases}\Delta=36(m^2-n^2+9)>0,\\ y_1+y_2=\dfrac{-2mn}{9+m^2},\\ y_1y_2=\dfrac{n^2-9}{9+m^2},\end{cases}$ 代入（*），得

$(n-3)\left(n-\dfrac{3}{2}\right)=0$. 当 $n-3=0$ 时，直线 CD 经过点 B，不符合题意，舍去；当 $n-\dfrac{3}{2}=0$ 时，直线 CD 的方程为 $x=my+\dfrac{3}{2}$，所以直线 CD 经过点 $T\left(\dfrac{3}{2},0\right)$.

当直线 CD 的斜率为零时，CD 方程为 $y=0$，经过点 $T\left(\dfrac{3}{2},0\right)$. 综上，直线 CD 经过点 $T\left(\dfrac{3}{2},0\right)$.

解后反思　迁移提升

1. 设 x_1,x_2 是方程 $ax^2+bx+c=0(a\neq0)$ 的两个根，则 $x_1+x_2=-\dfrac{b}{a}$，$x_1x_2=\dfrac{c}{a}$，所以 $x_1x_2=-\dfrac{c}{b}(x_1+x_2)$，所以 $\dfrac{x_1x_2+mx_1+nx_2}{x_1x_2+m'x_1+n'x_2}=\dfrac{-\dfrac{c}{b}(x_1+x_2)+mx_1+nx_2}{-\dfrac{c}{b}(x_1+x_2)+m'x_1+n'x_2}$，化简后可求定值.

2. 设 x_1,x_2 是方程 $ax^2+bx+c=0(a\neq0)$ 的两个根，则 $x_1+x_2=-\dfrac{b}{a}$，$x_1x_2=\dfrac{c}{a}$，所以 $x_2=-\dfrac{b}{a}-x_1$，所以 $\dfrac{x_1x_2+mx_1+nx_2}{x_1x_2+m'x_1+n'x_2}=\dfrac{x_1x_2+mx_1+n\left(-\dfrac{b}{a}-x_1\right)}{x_1x_2+m'x_1+n'\left(-\dfrac{b}{a}-x_1\right)}$，化简后可求定值.

27. 直角模型　射影定理

射影定理：在直角三角形中，斜边上的高是两条直角边在斜边射影的比例中项，每一条直角边又是这条直角边在斜边上的射影和斜边的比例中项.如图 27－1，在 Rt$\triangle ABC$ 中，$BD\perp AC$，则 $|BD|^2=|AD|\cdot|CD|$，$|BC|^2=|CD|\cdot|AC|$，$|AB|^2=|AD|\cdot|AC|$.射影定理是数学图形计算的重要定理.

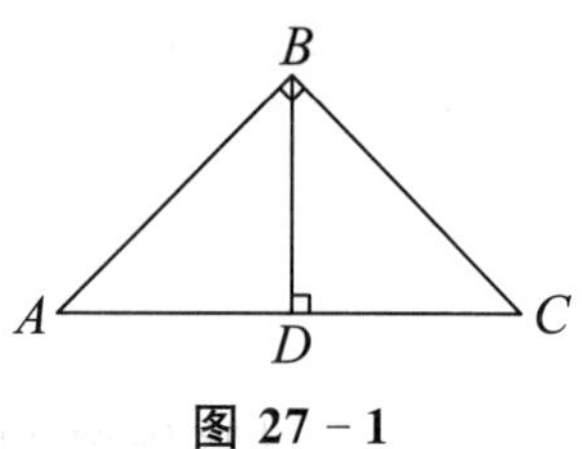

图 27－1

典例 1　设 F 为双曲线 $C:\frac{x^2}{a^2}-\frac{y^2}{b^2}=1(a>0,b>0)$ 的右焦点，O 为坐标原点，以 $|OF|$ 为直径的圆与圆 $x^2+y^2=a^2$ 交于 P,Q 两点.若 $|PQ|=|OF|$，则 C 的离心率为　　（　　）

A. $\sqrt{2}$　　B. $\sqrt{3}$　　C. 2　　D. $\sqrt{5}$

关键点击　直击靶心

由图形对称性得出点 P 的坐标，代入圆的方程得到 c 与 a 的关系，可求双曲线的离心率.

图析路径 思维可视

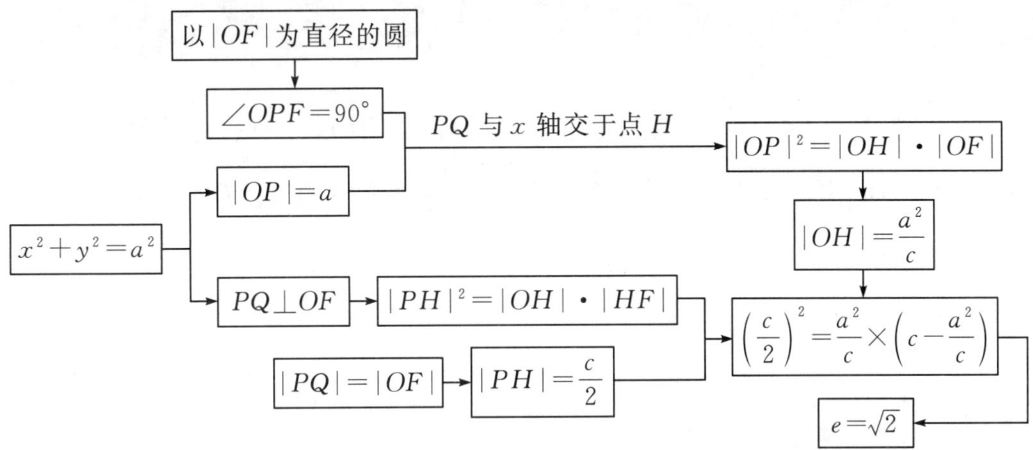

1. 由 $|PQ|=|OF|$ 可得 PQ 过 $\left(\frac{c}{2},0\right)$.

2. 由射影定理得到直角三角形直角边与斜边的关系,然后求 C 的离心率.

规范解答 精准示范

A **解析:** 以 $|OF|$ 为直径的圆与圆 $x^2+y^2=a^2$ 交于 P,Q 两点,所以 $\angle OPF=90^\circ$, $|OP|=a$.

记 PQ 与 x 轴交于点 H,则 $|PH|=\frac{c}{2}$.

在 Rt$\triangle OPF$ 中,由射影定理得 $|OP|^2=|OH|\cdot|OF|$,得 $|OH|=\frac{a^2}{c}$,所以 $|FH|=|OF|-|OH|=c-\frac{a^2}{c}$.

在 Rt$\triangle OPF$ 中,由射影定理得 $|PH|^2=|OH|\cdot|FH|$,得 $\left(\frac{c}{2}\right)^2=\frac{a^2}{c}\times\left(c-\frac{a^2}{c}\right)$,所以 $\left(\frac{c}{2a}\right)^2=1-\frac{a^2}{c^2}$,所以 $\left(\frac{e}{2}\right)^2=1-\frac{1}{e^2}$,解得 $e=\sqrt{2}$.

另解:由 $|PQ|=|OF|$,可知 PQ 过点 $\left(\frac{c}{2},0\right)$, $P\left(\frac{c}{2},\frac{c}{2}\right)$,代入 $x^2+y^2=$

a^2，可得 $a=\frac{\sqrt{2}}{2}c$，得 $e=\frac{c}{a}=\sqrt{2}$.故选 A.

典例 2 （2021 年新高考Ⅰ卷 14）已知 O 为坐标原点，抛物线 $C: y^2=2px(p>0)$ 的焦点为 F，P 为 C 上一点，PF 与 x 轴垂直，Q 为 x 轴上一点，且 $PQ\perp OP$.若 $|FQ|=6$，则 C 的准线方程为_________.

关键点击　直击靶心

射影定理是解决本题的关键.

图析路径　思维可视

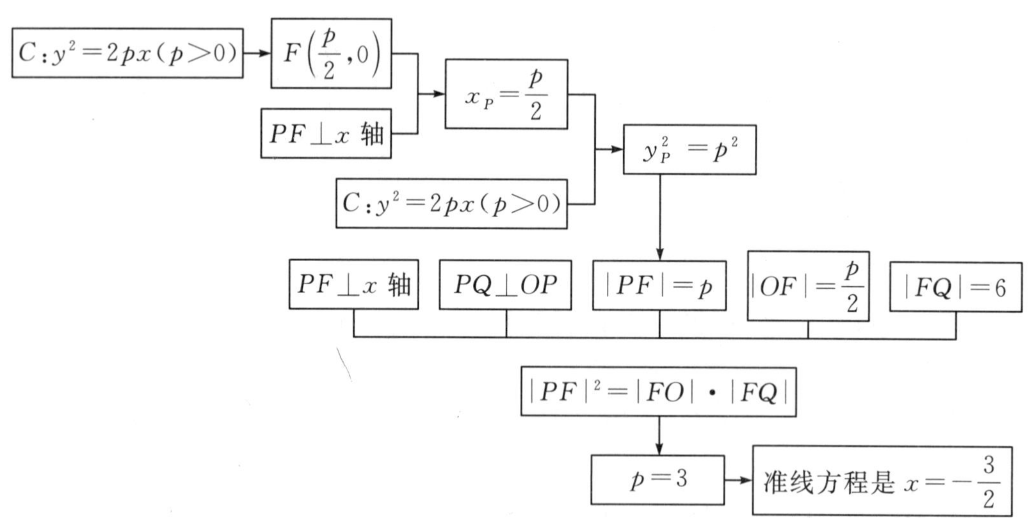

1. 利用点 P 的横坐标求出 $|PF|$.

2. 利用射影定理，求出 p，然后求出准线方程.

规范解答 精准示范

$x=-\frac{3}{2}$ **解析**：由题意，$x_P=\frac{p}{2}$，代入抛物线 C：$y^2=2px(p>0)$，得 $y_P^2=2p\times\frac{p}{2}=p^2$，所以 $|PF|=p$.

因为 $PQ\perp OP$，根据射影定理，可得 $|PF|^2=|FO|\cdot|FQ|$，可得 $p^2=\frac{p}{2}\times 6$，解得 $p=3$.

因此，抛物线的准线方程为 $x=-\frac{3}{2}$.

解后反思 迁移提升

研究圆锥曲线中的弦，经常利用垂直关系构造直角三角形，进而求解其他问题.在直角三角形中，利用射影定理可以快速找到线段之间的等量关系，进而简化解题过程.圆的直径所对的圆周角是直角，在其他圆锥曲线与圆相交时，也可以利用此性质构造直角三角形.在 $\triangle ABC$ 中，结合射影可得 $a=b\cos C+c\cos B$，$b=a\cos C+c\cos A$，$c=b\cos A+a\cos B$.

28. 特征图形　沟通参数

已知椭圆的C:$\frac{x^2}{a^2}+\frac{y^2}{b^2}=1(a>b>0)$的焦距为$2c$,左、右焦点分别为$F_1(-c,0)$,$F_2(c,0)$,上顶点为$A(0,b)$,则在$\triangle AF_1O$中,$|AF_1|=a$,$|OF_1|=c$,$|AO|=b$,我们称$\triangle AF_1O$为椭圆$C$的特征三角形.这样的特征三角形有4个.对于椭圆$C$:$\frac{y^2}{a^2}+\frac{x^2}{b^2}=1(a>b>0)$有类似的结论.在由椭圆的焦点与顶点构成的三角形的问题中,构造特征三角形可以沟通a,b,c和椭圆离心率e,从而找到解题思路.

已知双曲线的C:$\frac{x^2}{a^2}-\frac{y^2}{b^2}=1(a>0,b>0)$的焦距为$2c$,左、右焦点分别为$F_1(-c,0)$,$F_2(c,0)$,渐近线为$y=\pm\frac{b}{a}x$.过点$F_2(c,0)$向直线$y=\frac{b}{a}x$引垂线,垂足为$H$,则在$\triangle HF_2O$中,$|OH|=a$,$|OF_2|=c$,$|F_2H|=b$,我们称$\triangle HF_2O$为双曲线$C$的特征三角形.这样的特征三角形有4个.对于双曲线$C$:$\frac{y^2}{a^2}-\frac{x^2}{b^2}=1(a>0,b>0)$,有类似的结论.在由双曲线焦点与渐近线构成的三角形的问题中,构造此类特征三角形可以沟通a,b,c和双曲线离心率e,从而找到解题思路.

典例 1 如图 28－1,设 F_1,F_2 是双曲线 C:$\frac{x^2}{a^2}-\frac{y^2}{b^2}=1(a>0.b>0)$的左、右焦点,$O$ 是坐标原点.过点 F_2 作 C 的一条渐近线的垂线,垂足为 P,若$|PF_1|=\sqrt{6}|OP|$,则 C 的离心率为 ( )

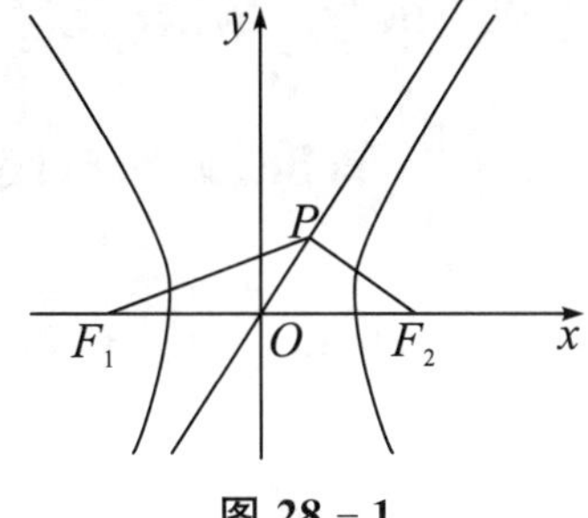

图 28－1

A. $\sqrt{5}$　　B. 2

C. $\sqrt{3}$　　D. $\sqrt{2}$

关键点击 直击靶心

将 PF_1 放在合适的三角形中,从而解三角形的问题.

图析路径 思维可视

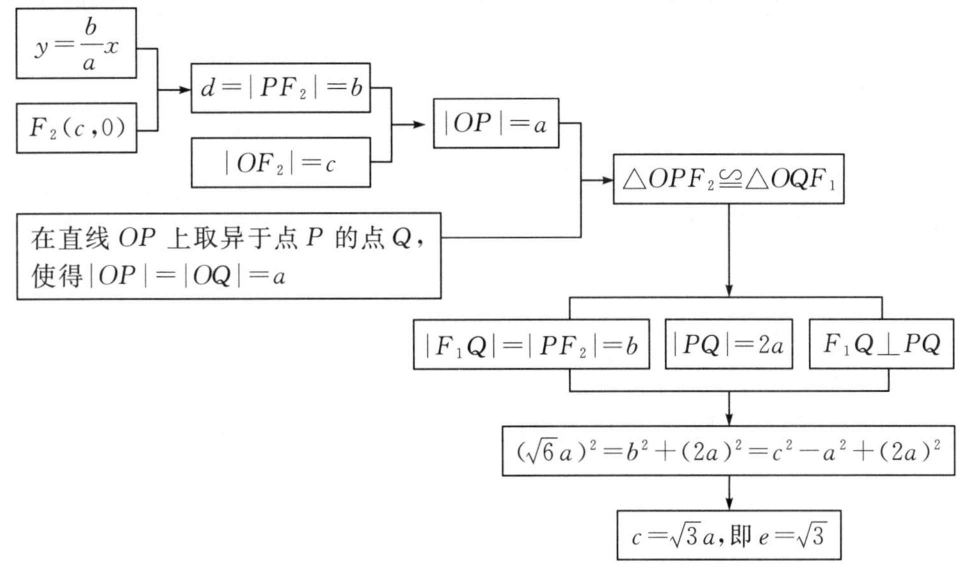

1. 先根据点 F_2 到直线的距离求出$|PF_2|=b$,再求出$|OP|=a$.

2. 在直线 OP 上取点 Q,使得$|OP|=|OQ|=a$,利用几何性质解题.

规范解答 精准示范

C **解析**：设双曲线 $C:\frac{x^2}{a^2}-\frac{y^2}{b^2}=1(a>0,b>0)$ 的一条渐近线方程为 $y=\frac{b}{a}x$，所以点 F_2 到渐近线的距离 $d=\frac{bc}{\sqrt{a^2+b^2}}=b$，即 $|PF_2|=b$，所以 $|OP|=\sqrt{|OF_2|^2-|PF_2|^2}=\sqrt{c^2-b^2}=a$，所以 $|PF_1|=\sqrt{6}|OP|=\sqrt{6}a$.

在直线 OP 上取异于点 P 的点 Q，使得 $|OP|=|OQ|=a$，则 $\triangle OPF_2\cong\triangle OQF_1$.

因为 $|F_1Q|=|PF_2|=b$，$|PQ|=2a$，$F_1Q\perp PQ$，所以 $(\sqrt{6}a)^2=b^2+(2a)^2=c^2-a^2+(2a)^2$，所以 $c=\sqrt{3}a$，所以 $e=\frac{c}{a}=\sqrt{3}$.故选 C.

典例 2 （2022 年新高考Ⅰ卷 16）已知椭圆 $C:\frac{x^2}{a^2}+\frac{y^2}{b^2}=1(a>b>0)$，$C$ 的上顶点为 A，左、右焦点分别为 F_1，F_2，离心率为 $\frac{1}{2}$.过点 F_1 且垂直于 AF_2 的直线与 C 交于 D，E 两点，$|DE|=6$，则 $\triangle ADE$ 的周长是________.

关键点击 直击靶心

1. 根据离心率，先设出含 c 的椭圆方程，再结合三角形的性质，以及弦长公式，求出 c 的值.

2. 利用对称性，把 $\triangle ADE$ 的周长转化为 $\triangle F_2DE$ 的周长.

图析路径 思维可视

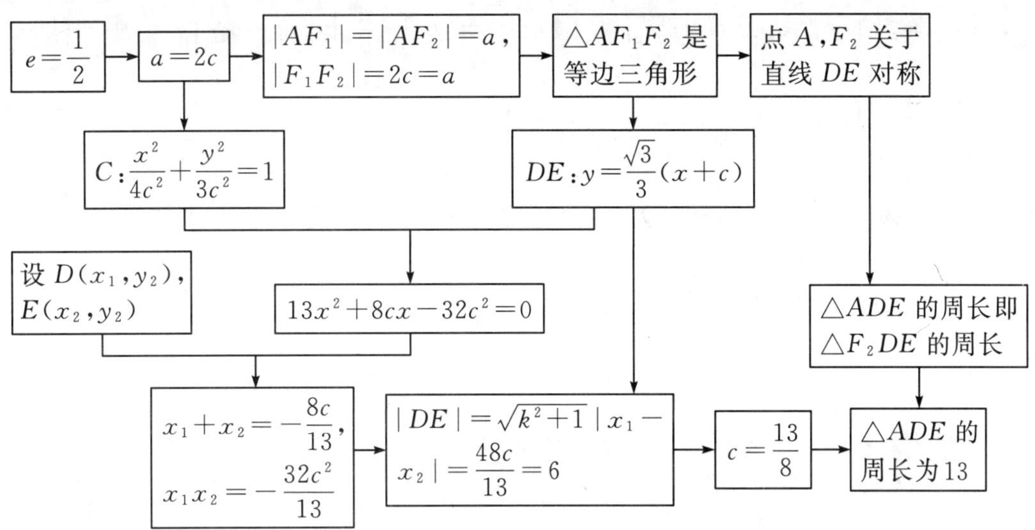

由条件 $e=\frac{1}{2}$ 得到 $\triangle AF_1F_2$ 为正三角形，进一步得到 DE 为 AF_2 的中垂线，从而 $\triangle ADE$ 的周长即 $\triangle F_2DE$ 的周长，结合椭圆的定义知 $\triangle F_2DE$ 的周长为 $4a$. 由条件 $|DE|=6$，结合弦长公式，易求得 $c=\frac{13}{8}$，从而 $a=\frac{13}{4}$，从而 $\triangle ADE$ 的周长为 $4a=13$.

规范解答 精准示范

13 **解析**：因为椭圆 $C:\frac{x^2}{a^2}+\frac{y^2}{b^2}=1(a>b>0)$ 的离心率为 $\frac{1}{2}$，所以 $a=2c$，椭圆 $C:\frac{x^2}{4c^2}+\frac{y^2}{3c^2}=1$.

因为 C 的上顶点为 A，两个焦点为 F_1, F_2，所以 $|AF_1|=|AF_2|=a$，$|F_1F_2|=2c=a$，所以 $\triangle AF_1F_2$ 为等边三角形，所以 $\angle AF_1F_2=60^\circ$.

因为过点 F_1 且垂直于 AF_2 的直线与 C 交于 D, E 两点，所以 $k_{DE}=\tan 30^\circ=\frac{\sqrt{3}}{3}$. 设直线 DE 的方程为 $y=\frac{\sqrt{3}}{3}(x+c)$，$D(x_1, y_1)$，$E(x_2, y_2)$. 将其

与椭圆 C 的方程联立,化简可得 $13x^2+8cx-32c^2=0$,由根与系数的关系可得 $x_1+x_2=-\frac{8c}{13}$,$x_1x_2=-\frac{32c^2}{13}$,$|DE|=\sqrt{k^2+1}\,|x_1-x_2|=\sqrt{\frac{1}{3}+1}\cdot\sqrt{\left(-\frac{8c}{13}\right)^2+\frac{128c^2}{13}}=\frac{48c}{13}=6$,解得 $c=\frac{13}{8}$.

由等腰三角形的性质可得 DE 为 AF_2 的中垂线,$|AD|=|DF_2|$,$|AE|=|EF_2|$,$\triangle ADE$ 的周长等价于 $|DE|+|DF_2|+|EF_2|=4a=8c=8\times\frac{13}{8}=13$.

典例 3 如图 28-2,在平面直角坐标系 xOy 中,F_1,F_2 分别为椭圆 $\frac{x^2}{a^2}+\frac{y^2}{b^2}=1(a>b>0)$ 的左、右焦点,顶点 B 的坐标为 $(0,b)$,连接 BF_2 并延长交椭圆于点 A,过点 A 作 x 轴的垂线交椭圆于另一点 C,连接 F_1C.

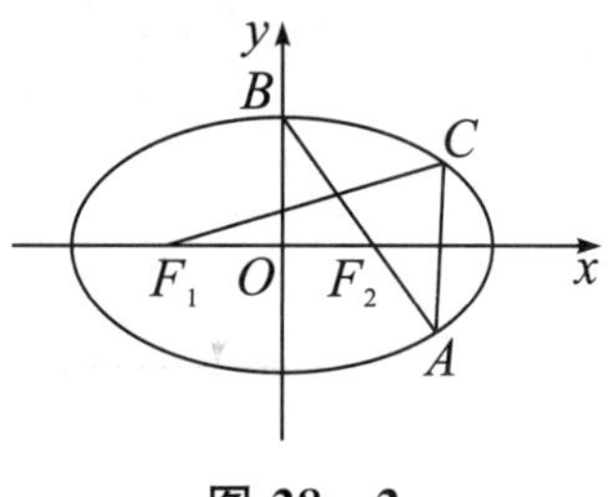

图 28-2

(1) 若点 C 的坐标为 $\left(\frac{4}{3},\frac{1}{3}\right)$,且 $|BF_2|=\sqrt{2}$,求椭圆的方程;

(2) 若 $F_1C\perp AB$,求椭圆离心率 e 的值.

关键点击 直击靶心

将 $F_1C\perp AB$ 的垂直关系转化到一个三角形中,再利用椭圆的定义解三角形,求得各边长,进而求出离心率 e 的值.

图析路径 思维可视

(1)

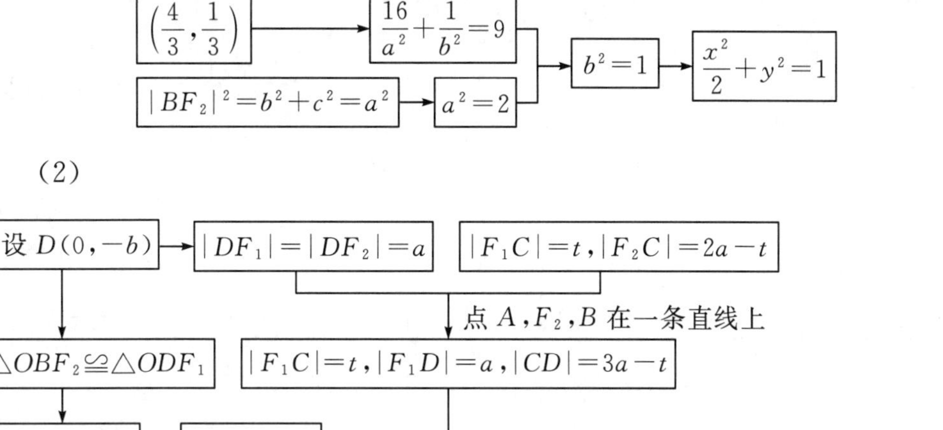

(2)

设 $D(0,-b)$ → $|DF_1|=|DF_2|=a$

$|F_1C|=t,|F_2C|=2a-t$

点 A,F_2,B 在一条直线上

$|F_1C|=t,|F_1D|=a,|CD|=3a-t$

$\triangle OBF_2\cong\triangle ODF_1$

$DF_1/\!/BF_2$

$F_1C\perp AB$

$F_1C\perp F_1D$ → $t^2+a^2=(3a-t)^2$

$t=\frac{4a}{3}$ → $|F_1C|=\frac{4a}{3},|F_1D|=a,|DC|=\frac{5a}{3}$

$\cos\angle F_1DC=\cos\angle F_1DF_2=\frac{a}{\frac{5a}{3}}=\frac{3}{5}$

$\angle F_1DF_2=2\angle F_1DO$

$\cos\angle F_1DF_2=\cos 2\angle F_1DO=1-2\sin^2\angle F_1DO=\frac{3}{5}$

$\angle F_1DO$ 是锐角

$\sin\angle F_1DO=\frac{\sqrt{5}}{5}=\frac{c}{a}=e$

1. 对于(1),根据椭圆的定义,建立方程关系即可求出 a,b 的值.

2. 对于(2),设下顶点 $D(0,-b)$,构造特征三角形$\triangle DF_1F_2$,利用几何性质结合 $F_1C\perp AB$,得到 $F_1C\perp F_1D$,再由椭圆的定义求出$\triangle F_1CD$ 的各边长,由勾股定理建立方程,即可求出 e 的值.

规范解答 精准示范

解：(1) 因为 C 的坐标为 $\left(\frac{4}{3},\frac{1}{3}\right)$，所以 $\frac{\frac{16}{9}}{a^2}+\frac{\frac{1}{9}}{b^2}=1$，即 $\frac{16}{a^2}+\frac{1}{b^2}=9$.

因为 $|BF_2|^2=b^2+c^2=a^2$，所以 $a^2=(\sqrt{2})^2=2$，所以 $b^2=1$，所以椭圆的方程为 $\frac{x^2}{2}+y^2=1$.

(2) 设椭圆的下顶点 $D(0,-b)$，则 $|DF_1|=|DF_2|=a$. 由点 A,B,F_2 在同一直线上，易知点 D,F_2,C 在同一直线上. 因为 $\triangle OBF_2\cong\triangle ODF_1$，所以 $\angle OBF_2=\angle ODF_1$，所以 $BF_2\parallel DF_1$.

因为 $F_1C\perp AB$，即 $F_1C\perp BF_2$，所以 $F_1C\perp F_1D$.

设 $|F_1C|=t$，$|F_2C|=2a-t$，则在 $\mathrm{Rt}\triangle DF_1C$ 中，$|F_1C|=t$，$|F_1D|=a$，$|CD|=3a-t$，所以 $t^2+a^2=(3a-t)^2$，所以 $t=\frac{4a}{3}$.

因为 $|F_1C|=\frac{4a}{3}$，$|F_1D|=a$，$|DC|=\frac{5a}{3}$，所以 $\cos\angle F_1DC=\cos\angle F_1DF_2=\frac{a}{\frac{5a}{3}}=\frac{3}{5}$. 因为 $\angle F_1DF_2=2\angle F_1DO$，所以 $\cos\angle F_1DF_2=\cos 2\angle F_1DO=1-2\sin^2\angle F_1DO=\frac{3}{5}$. 因为 $\angle F_1DO$ 是锐角，所以 $\sin\angle F_1DO=\frac{\sqrt{5}}{5}=\frac{c}{a}=e$. 故椭圆的离心率 $e=\frac{\sqrt{5}}{5}$.

解后反思 迁移提升

1. 椭圆中的特征三角形如图 28－3.

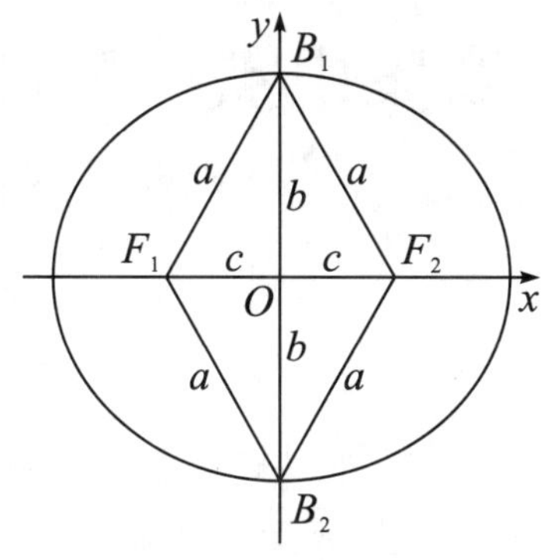

图 28－3

2. 双曲线中的特征三角形如图 28－4 和图 28－5.

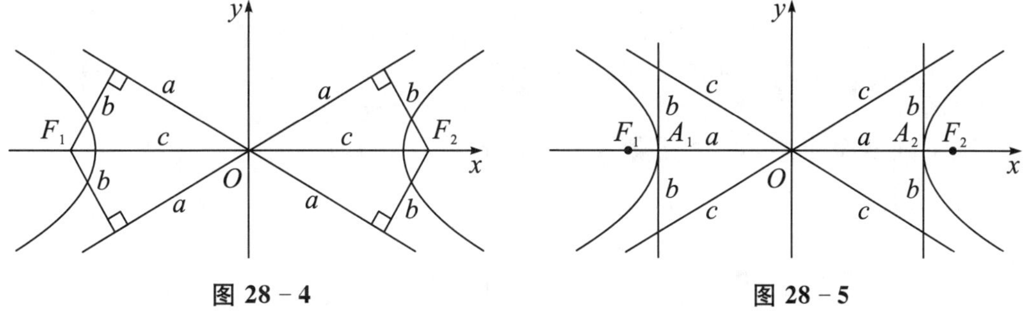

图 28－4 **图 28－5**

29. 线段中点　垂径定理

在直线与圆锥曲线相交的问题中，一般已知弦的中点，可求弦的斜率；已知斜率，可求弦的中点坐标.同时也不难得出这样的经验，当题目涉及弦的斜率与弦的中点时，就可以考虑点差法，如求中点弦的方程、弦中点的轨迹、中垂线.

典例 1　(2023 年全国乙卷文 12)设 A,B 为双曲线 $x^2-\frac{y^2}{9}=1$ 上两点，则下列四个点中，可为线段 AB 中点的是　(　　)

A. (1,1)　　B. (−1,2)　　C. (1,3)　　D. (−1,−4)

关键点击　直击靶心

1. 设 AB 的中点为 M，根据点差法分析可得 $k_{AB}k_{OM}=9$.

2. 对于 A,B,D，通过联立方程判断交点个数，逐项分析判断；对于 C，结合双曲线的渐近线分析判断.

图析路径 思维可视

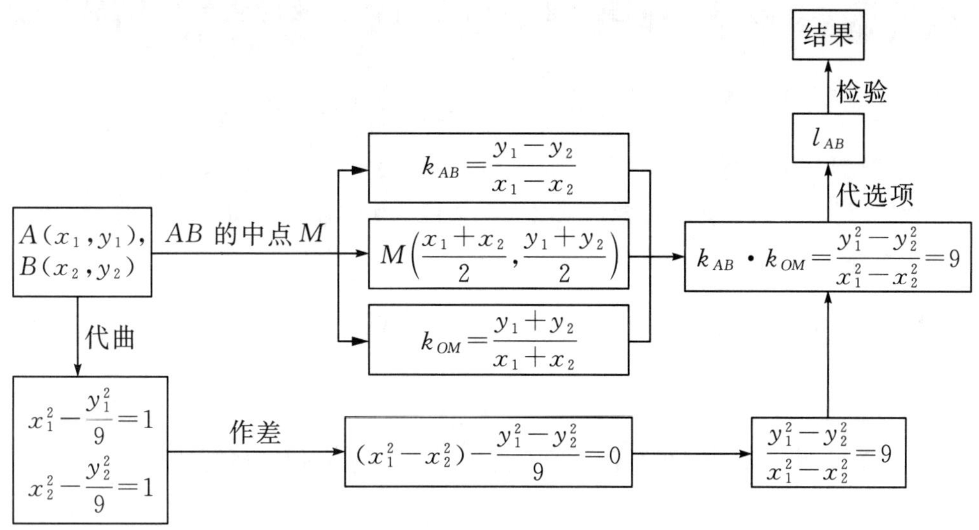

规范解答 精准示范

D **解析**：设 $A(x_1,y_1)$，$B(x_2,y_2)$，则 AB 的中点 $M\left(\frac{x_1+x_2}{2},\frac{y_1+y_2}{2}\right)$，设 OM 的斜率为 k_{OM}，可得 $k_{AB}=\frac{y_1-y_2}{x_1-x_2}$，$k_{OM}=\frac{\frac{y_1+y_2}{2}}{\frac{x_1+x_2}{2}}=\frac{y_1+y_2}{x_1+x_2}$.

因为 A，B 在双曲线上，所以 $\begin{cases}x_1^2-\frac{y_1^2}{9}=1,\\x_2^2-\frac{y_2^2}{9}=1,\end{cases}$ 两式相减得 $(x_1^2-x_2^2)-\frac{y_1^2-y_2^2}{9}=0$，

所以 $k_{AB}k_{OM}=\frac{y_1^2-y_2^2}{x_1^2-x_2^2}=9$.

对于选项 A，可得 $k_{OM}=1$，$k_{AB}=9$，则 AB：$y=9x-8$，联立方程 $\begin{cases}y=9x-8,\\x^2-\frac{y^2}{9}=1,\end{cases}$ 消去 y 得 $72x^2-2\times72x+73=0$，此时 $\Delta=(-2\times72)^2-4\times72\times73=-288<0$，所以直线 AB 与双曲线没有交点，故 A 错误.

对于选项 B，可得 $k_{OM}=-2$，$k_{AB}=-\frac{9}{2}$，则 AB：$y=-\frac{9}{2}x-\frac{5}{2}$，联立方程

$\begin{cases}y=-\dfrac{9}{2}x-\dfrac{5}{2},\\x^2-\dfrac{y^2}{9}=1,\end{cases}$ 消去 y 得 $45x^2+2\times45x+61=0$，此时 $\Delta=(2\times45)^2-4\times45\times61=-4\times45\times16<0$，所以直线 AB 与双曲线没有交点，故 B 错误.

对于选项 C，可得 $k_{OM}=3$，$k_{AB}=3$，则 AB：$y=3x$，由双曲线方程可得 $a=1$，$b=3$，则 AB：$y=3x$ 为双曲线的渐近线，所以直线 AB 与双曲线没有交点，故 C 错误.

对于选项 D，$k_{OM}=4$，$k_{AB}=\dfrac{9}{4}$，则 AB：$y=\dfrac{9}{4}x-\dfrac{7}{4}$，联立方程 $\begin{cases}y=\dfrac{9}{4}x-\dfrac{7}{4},\\x^2-\dfrac{y^2}{9}=1,\end{cases}$ 消去 y 得 $63x^2+126x-193=0$，此时 $\Delta=126^2+4\times63\times193>0$，故直线 AB 与双曲线有两个交点，故 D 正确.

故选 D.

典例 2 已知点 $A(-2,0)$，$B(2,0)$，动点 $M(x,y)$ 满足直线 AM 与 BM 的斜率之积为 $-\dfrac{1}{2}$.记动点 M 的轨迹为曲线 C.

(1) 求 C 的方程，并说明 C 是什么曲线.

(2) 过坐标原点的直线交 C 于 P，Q 两点，点 P 在第一象限，$PE\perp x$ 轴，垂足为 E，连接 QE 并延长交 C 于点 G.求证：$\triangle PQG$ 是直角三角形.

关键点击 直击靶心

1. 分别求出直线 AM 与 BM 的斜率，由已知直线 AM 与 BM 的斜率之积为 $-\dfrac{1}{2}$，可以得到等式，化简求出曲线 C 的方程，注意直线 AM 与 BM 有斜率的条件.

2. 根据条件求出 $k_{PQ}\cdot k_{PG}$ 的值，即可证明 $\triangle PQG$ 是直角三角形.

图析路径 思维可视

证法 1:

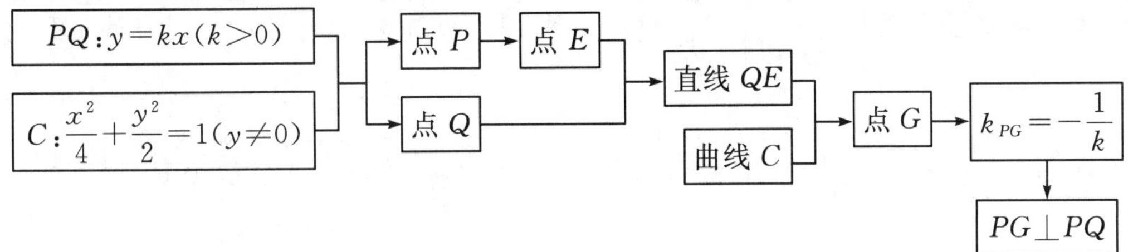

证法 2:

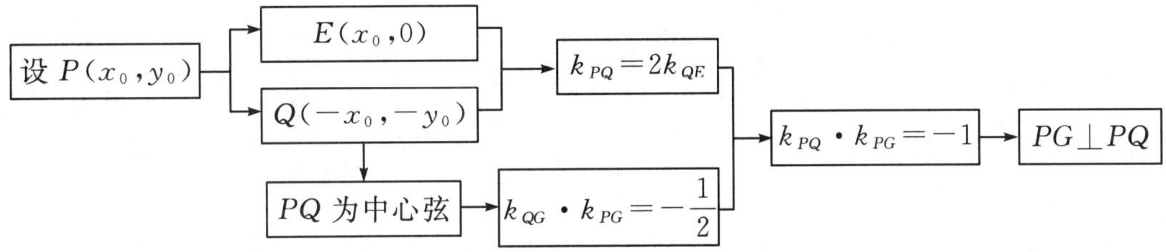

规范解答 精准示范

解:(1) 直线 AM 的斜率为 $\frac{y}{x+2}(x\neq -2)$,直线 BM 的斜率为 $\frac{y}{x-2}(x\neq 2)$,由题意可知,$\frac{y}{x+2}\times\frac{y}{x-2}=-\frac{1}{2}$,即 $x^2+2y^2=4(x\neq\pm 2)$,所以曲线 C 是以坐标原点为中心,焦点在 x 轴上,不包括左、右两顶点的椭圆,方程为 $\frac{x^2}{4}+\frac{y^2}{2}=1(x\neq\pm 2)$.

(2) 证法 1:设直线 PQ 的方程为 $y=kx$,由题意可知 $k>0$,将直线 PQ 的方程与椭圆方程 $x^2+2y^2=4$ 联立,即 $\begin{cases}y=kx,\\x^2+2y^2=4,\end{cases}$ 解得 $\begin{cases}x=\frac{2}{\sqrt{2k^2+1}},\\y=\frac{2k}{\sqrt{2k^2+1}},\end{cases}$

或 $\begin{cases}x=\frac{-2}{\sqrt{2k^2+1}},\\y=\frac{-2k}{\sqrt{2k^2+1}}.\end{cases}$

因为点 P 在第一象限，所以 $P\left(\frac{2}{\sqrt{2k^2+1}},\frac{2k}{\sqrt{2k^2+1}}\right)$，$Q\left(\frac{-2}{\sqrt{2k^2+1}},\frac{-2k}{\sqrt{2k^2+1}}\right)$，所以点 E 的坐标为 $\left(\frac{2}{\sqrt{2k^2+1}},0\right)$，所以直线 QE 的斜率为 $k_{QE}=\frac{k}{2}$，则直线 QE 方程为 $y=\frac{k}{2}x-\frac{k}{\sqrt{2k^2+1}}$，与椭圆方程联立 $\begin{cases}y=\frac{k}{2}x-\frac{k}{\sqrt{2k^2+1}},\\x^2+2y^2=4,\end{cases}$ 消去 y，得 $(2+k^2)x^2-\frac{4k^2x}{\sqrt{2k^2+1}}-\frac{12k^2+8}{2k^2+1}=0(*)$.

设点 $G(x_1,y_1)$，显然点 Q 的横坐标 $\frac{-2}{\sqrt{2k^2+1}}$ 和 x_1 是方程$(*)$的解，所以有 $x_1\cdot\frac{-2}{\sqrt{2k^2+1}}=\frac{-\frac{12k^2+8}{2k^2+1}}{2+k^2}$，即 $x_1=\frac{6k^2+4}{(k^2+2)\sqrt{2k^2+1}}$，代入直线 QE 方程中，得 $y_1=\frac{2k^3}{(k^2+2)\sqrt{2k^2+1}}$，所以点 G 的坐标为 $\left(\frac{6k^2+4}{(k^2+2)\sqrt{2k^2+1}},\frac{2k^3}{(k^2+2)\sqrt{2k^2+1}}\right)$.

直线 PG 的斜率为 $k_{PG}=\frac{\frac{2k^3}{(k^2+2)\sqrt{2k^2+1}}-\frac{2k}{\sqrt{2k^2+1}}}{\frac{6k^2+4}{(k^2+2)\sqrt{2k^2+1}}-\frac{2}{\sqrt{2k^2+1}}}=\frac{2k^3-2k(k^2+2)}{6k^2+4-2(k^2+2)}=-\frac{1}{k}$，因为 $k_{PQ}\cdot k_{PG}=k\times\left(-\frac{1}{k}\right)=-1$，所以 $PQ\perp PG$. 因此，$\triangle PQG$ 是直角三角形.

证法 2：设 $P(x_0,y_0)(x_0>0,y_0>0)$，则 $Q(-x_0,-y_0)$，$E(x_0,0)$，则直线 PQ 的斜率 $k_{PQ}=\frac{y_0}{x_0}$，直线 QE 的斜率 $k_{QE}=\frac{y_0}{2x_0}=\frac{1}{2}k_{PQ}$.

设点 $G(x_1,y_1)$，则 $\begin{cases}\frac{x_0^2}{4}+\frac{y_0^2}{2}=1,\\\frac{x_1^2}{4}+\frac{y_1^2}{2}=1,\end{cases}$ 两式相减，得 $\frac{x_1^2-x_0^2}{4}+\frac{y_1^2-y_0^2}{2}=0$，即

$\frac{(y_1+y_0)(y_1-y_0)}{(x_1+x_0)(x_1-x_0)}=-\frac{1}{2}$，即 $k_{PG}k_{QG}=-\frac{1}{2}$.

因为 Q,E,G 三点共线，所以 $k_{QG}=k_{QE}$，又因为 $k_{QE}=\frac{y_0}{2x_0}=\frac{1}{2}k_{PQ}$，所以 $k_{QG}=\frac{1}{2}k_{PQ}$，所以 $k_{PG}\cdot k_{QG}=k_{PG}\cdot\left(\frac{1}{2}k_{PQ}\right)=-\frac{1}{2}$，所以 $k_{PG}k_{PQ}=-1$，所以 $\triangle PQG$ 是直角三角形.

解后反思　迁移提升

在直线斜率存在的情况下，有：

1. 圆中的垂径定理.

(1) 如图 29－1，在圆 O 中，E 为弦 AB 的中点，则 $OE\perp AB$，即 $k_{OE}\cdot k_{AB}=-1$.

(2) 如图 29－2，在圆 O 中，直线 l 与圆 O 相切于点 E，则 $OE\perp l$，即 $k_{OE}k_l=-1$.

(3) 如图 29－3，AB 为圆 O 直径，E 为圆上异于 A,B 两点的动点，则 $BE\perp AE$，即 $k_{AE}k_{BE}=-1$.

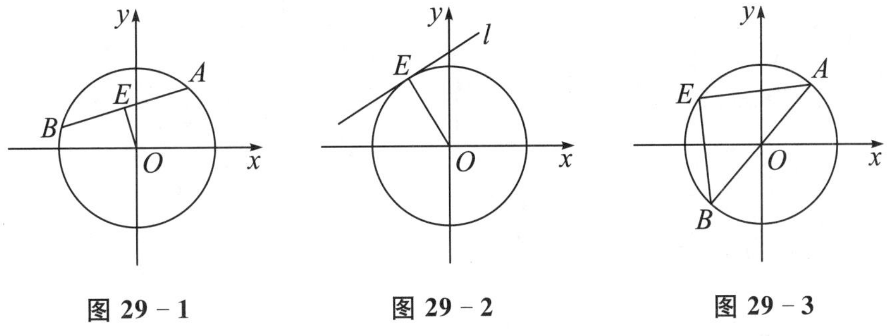

图 29－1　　**图 29－2**　　**图 29－3**

2. 椭圆中的垂径定理$\left[\text{以焦点在 } x \text{ 轴上的椭圆}\frac{x^2}{a^2}+\frac{y^2}{b^2}=1(a>b>0)\text{为例}\right]$.

(1) 如图 29－4，在椭圆 C 中，E 为弦 AB 的中点，则 $k_{OE}k_{AB}=-\frac{b^2}{a^2}$.

(2) 如图 29－5，在椭圆 C 中，直线 l 与椭圆相切于点 E，则 $k_{OE}k_l=-\frac{b^2}{a^2}$.

(3) 如图 29－6，直线 l 过中心 O，交椭圆于 A,B 两点，E 是椭圆上异于

点 A，B 的动点，则 $k_{BE}k_{AE}=-\frac{b^2}{a^2}$.

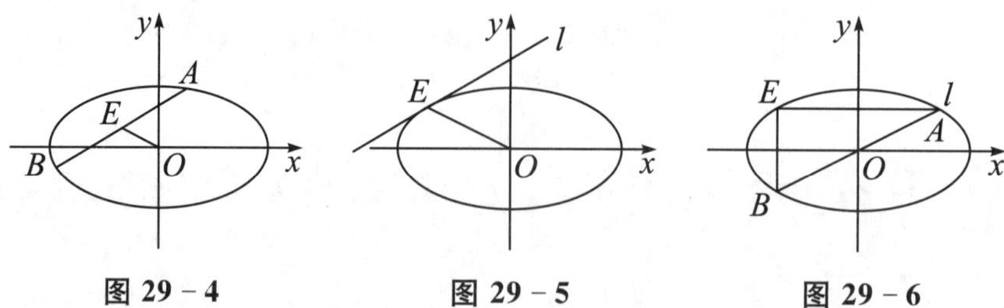

图 29－4　　图 29－5　　图 29－6

3. 双曲线中的垂径定理$\left[\text{以焦点在 } x \text{ 轴上的双曲线}\frac{x^2}{a^2}-\frac{y^2}{b^2}=1(a>0,\ b>0)\text{为例}\right]$.

（1）如图 29－7 或图 29－8，E 为弦 AB 的中点，则 $k_{OE}k_{AB}=\frac{b^2}{a^2}$.

（2）如图 29－9，直线 l 与双曲线相切于点 E，则 $k_{OE}k_l=\frac{b^2}{a^2}$.

（3）如图 29－10，过点 O 的直线 l 交双曲线于 A，B 两点，E 是双曲线上异于 A，B 两点的动点，则 $k_{BE}k_{AE}=\frac{b^2}{a^2}$.

（4）如图 29－11，直线 l 交双曲线两渐近线于 A，B 两点，E 为线段 AB 的中点，则 $k_{OE}k_{AB}=\frac{b^2}{a^2}$.

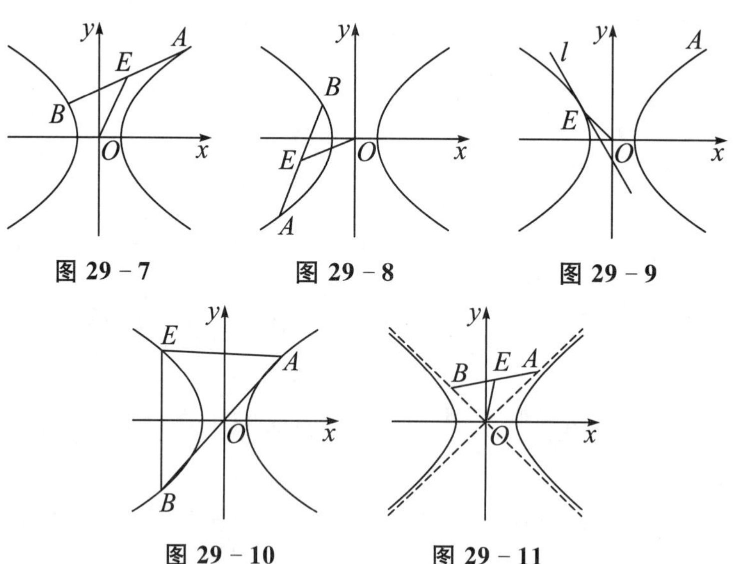

图 29－7　　图 29－8　　图 29－9

图 29－10　　图 29－11

30. 借助全等 旋转求点

把一个平面图形绕着平面内某点 O 转动一个角度叫作图形的旋转,点 O 叫作旋转中心,转动的角叫旋转角.旋转过程中,对应点到旋转中心的距离相等;对应点与旋转中心的夹角等于旋转角;旋转前、后的图形是全等图形.

典例 1 (2020 年全国Ⅲ卷文 21)已知椭圆 $C:\frac{x^2}{25}+\frac{y^2}{m^2}=1(0<m<5)$ 的离心率为$\frac{\sqrt{15}}{4}$,A,B 分别为 C 的左、右顶点.

(1) 求 C 的方程;

(2) 若点 P 在 C 上,点 Q 在直线 $x=6$ 上,且 $|BP|=|BQ|$,$BP\perp BQ$,求 $\triangle APQ$ 的面积.

关键点击 直击靶心

利用椭圆离心率的定义和数形结合求三角形面积.

图析路径　思维可视

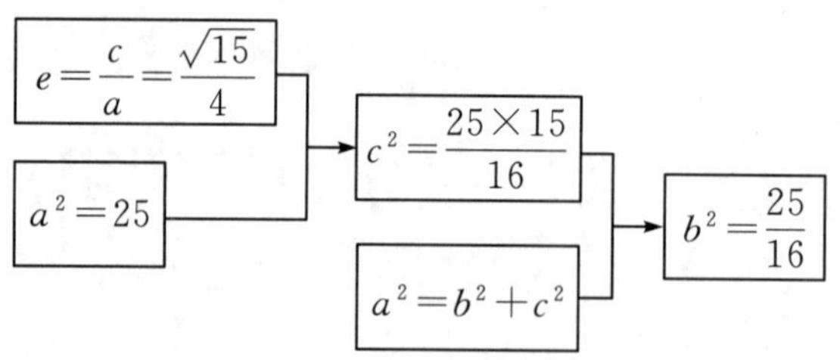

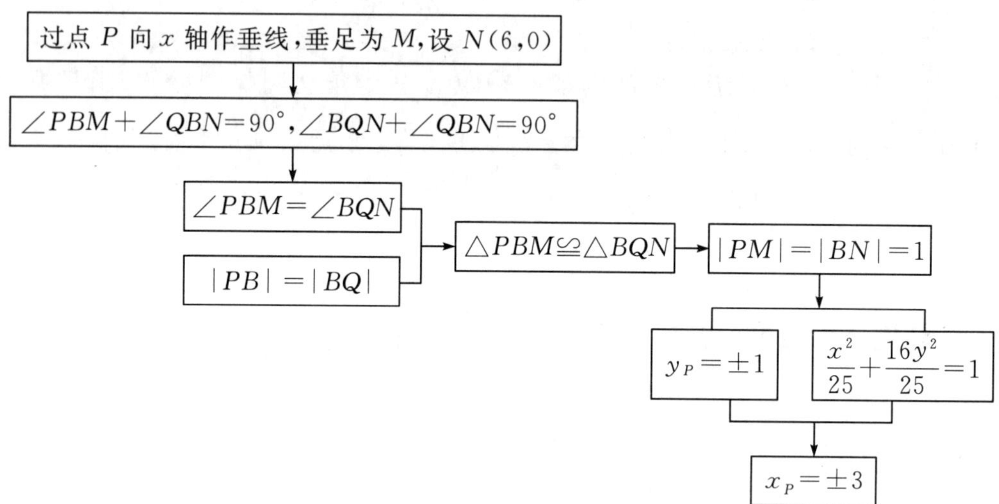

1. 根据 $e=\frac{c}{a}=\frac{\sqrt{15}}{4}$，$a^2=25$，$b^2=m^2$，代入计算 m^2 的值，求出 C 的方程即可.

2. 结合椭圆的性质，构造全等三角形，求出点 P 坐标，最后求出 $\triangle APQ$ 的面积即可.

规范解答　精准示范

解：(1) 因为 $e=\frac{c}{a}=\frac{\sqrt{15}}{4}$，所以 $\frac{c^2}{a^2}=\frac{c^2}{25}=\frac{15}{16}$，所以 $c^2=\frac{25\times 15}{16}$. 因为 $25=\frac{25\times 15}{16}+m^2$，所以 $m^2=\frac{25}{16}$，所以 C 的方程为 $\frac{x^2}{25}+\frac{16y^2}{25}=1$.

(2) 由对称性，不妨点 P 在 x 轴上方. 过点 P 作 $PM\perp AB$ 于点 M，直线 $x=6$ 和 x 轴交于点 $N(6,0)$. 由(1)可知，$B(5,0)$.

因为$\angle PBM+\angle QBN=90°$，$\angle BQN+\angle QBN=90°$，所以$\angle BQN=\angle PBM$，又因为$|PB|=|BQ|$，$\angle BNQ=\angle PMB=90°$，所以$\triangle PMB\cong\triangle BNQ$(AAS)，所以$|NB|=|PM|=1$.当$y=1$时，代入$\frac{x^2}{25}+\frac{y^2}{\frac{25}{16}}=1$，解得$x=\pm 3$.

当$P(3,1)$时，$Q(6,2)$，所以直线PQ的方程为$x-3y=0$，所以点A到直线PQ:$x-3y=0$的距离$d=\frac{5}{\sqrt{10}}$.又因为$|PQ|=\sqrt{10}$，所以$S_{\triangle APQ}=\frac{1}{2}\times\sqrt{10}\times\frac{5}{\sqrt{10}}=\frac{5}{2}$.

当$P(-3,1)$时，$Q(6,8)$，所以直线PQ的方程为$7x-9y+30=0$，所以点A到直线PQ的距离$d=\frac{5}{\sqrt{7^2+9^2}}$.又因为$|PQ|=\sqrt{7^2+9^2}$，所以$S_{\triangle APQ}=\frac{1}{2}\times\sqrt{7^2+9^2}\times\frac{5}{\sqrt{7^2+9^2}}=\frac{5}{2}$.

综上，$\triangle APQ$的面积是$\frac{5}{2}$.

典例 2 已知点A，B在椭圆$\frac{x^2}{a^2}+\frac{y^2}{b^2}=1(a>b>0)$上，点$A$在第一象限，$O$为坐标原点，且$OA\perp AB$.

(1) 若$a=\sqrt{3}$，$b=1$，直线OA的方程为$x-3y=0$，求直线OB的斜率；

(2) 若$\triangle OAB$是等腰三角形(点O，A，B按顺时针排列)，求$\frac{b}{a}$的最大值.

关键点击 直击靶心

借助几何特征表示出点B的坐标，联立方程组，将所求目标用一个参数表示出来是关键.

图析路径 思维可视

(1)

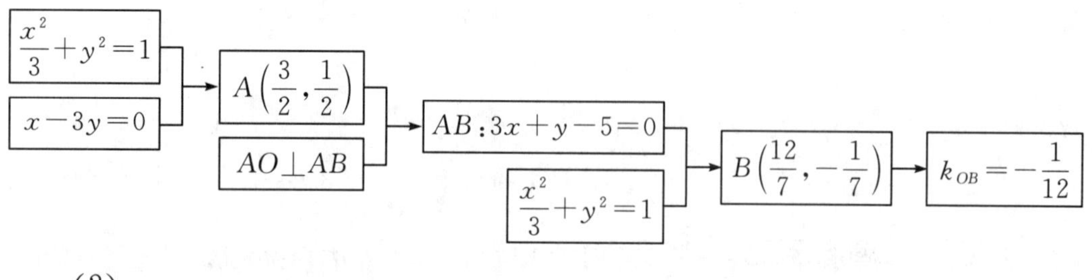

(2)

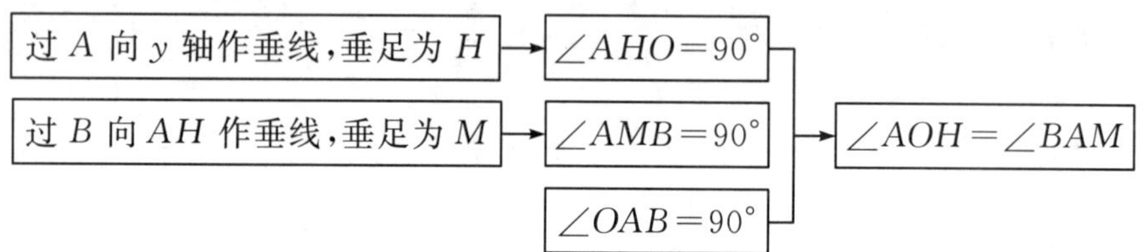

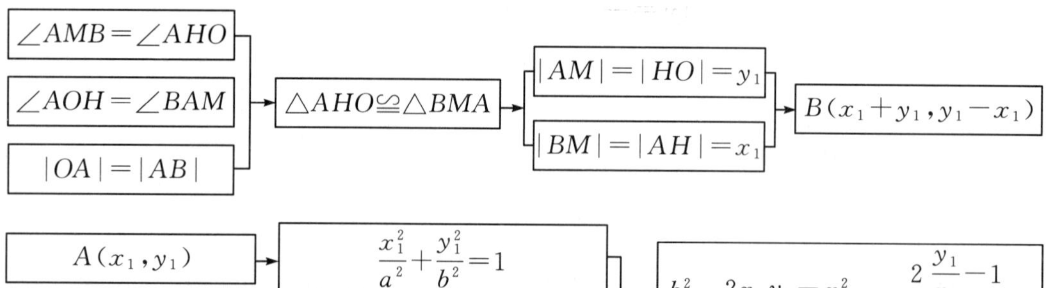

$A(x_1,y_1)$ → $\frac{x_1^2}{a^2}+\frac{y_1^2}{b^2}=1$

$B(x_1+y_1,y_1-x_1)$ → $\frac{(x_1+y_1)^2}{a^2}+\frac{(y_1-x_1)^2}{b^2}=1$

→ $\frac{b^2}{a^2}=\frac{2x_1y_1-x_1^2}{2x_1y_1+y_1^2}=\frac{2\frac{y_1}{x_1}-1}{2\frac{y_1}{x_1}+\left(\frac{y_1}{x_1}\right)^2}$

$\frac{b^2}{a^2}=\frac{2\frac{y_1}{x_1}-1}{2\frac{y_1}{x_1}+\left(\frac{y_1}{x_1}\right)^2}$ —($k=\frac{y_1}{x_1}$)→ $\frac{b^2}{a^2}=\frac{2k-1}{2k+k^2}$

$t=2k-1$

$$\frac{b^2}{a^2}=\frac{t}{2\left(\frac{t+1}{2}\right)+\left(\frac{t+1}{2}\right)^2}=\frac{4t}{t^2+6t+5}=\frac{4}{t+\frac{5}{t}+6}\leqslant\frac{4}{2\sqrt{5}+6}=\left(\frac{\sqrt{5}-1}{2}\right)^2$$

1. 由题得椭圆方程为$\frac{x^2}{3}+y^2=1$,$A\left(\frac{3}{2},\frac{1}{2}\right)$,联立椭圆与 OA 方程可得 B,即可求解第(1)题.

2. 设点 $A(x_1,y_1)$，过点 A 向 y 轴作垂线，垂足为 H，过点 B 向直线 AH 作垂线，垂足为 M. 可证 $\triangle AOH\cong\triangle BAM$，求出点 B 的坐标，代入椭圆方程可得方程组. 联立方程组，可得 $\frac{b^2}{a^2}$ 的表达式，再整体代换，利用基本不等式求最值.

规范解答 精准示范

解：(1) 由 $a=\sqrt{3}$，$b=1$，可得椭圆方程为 $\frac{x^2}{3}+y^2=1$.

由 $\begin{cases}x^2+3y^2=3,\\x-3y=0,\end{cases}$ 可得 $\begin{cases}x=\frac{3}{2},\\y=\frac{1}{2},\end{cases}$ 或 $\begin{cases}x=-\frac{3}{2},\\y=-\frac{1}{2}.\end{cases}$

因为点 A 在第一象限，所以 $A\left(\frac{3}{2},\frac{1}{2}\right)$. 因为 $OA\perp AB$，所以直线 AB 的方程为 $3x+y-5=0$，由 $\begin{cases}x^2+3y^2=3,\\3x+y-5=0,\end{cases}$ 可得 $B\left(\frac{12}{7},-\frac{1}{7}\right)$，所以直线 OB 的斜率

$$k_{OB}=\frac{-\frac{1}{7}}{\frac{12}{7}}=-\frac{1}{12}.$$

(2) 设 $A(x_1,y_1)$，过点 A 向 y 轴作垂线，垂足为 H，过点 B 向 AH 作垂线，垂足为 M.

因为 $\angle OAH+\angle BAM=90°$，$\angle OAH+\angle AOH=90°$，所以 $\angle AOH=\angle BAM$，又因为 $|OA|=|AB|$（$\triangle AOB$ 是等腰三角形），$\angle AHO=\angle AMB=90°$，所以 $\triangle AHO\cong\triangle BMA$（AAS），所以 $|MA|=|OH|=y_1$，$|MB|=|AH|=x_1$，所以 $M(x_1+y_1,y_1)$，所以 $B(x_1+y_1,y_1-x_1)$.

因为点 A,B 在椭圆 $\frac{x^2}{a^2}+\frac{y^2}{b^2}=1(a>b>0)$ 上，所以 $\frac{x_1^2}{a^2}+\frac{y_1^2}{b^2}=1$，

$\frac{(x_1+y_1)^2}{a^2}+\frac{(y_1-x_1)^2}{b^2}=1$.两式相减，得 $\frac{b^2}{a^2}=\frac{2x_1y_1-x_1^2}{2x_1y_1+y_1^2}=\frac{2\frac{y_1}{x_1}-1}{2\frac{y_1}{x_1}+\left(\frac{y_1}{x_1}\right)^2}$.

设直线 OA 的斜率为 $k(k>0)$，则 $\frac{b^2}{a^2}=\frac{2k-1}{2k+k^2}$.

设 $t=2k-1$，因为 $\frac{b^2}{a^2}=\frac{2k-1}{2k+k^2}>0$，且 $k>0$，所以 $t>0$. 则 $\frac{b^2}{a^2}=$

$\frac{t}{2\left(\frac{t+1}{2}\right)+\left(\frac{t+1}{2}\right)^2}=\frac{4t}{t^2+6t+5}=\frac{4}{t+\frac{5}{t}+6}\leqslant\frac{4}{2\sqrt{5}+6}=\left(\frac{\sqrt{5}-1}{2}\right)^2$，当 $k=\frac{\sqrt{5}+1}{2}$

时取等号，所以 $\frac{b}{a}$ 的最大值为 $\frac{\sqrt{5}-1}{2}$.

解后反思 迁移提升

由典例 1 和典例 2 可以看出，一条线段绕着线段端点旋转后，可构造一个等腰三角形；通过旋转变换，可以将两个平面图形拼接在一起.在圆锥曲线的某些共顶点的全等三角形中，如果巧妙运用旋转，可以快速求出点的坐标，从而解决问题.

31. 结构相同 转化消元

已知两条直线 $a_1x+b_1y+1=0$ 和 $a_2x+b_2y+1=0$ 都过点 $A(1,2)$，求过 $P_1(a_1,b_1)$，$P_2(a_2,b_2)$ 两点的直线的方程.求解过程如下：

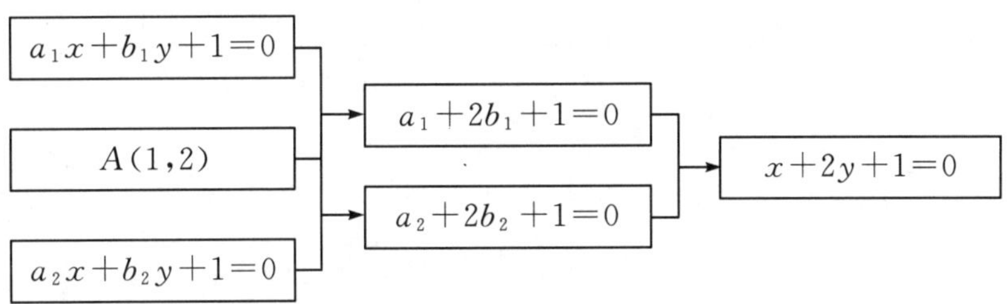

圆的切线与切点弦的有关性质：

(1) 若点 $P_0(x_0,y_0)$ 是圆 $O:x^2+y^2=r^2$ 上的点，则过点 P_0 的圆 O 的切线方程是 $x_0x+y_0y=r^2$.

(2) 若点 $P_0(x_0,y_0)$ 在圆 $O:x^2+y^2=r^2$ 外，则过点 P_0 向圆 O 作两条切线，切点分别为 $A(x_1,y_1)$，$B(x_2,y_2)$，AB 的方程推导过程如下：

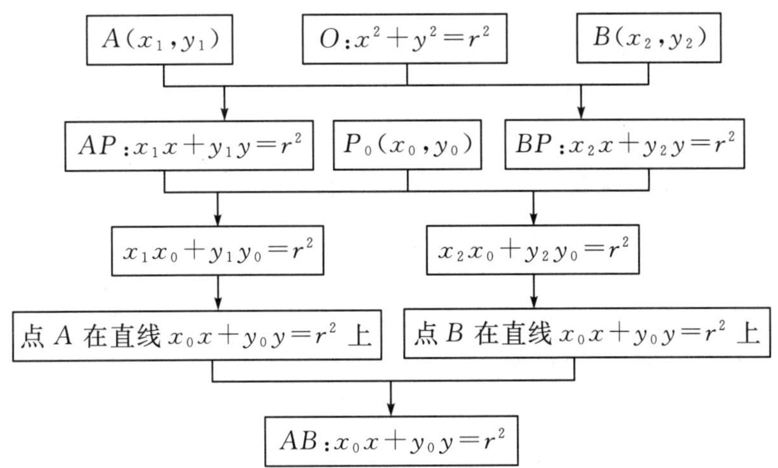

(3) 若点 $P_0(x_0,y_0)$ 在圆 $O:x^2+y^2=r^2$ 外,过点 P_0 的直线与圆 O 相交,交点分别为 $A(x_1,y_1)$,$B(x_2,y_2)$.圆 O 在 $A(x_1,y_1)$,$B(x_2,y_2)$ 处的切线分别为 l_1,l_2,且 l_1 与 l_2 的交点为 $Q(x',y')$.则点 Q 的轨迹方程推导过程如下:

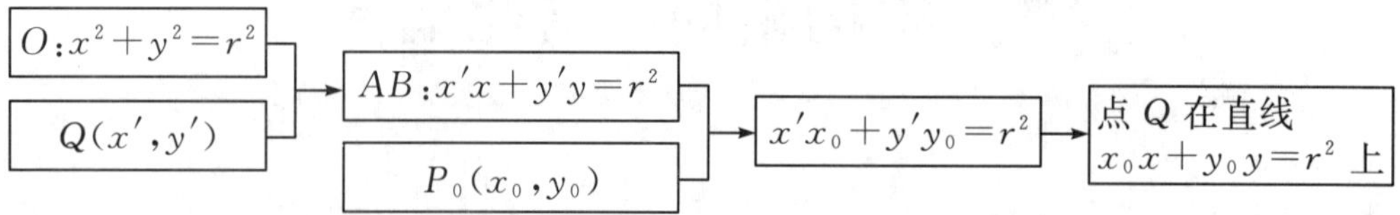

由上述知识可知,若 $P_1(a_1,b_1)$,$P_2(a_2,b_2)$ 满足方程 $f(x,y)=0$,则点 P_1,P_2 在方程 $f(x,y)=0$ 表示的曲线上.同样的,若不相等的实数 x_1,x_2 满足 $ax_1^2+bx_1+c=0$ 和 $ax_2^2+bx_2+c=0(a\neq 0,b^2-4ac>0)$,则 x_1,x_2 是方程 $ax^2+bx+c=0$ 的根.

典例 1 (2021 年全国甲卷文 21)抛物线 C 的顶点为坐标原点 O,焦点在 x 轴上,直线 $l:x=1$ 交 C 于 P,Q 两点,且 $OP\perp OQ$.已知点 $M(2,0)$,且圆 M 与 l 相切.

(1) 求抛物线 C、圆 M 的方程.

(2) 设 A_1,A_2,A_3 是 C 上的三个点,直线 A_1A_2,A_1A_3 均与圆 M 相切.判断直线 A_2A_3 与圆 M 的位置关系,并说明理由.

关键点击 直击靶心

1. 由题意,结合直线垂直得到关于 p 的方程,解方程即可确定抛物线方程,然后利用直线与圆的关系确定圆的圆心和半径,即可求得圆的方程.

2. 写出抛物线上弦的一般式方程,利用相切得到 A_1,A_2 的纵坐标的方程,代换后得到 A_1,A_3 的纵坐标的方程,再利用同构得到 A_2,A_3 的纵坐标的方程,可证得直线与圆相切.

图析路径 思维可视

(1)

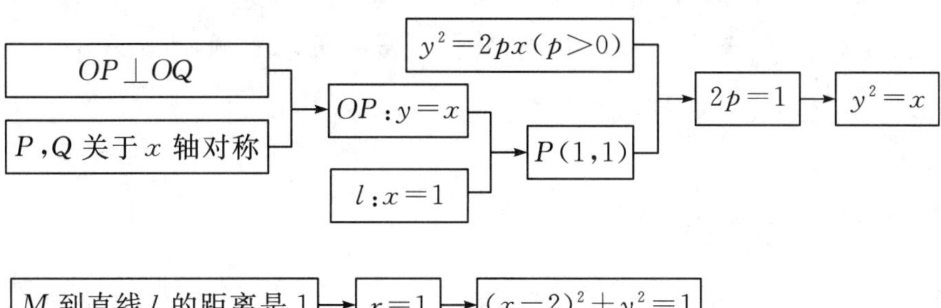

(2) 先求解抛物线上弦的一般式方程

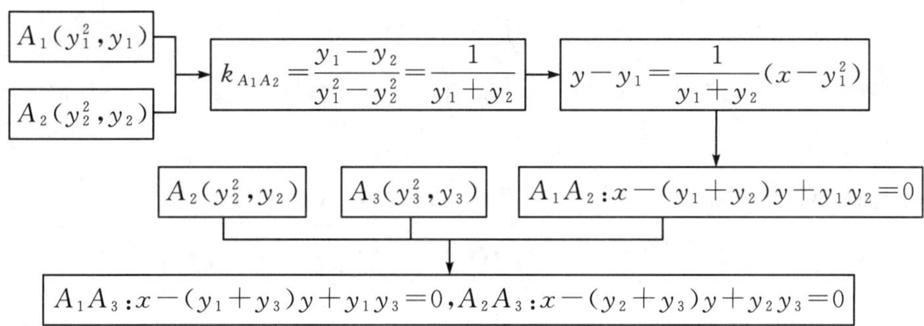

再求解相切问题

$(x-2)^2+y^2=1$　　$A_1A_2:x-(y_1+y_2)y+y_1y_2=0$

↓

$$\frac{|2+y_1y_2|}{\sqrt{1+(y_1+y_2)^2}}=1$$

↓

$(y_1^2-1)y_2^2+2y_1y_2+3-y_1^2=0$

$A_1A_3:x-(y_1+y_3)y+y_1y_3=0$

↓

$(y_1^2-1)y_3^2+2y_1y_3+3-y_1^2=0$

↓

$(y_1^2-1)y^2+2y_1y+3-y_1^2=0$ → $y_2+y_3=\dfrac{-2y_1}{y_1^2-1},y_2y_3=\dfrac{3-y_1^2}{y_1^2-1}$

↓

$$d=\frac{|2+y_2y_3|}{\sqrt{1+(y_2+y_3)^2}}=\sqrt{\frac{\left(2+\dfrac{3-y_1^2}{y_1^2-1}\right)^2}{1+\left(\dfrac{-2y_1}{y_1^2-1}\right)^2}}=1$$

先用 y_1,y_2 表示出直线 A_1A_2 的斜率,再求出直线 A_1A_2 的方程(仅含参数 y_1,y_2),再由 A_1A_2 与圆 M 相切,得出 y_1,y_2 满足的关系式,同理得出 y_1,y_3 满足的关系式,从而得出 y_2,y_3 为某一元二次方程(系数含 y_1)的两根,由根与系数的关系,y_2+y_3 和 y_2y_3 可用 y_1 表示,再求出圆心与 A_2A_3 的距离,代入 y_2+y_3 和 y_2y_3,最后得出结论.

规范解答　精准示范

解:(1) 因为 $x=1$ 与抛物线有两个不同的交点,根据抛物线的对称性,不妨设点 P 在 x 轴上方,点 Q 在 x 轴下方,P,Q 两点关于 x 轴对称.

因为 $OP\perp OQ$,所以 $OP:y=x,OQ:y=-x$.

因为直线 $l:x=1$,所以 $P(1,1)$.

设抛物线 C 的方程为 $y^2=2px(p>0)$,将点 $P(1,1)$ 代入可得 $1=2p$,所以抛物线 C 的方程为 $y^2=x$.

因为圆 M 与 l 相切,故其半径为 1,故圆 $M:(x-2)^2+y^2=1$.

(2) 设 $A_1(y_1^2,y_1),A_2(y_2^2,y_2),A_3(y_3^2,y_3)$.

当 $y_1+y_2\neq 0$ 时,$k_{A_1A_2}=\dfrac{y_1-y_2}{y_1^2-y_2^2}=\dfrac{1}{y_1+y_2}$,所以直线 A_1A_2 的方程为 $y-y_1=\dfrac{1}{y_1+y_2}(x-y_1^2)$,即 $(y_1+y_2)y-(y_1+y_2)y_1=x-y_1^2$,即 $x-(y_1+y_2)y+y_1y_2=0$.

当 $y_1+y_2=0$时,$x=-y_1y_2=|y_1|^2=|y_2|^2$,符合,所以直线 A_1A_2 的方程可统一写为 $x-(y_1+y_2)y+y_1y_2=0$.

同理可得直线 A_1A_3 的方程为 $x-(y_1+y_3)y+y_1y_3=0$,直线 A_2A_3 的方程为 $x-(y_2+y_3)y+y_2y_3=0$.

因为直线 A_1A_2 与圆 M 相切,所以 $\dfrac{|2+y_1y_2|}{\sqrt{1+(y_1+y_2)^2}}=1$,整理得 $(y_1^2-1)y_2^2+2y_1y_2+3-y_1^2=0$.同理可得 $(y_1^2-1)y_3^2+2y_1y_3+3-y_1^2=0$,所以 y_2,y_3 是关于 y 的方程 $(y_1^2-1)y^2+2y_1y+3-y_1^2=0$ 的两个根,则 $y_2+y_3=\dfrac{-2y_1}{y_1^2-1}$,$y_2y_3=\dfrac{3-y_1^2}{y_1^2-1}$.

因为点 M 到直线 A_2A_3 的距离 $d=\dfrac{|2+y_2y_3|}{\sqrt{1+(y_2+y_3)^2}}=\sqrt{\dfrac{\left(2+\dfrac{3-y_1^2}{y_1^2-1}\right)^2}{1+\left(\dfrac{-2y_1}{y_1^2-1}\right)^2}}=$ 1，故直线 A_2A_3 与圆 M 的位置关系也为相切.

典例 2 已知抛物线 $C:y^2=2px$ 经过点 $P(1,2)$，过点 $Q(0,1)$ 的直线 l 与抛物线 C 有两个不同的交点 A，B，且直线 PA 交 y 轴于点 M，直线 PB 交 y 轴于点 N.

(1) 求直线 l 的斜率的取值范围；

(2) 设 O 为原点，$\overrightarrow{QM}=\lambda\overrightarrow{QO}$，$\overrightarrow{QN}=\mu\overrightarrow{QO}$，求证：$\dfrac{1}{\lambda}+\dfrac{1}{\mu}$为定值.

关键点击 直击靶心

本题属于定值问题，求解时应先设参数，再消参，最后得定值.

图析路径 思维可视

(1)

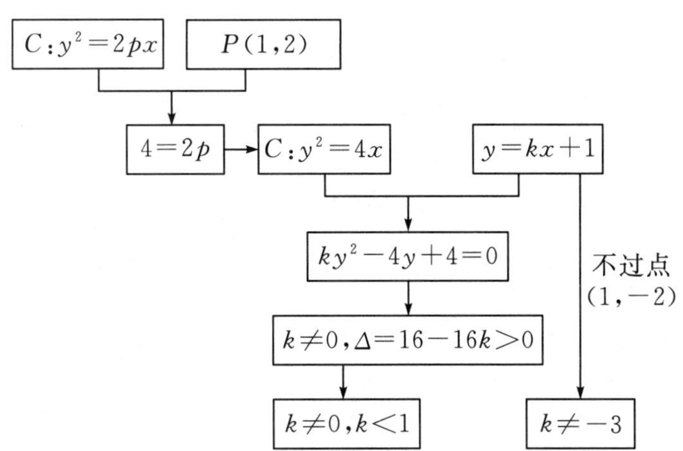

(2)

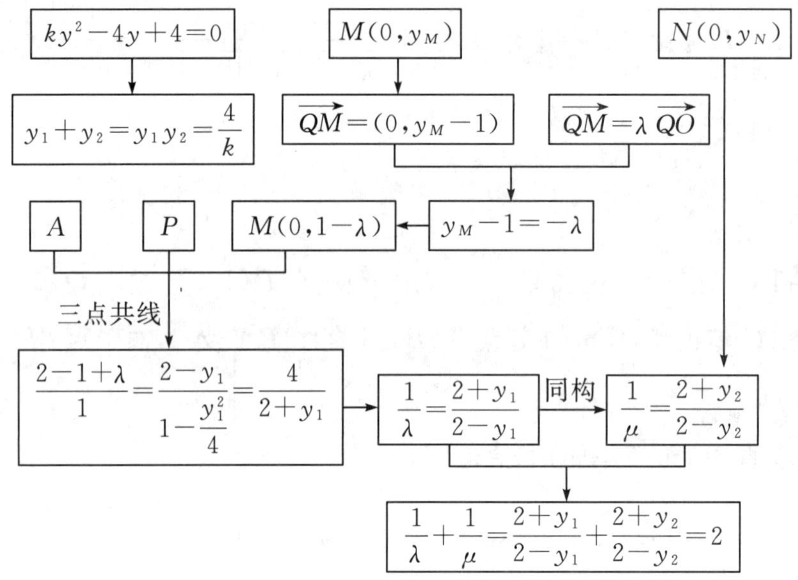

1. 将点 P 的坐标代入抛物线方程,即可求得 p 的值,设直线 AB 的方程,代入抛物线方程,由 $\Delta>0$,即可求得 k 的取值范围.

2. 根据向量的共线定理即可求得 $\lambda=1-y_M$,$\mu=1-y_N$,求得直线 PA 的方程,令 $x=0$,求得点 M 的坐标,同理求得点 N 的坐标,根据根与系数的关系即可求得$\frac{1}{\lambda}+\frac{1}{\mu}$为定值.

规范解答　精准示范

解:(1) 因为抛物线 C:$y^2=2px$ 经过点 $P(1,2)$,所以 $4=2p$,解得 $p=2$.

设过点 $Q(0,1)$的直线方程为 $y=kx+1$,$A(x_1,y_1)$,$B(x_2,y_2)$,由方程组可得$\begin{cases}y^2=4x,\\y=kx+1,\end{cases}$消去 x 可得 $ky^2-4y+4=0$.因为 $k\neq0$,$\Delta=16-16k>0$,所以$k\neq0$且 $k<1$.又 PA,PB 要与 y 轴相交,所以直线 l 不能经过点$(1,-2)$,即 $k\neq-3$,所以直线 l 的斜率的取值范围为$(-\infty,-3)\cup(-3,0)\cup(0,1)$.

(2) 证明:因为 $ky^2-4y+4=0$,所以 $y_1+y_2=y_1y_2=\frac{4}{k}$.

设点 $M(0,y_M)$,$N(0,y_N)$,则$\overrightarrow{QM}=(0,y_M-1)$,$\overrightarrow{QO}=(0,-1)$.

因为$\overrightarrow{QM}=\lambda\overrightarrow{QO}$,所以 $y_M-1=-\lambda$,故 $y_M=1-\lambda$,所以 $M(0,1-\lambda)$.

因为 P,A,M 三点共线，所以 $\frac{2-1+\lambda}{1}=\frac{2-y_1}{1-\frac{y_1^2}{4}}=\frac{4}{2+y_1}$，解得 $\lambda=\frac{4}{2+y_1}-1=\frac{2-y_1}{2+y_1}$，所以 $\frac{1}{\lambda}=\frac{2+y_1}{2-y_1}$.

同理可得 $\frac{1}{\mu}=\frac{2+y_2}{2-y_2}$.

因此，$\frac{1}{\lambda}+\frac{1}{\mu}=\frac{2+y_1}{2-y_1}+\frac{2+y_2}{2-y_2}=-1+\frac{4}{2-y_1}-1+\frac{4}{2-y_2}=-2+\frac{16-4(y_1+y_2)}{4-2(y_1+y_2)+y_1y_2}=-2+\frac{16-4(y_1+y_2)}{4-(y_1+y_2)}=-2+4=2$.

典例 3 已知椭圆 C 的中心在坐标原点，焦点在 x 轴上，它的一个顶点为 $(0,1)$，离心率为 $\frac{2\sqrt{5}}{5}$.

(1) 求椭圆 C 的标准方程；

(2) 过椭圆 C 的右焦点 F 作直线 l 交椭圆 C 于 A,B 两点，交 y 轴于点 M，若 $\overrightarrow{MA}=m\overrightarrow{FA}$，$\overrightarrow{MB}=n\overrightarrow{FB}$，求 $m+n$ 的值.

关键点击 直击靶心

利用 M,F,A 三点共线表示出点 A 的坐标，利用点 A 在椭圆上，得关于 m 的等量关系，再同构求解即可.

图析路径 思维可视

(1)

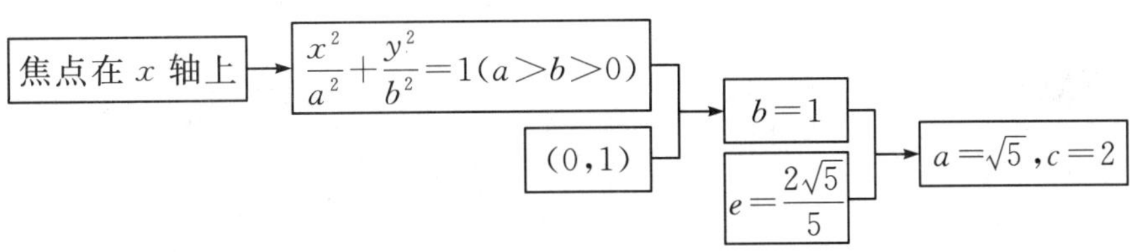

(2)

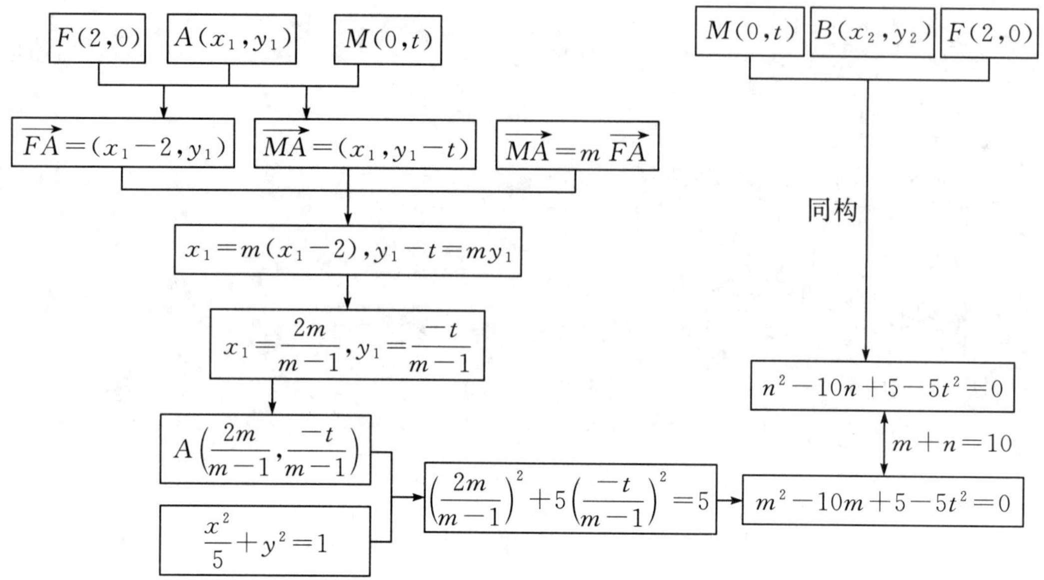

1. 根据椭圆的焦点位置及顶点坐标,设出其方程,利用顶点和离心率确定参数 a,b,即可求得标准方程.

2. 写出椭圆的右焦点的坐标,设点 M 的坐标,利用$\overrightarrow{MA}=m\overrightarrow{FA}$,$\overrightarrow{MB}=n\overrightarrow{FB}$,求出 A,B 两点的坐标,代入椭圆的方程分别得到关于 m,n 的方程.

规范解答 精准示范

解:(1) 由题意设椭圆的标准方程为$\frac{x^2}{a^2}+\frac{y^2}{b^2}=1(a>b>0)$,由顶点为(0,1)可知 $b=1$.因为椭圆的离心率为 $e=\frac{c}{a}=\sqrt{1-\frac{b^2}{a^2}}=\frac{2\sqrt{5}}{5}$,则 $a=\sqrt{5}$,所以椭圆的标准方程为$\frac{x^2}{5}+y^2=1$.

(2) 椭圆 C 的右焦点 $F(2,0)$,设 $A(x_1,y_1),B(x_2,y_2),M(0,t)$.

因为$\overrightarrow{MA}=(x_1,y_1-t)$,$\overrightarrow{FA}=(x_1-2,y_1)$,$\overrightarrow{MA}=m\overrightarrow{FA}$,所以 $x_1=m(x_1-2),y_1-t=my_1$,所以 $x_1=\frac{2m}{m-1},y_1=\frac{-t}{m-1}$,所以 $A\left(\frac{2m}{m-1},\frac{-t}{m-1}\right)$.

将 $A\left(\frac{2m}{m-1},\frac{-t}{m-1}\right)$ 代入 $\frac{x^2}{5}+y^2=1$，得 $\left(\frac{2m}{m-1}\right)^2+5\left(\frac{-t}{m-1}\right)^2=5$，化简得 $m^2-10m+5-5t^2=0$.

同理可得 $n^2-10n+5-5t^2=0$，所以 m,n 是方程 $x^2-10x+5-5t^2=0$ 的两个根，所以 $m+n=10$.

解后反思 迁移提升

我们把结构相同的两个式子称为同构式，把不同的数学结构转化为统一的数学结构的方法称为同构法.同构法是高中数学中一种重要的思想方法，在数列、不等式、方程、函数及解析几何中都有着非常广泛的应用.在解析几何中，我们通常可以利用一些点、线所具有的形的共同特征构造同构式，再利用整体消元解决问题.

同构法的主要手段就是设而不求、整体消元.运用同构法解题，需要具有良好的直觉，通过观察表达式的结构特征，抽象出共同的特征，归纳结论.此外还要熟练掌握圆锥曲线中的一些基本模型.基于图形特征分析，根据点、线等几何要素的轮换对称，猜想代数结构的相似性，从而利用同构法解题.

32. 斜率和积　齐次联系

在直线与圆锥曲线的关系中，斜率乘积和斜率之和的问题题较为常见，而且常与定点、定值问题结合.解决这类问题的过程中，求解直线与圆锥曲线的交点、根与系数的关系的代入等环节运算量比较大，容易出错.结合条件中的目标直线，构造出关于斜率的一元二次方程，然后利用根与系数的关系，得到斜率之和或斜率之积的关系，进而解决问题，这种方法称为齐次化构造法.这种做法回归了斜率的本质，回避了冗杂的运算，简化了运算过程，发展了数学运算素养，体现了思维的敏捷性.

典例 1　(2015 年陕西卷文 20)如图 32－1，椭圆 $E:\frac{x^2}{a^2}+\frac{y^2}{b^2}=1(a>b>0)$经过点 $A(0,-1)$，且离心率为$\frac{\sqrt{2}}{2}$.

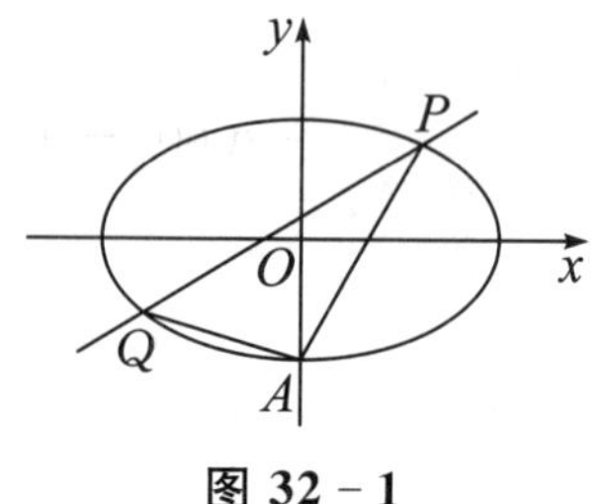

图 32－1

(1) 求椭圆 E 的方程；

(2) 经过点$(1,1)$，且斜率为 k 的直线与椭圆 E 交于不同的两点 P,Q(均异于点 A)，求证：直线 AP 与 AQ 的斜率之和为 2.

关键点击　直击靶心

掌握不过定点的直线系的假设方法，即设 $PQ:m(x-0)+n(y+1)=1$，利用椭圆方程及直线方程构造出所求直线的斜率是关键.

图析路径 思维可视

(1)

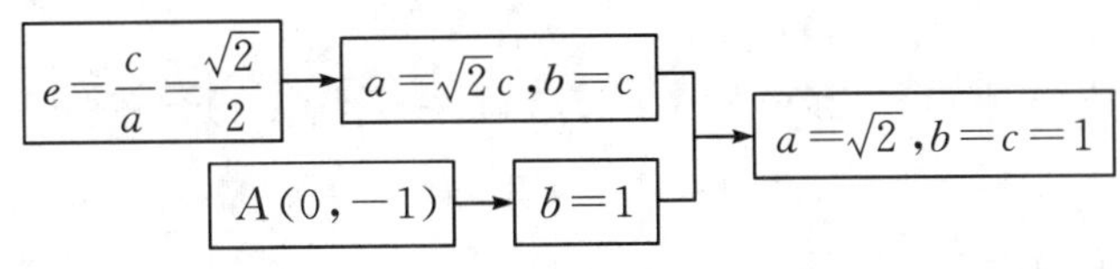

(2)

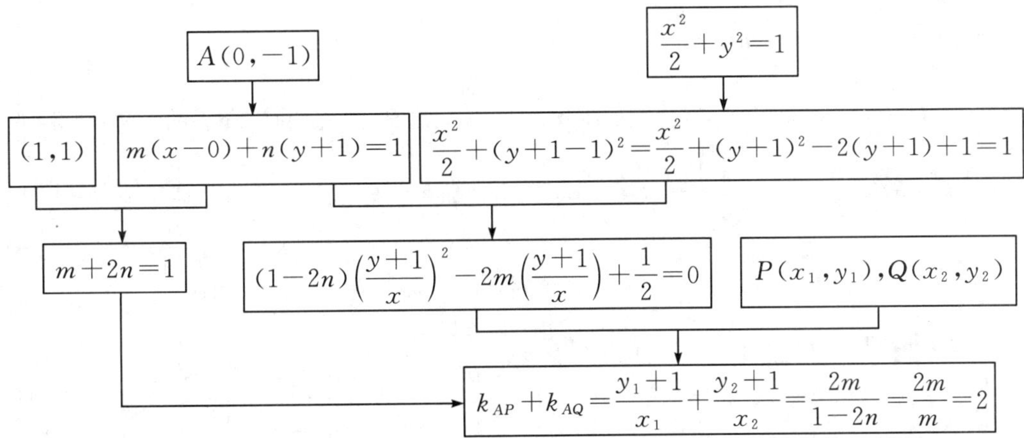

1. 运用离心率公式和 a,b,c 的关系，解方程可得 a，进而得到椭圆方程.

2. 根据 $A(0,-1)$，设 $PQ:m(x-0)+n(y+1)=1$，与 $C:\frac{(x-0+0)^2}{a^2}+\frac{(y+1-1)^2}{b^2}=1$ 联立，齐次化后可得斜率的方程，结合根与系数的关系可得 AP 与 AQ 的斜率之和的表达式，又由 PQ 过定点可得 m 与 n 的关系，进而可求出 AP 与 AQ 的斜率之和的值.

规范解答 精准示范

解：(1) 由题设知，$\frac{c}{a}=\frac{\sqrt{2}}{2}$，$b=1$，结合 $a^2=b^2+c^2$，解得 $a=\sqrt{2}$，所以椭圆 E 的方程为 $\frac{x^2}{2}+y^2=1$.

(2) 由题意设直线 PQ 的方程为 $m(x-0)+n(y+1)=1$，将点(1,1)代入直线 PQ 的方程得 $m+2n=1$.

由$\begin{cases} m(x-0)+n(y+1)=1, \\ \dfrac{x^2}{2}+y^2=1, \end{cases}$得$\dfrac{x^2}{2}+(y+1-1)^2=\dfrac{x^2}{2}+(y+1)^2-2(y+1)+1=1$，即$\dfrac{x^2}{2}+(y+1)^2-2(y+1)=0$，所以$\dfrac{x^2}{2}+(y+1)^2-2(y+1)[m(x-0)+n(y+1)]=0$，所以当 $x\neq 0$ 时，$(1-2n)(y+1)^2-2mx(y+1)+\dfrac{x^2}{2}=0$，所以$(1-2n)\left(\dfrac{y+1}{x}\right)^2-2m\left(\dfrac{y+1}{x}\right)+\dfrac{1}{2}=0$.

设 $P(x_1,y_1)$，$Q(x_2,y_2)$，易知 $x_1x_2\neq 0$，则有直线 AP，AQ 的斜率之和为$k_{AP}+k_{AQ}=\dfrac{y_1+1}{x_1}+\dfrac{y_2+1}{x_2}=\dfrac{2m}{1-2n}=\dfrac{2m}{m}=2$，即直线 AP 与 AQ 斜率之和为 2.

典例 2 如图 32－2，椭圆 C：$\dfrac{x^2}{a^2}+\dfrac{y^2}{b^2}=1$ $(a>b>0)$经过点 $P\left(1,\dfrac{3}{2}\right)$，离心率 $e=\dfrac{1}{2}$，直线 l 的方程为 $x=4$.

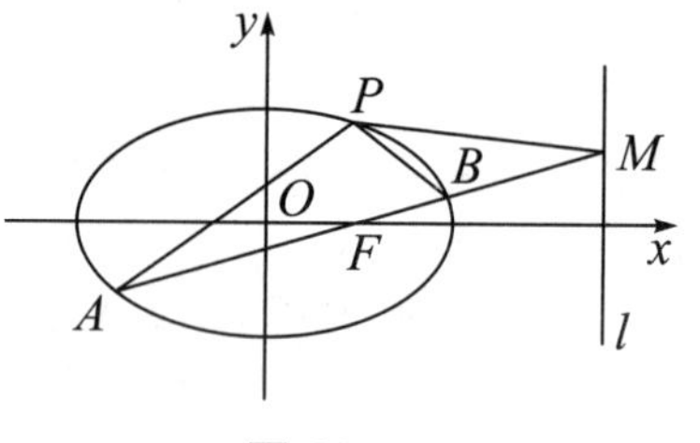

图 32－2

(1) 求椭圆 C 的方程.

(2) AB 是经过右焦点 F 的任一弦(不经过点 P)，设直线 AB 与直线 l 相交于点 M，记 PA，PB，PM 的斜率分别为 k_1，k_2，k_3. 问：是否存在常数 λ，使得 $k_1+k_2=\lambda k_3$？若存在，求 λ 的值；若不存在，请说明理由.

关键点击 直击靶心

设出直线 AB 的方程，齐次化构造求出 k_1+k_2，联立 AB 与 l 的方程求出点 M 的坐标，表示出 k_3，即可求解.

图析路径 思维可视

(1)

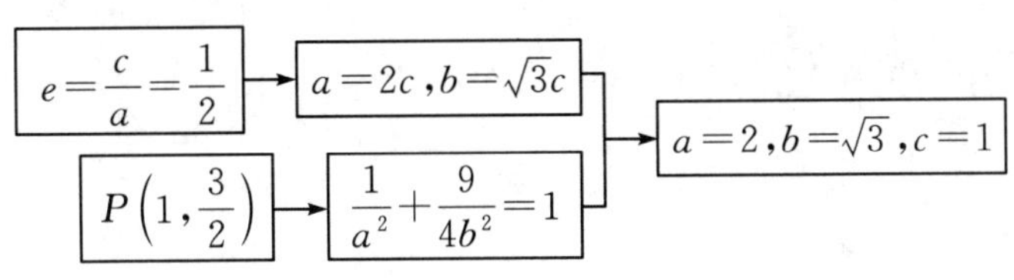

(2)

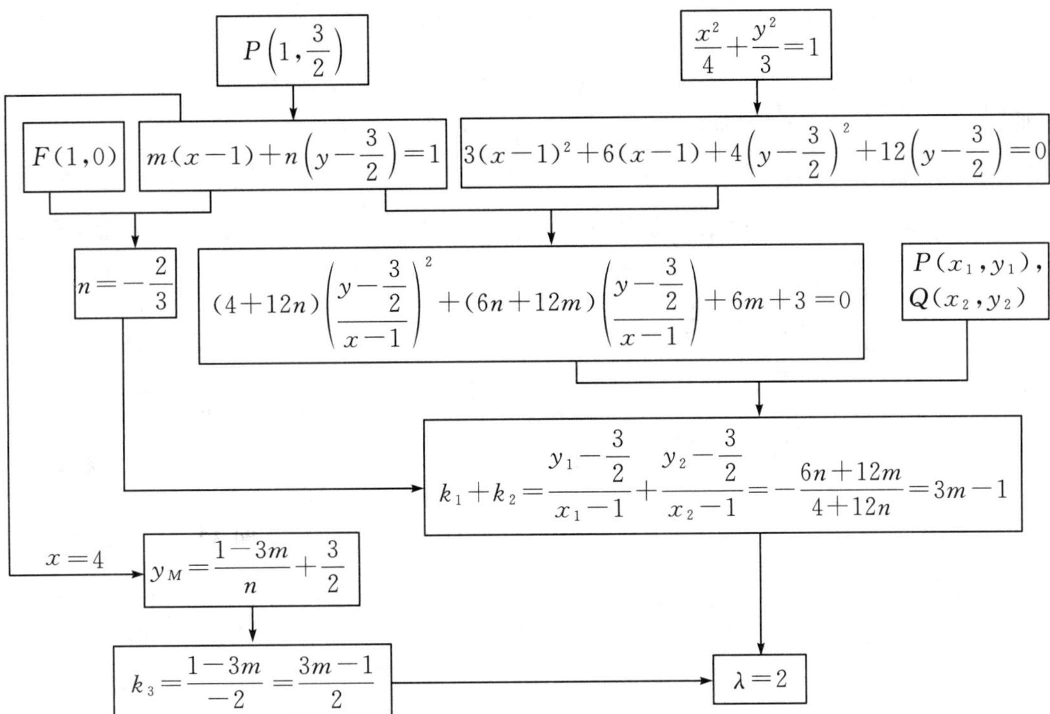

1. 将点 $P\left(1,\frac{3}{2}\right)$ 代入椭圆方程，得到 $\frac{1}{a^2}+\frac{9}{4b^2}=1(a>b>0)$，再由离心率 $e=\frac{1}{2}$，解得 a,b，即可得到椭圆的标准方程.

2. 根据 $P\left(1,\frac{3}{2}\right)$ 设 AB：$m(x-1)+n\left(y-\frac{3}{2}\right)=1$，与 C：$\frac{(x-1+1)^2}{a^2}+\frac{\left(y-\frac{3}{2}+\frac{3}{2}\right)^2}{b^2}=1$ 联立，齐次化后可得关于斜率的方程.

规范解答　精准示范

解：(1) 因为椭圆 C：$\frac{x^2}{a^2}+\frac{y^2}{b^2}=1(a>b>0)$ 经过点 $P\left(1,\frac{3}{2}\right)$，所以 $\frac{1}{a^2}+\frac{9}{4b^2}=1(a>b>0)$.

因为离心率 $e=\frac{c}{a}=\frac{1}{2}$，所以 $a=2c$，$b^2=3c^2$，解得 $c=1$，$a=2$，$b=\sqrt{3}$，故椭圆的方程为 $\frac{x^2}{4}+\frac{y^2}{3}=1$.

(2) 由题意设直线 AB 的方程为 $m(x-1)+n\left(y-\frac{3}{2}\right)=1$，将 $(1,0)$ 代入直线 AB 的方程得 $n=-\frac{2}{3}$.

令 $x=4$，得 $y_M=\frac{1-3m}{n}+\frac{3}{2}$，所以 $k_3=\frac{\frac{1-3m}{n}+\frac{3}{2}-\frac{3}{2}}{4-1}=\frac{1-3m}{3n}=\frac{1-3m}{-2}=\frac{3m-1}{2}$.

由 $\begin{cases}m(x-1)+n\left(y-\frac{3}{2}\right)=1,\\ \frac{x^2}{4}+\frac{y^2}{3}=1,\end{cases}$ 得 $3(x-1)^2+6(x-1)+4\left(y-\frac{3}{2}\right)^2+12\left(y-\frac{3}{2}\right)=0$，即 $3(x-1)^2+\left[6(x-1)+12\left(y-\frac{3}{2}\right)\right]\left[m(x-1)+n\left(y-\frac{3}{2}\right)\right]+4\left(y-\frac{3}{2}\right)^2=0$，所以 $(4+12n)\left(y-\frac{3}{2}\right)^2+(6n+12m)(x-1)\left(y-\frac{3}{2}\right)+(6m+3)(x-1)^2=0$，所以 $(4+12n)\left(\frac{y-\frac{3}{2}}{x-1}\right)^2+(6n+12m)\left(\frac{y-\frac{3}{2}}{x-1}\right)+(6m+3)=0$.

设 $A(x_1,y_1),B(x_2,y_2)$，则有 $k_1+k_2=\dfrac{y_1-\frac{3}{2}}{x_1-1}+\dfrac{y_2-\frac{3}{2}}{x_2-1}=-\dfrac{6n+12m}{4+12n}=3m-1=2k_3$.即存在 $\lambda=2$,使得 $k_1+k_2=2k_3$.

解后反思 迁移提升

利用齐次化构造，主要解决的是斜率之和与斜率之积相关的问题.其中，首先要设出不过定点的直线系方程，然后结合椭圆方程，利用“1”的代换进行齐次化构造.步骤如下：

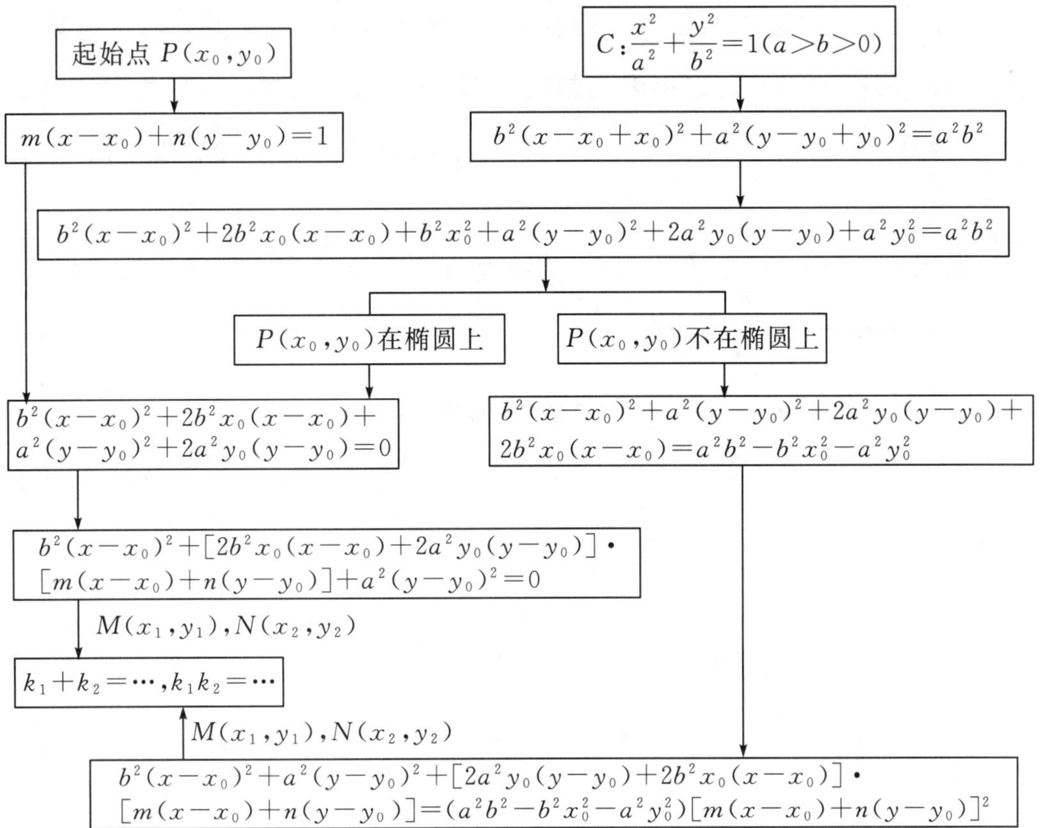

33. 研抛物线 用一般式

直线与抛物线是解析几何的重要研究载体，它们的综合问题是高中数学的重点和难点，也是高考的热点.在研究方法上，可以延续圆锥曲线的一般范式，但不同于椭圆和双曲线这两种有心圆锥曲线，抛物线有其独特的性质和研究方法.直线的一般式方程因为参数较多，所以使用不多，但在抛物线的研究中，灵活应用这一直线方程形式及相关结论能极大地缩短解题路径、减少运算量.

引理：设 $A(x_1,y_1)$，$B(x_2,y_2)$ 为抛物线 $C:y^2=2px$ 上两点，则直线 AB 的方程是 $2px-(y_1+y_2)y+y_1y_2=0$.

证明：当 $x_1\neq x_2$ 时，直线 AB 的斜率是 $k_{AB}=\dfrac{y_1-y_2}{x_1-x_2}=\dfrac{y_1-y_2}{\dfrac{y_1^2}{2p}-\dfrac{y_2^2}{2p}}=\dfrac{2p}{y_1+y_2}$，所以直线 AB 的方程是 $y-y_1=\dfrac{2p}{y_1+y_2}(x-x_1)$，即 $(y_1+y_2)y-(y_1+y_2)y_1=2px-2px_1$，即 $(y_1+y_2)y-y_1^2-y_1y_2=2px-2p\times\dfrac{y_1^2}{2p}$，即 $2px-(y_1+y_2)y+y_1y_2=0$.当 $x_1=x_2$ 时，直线 AB 的方程为 $x=x_1$，而此时 $2px-(y_1+y_2)y+y_1y_2=0$ 中，$y_1+y_2=0$，$y_1y_2=-y_1^2$，所以可化为 $2px-y_1^2=0$，即 $x=x_1$.综上，直线 AB 的方程是 $2px-(y_1+y_2)y+y_1y_2=0$.

典例 1 在平面直角坐标系 xOy 中,已知抛物线 $E:y^2=2px(p>0)$ 和点 $H(3,4)$.点 Q 在 E 上,$\overrightarrow{OQ}=\frac{3}{4}\overrightarrow{OH}$.

(1) 求 E 的方程;

(2) 若过点 H 作两条直线 l_1,l_2,l_1 与 E 相交于 A,B 两点,l_2 与 E 相交于 C,D 两点,线段 AB,CD 中点的连线的斜率为 k,直线 AB,CD,AD,BC 的斜率分别为 k_1,k_2,k_3,k_4,求证:$\frac{1}{k_1}+\frac{1}{k_2}=\frac{1}{k_3}+\frac{1}{k_4}$,且 $\frac{1}{k_3}+\frac{1}{k_4}-\frac{1}{k}$ 为定值.

关键点击 直击靶心

正确表示出抛物线上任意两点连线的斜率即可证明 $\frac{1}{k_1}+\frac{1}{k_2}=\frac{1}{k_3}+\frac{1}{k_4}$,利用点斜式表示出直线 AB 的方程,与抛物线联立求出中点的坐标,表示出斜率 k,即可证明 $\frac{1}{k_3}+\frac{1}{k_4}-\frac{1}{k}$ 为定值.

图析路径 思维可视

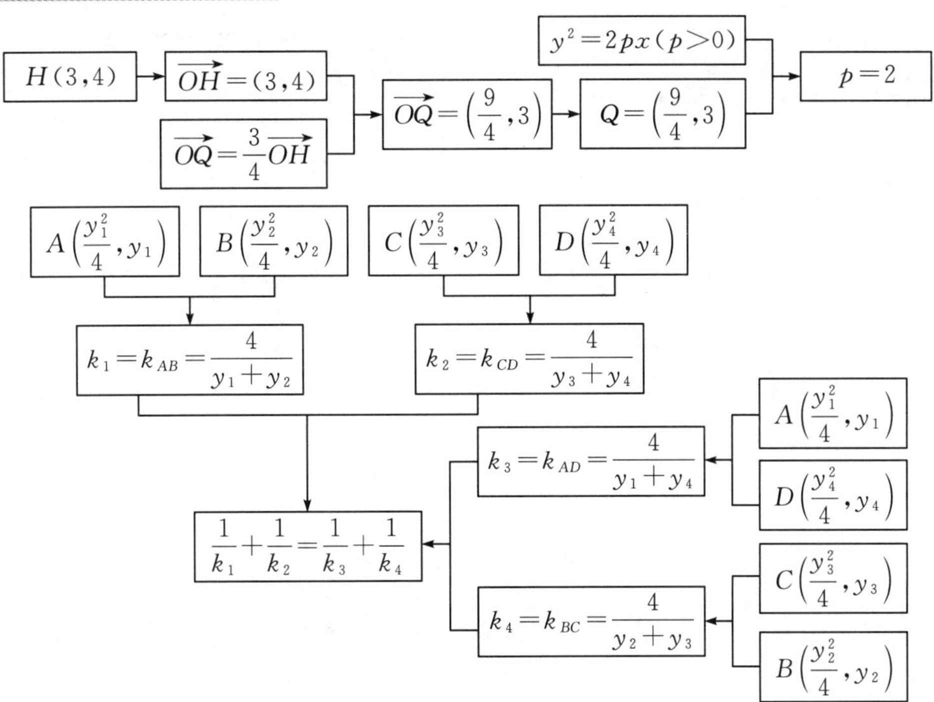

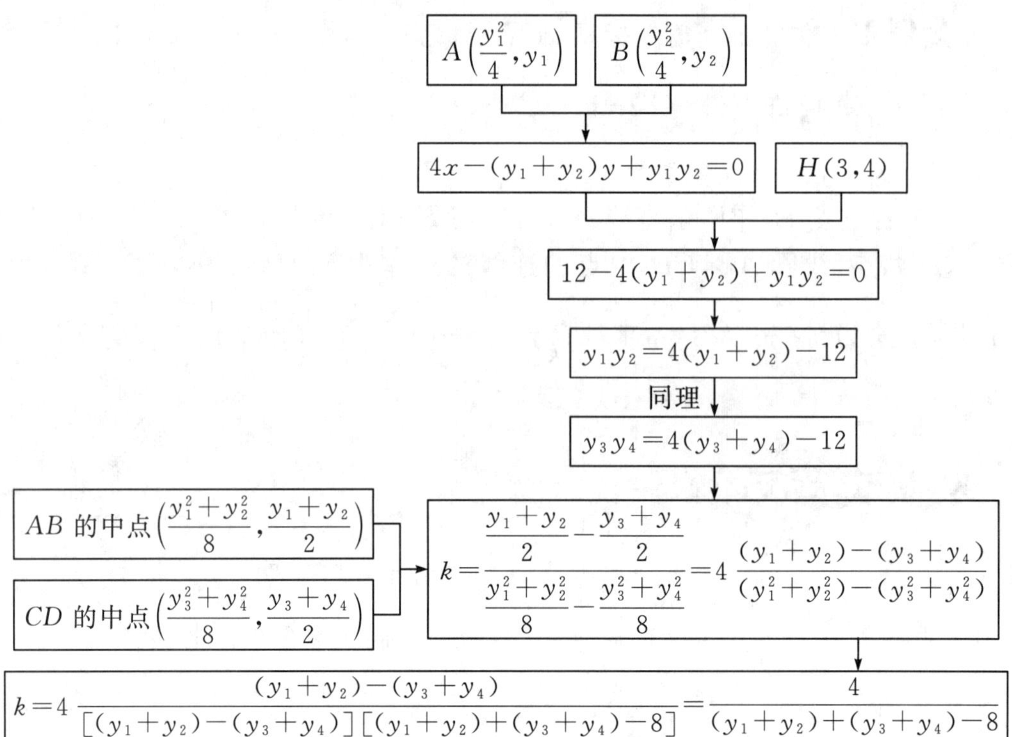

1. 由$\overrightarrow{OQ}=\frac{3}{4}\overrightarrow{OH}$及$H(3,4)$得到点$Q$的坐标，代入$E:y^2=2px(p>0)$求解$p$的值.

2. 写出抛物线上两点连线的一般式方程，由直线l_1,l_2过点H得到坐标关系，再整体代入证明.

规范解答　精准示范

解：(1) 设$Q(x_0,y_0)$，则$\overrightarrow{OQ}=(x_0,y_0)$，因为$\overrightarrow{OQ}=\frac{3}{4}\overrightarrow{OH}$，$\overrightarrow{OH}=(3,4)$，

所以$\begin{cases}x_0=\frac{9}{4},\\ y_0=3,\end{cases}$即$Q\left(\frac{9}{4},3\right)$.将点$Q\left(\frac{9}{4},3\right)$代入$y^2=2px$，得$p=2$，所以$E$的方程为$y^2=4x$.

(2) 证明：设$A(x_1,y_1)$，$B(x_2,y_2)$，$C(x_3,y_3)$，$D(x_4,y_4)$，所以直线AB的斜率为$k_1=\frac{y_2-y_1}{x_2-x_1}=\frac{y_2-y_1}{\frac{y_2^2}{4}-\frac{y_1^2}{4}}=\frac{4}{y_1+y_2}$，同理，直线$CD$的斜率为$k_2=\frac{4}{y_3+y_4}$，

直线 AD 的斜率为 $k_3=\frac{4}{y_1+y_4}$，直线 BC 的斜率为 $k_4=\frac{4}{y_2+y_3}$，所以 $\frac{1}{k_1}+\frac{1}{k_2}=\frac{y_1+y_2}{4}+\frac{y_3+y_4}{4}=\frac{y_1+y_2+y_3+y_4}{4}$，$\frac{1}{k_3}+\frac{1}{k_4}=\frac{y_1+y_4}{4}+\frac{y_2+y_3}{4}=\frac{y_1+y_2+y_3+y_4}{4}$，所以 $\frac{1}{k_1}+\frac{1}{k_2}=\frac{1}{k_3}+\frac{1}{k_4}$.

因为直线 AB 的方程是 $4x-(y_1+y_2)y+y_1y_2=0$（易求），且直线 AB 过点 H，所以 $12-4(y_1+y_2)+y_1y_2=0$，即 $y_1y_2=4(y_1+y_2)-12$，同理，$y_3y_4=4(y_3+y_4)-12$.

因为线段 AB 的中点 $\left(\frac{y_1^2+y_2^2}{8},\frac{y_1+y_2}{2}\right)$，线段 CD 的中点 $\left(\frac{y_3^2+y_4^2}{8},\frac{y_3+y_4}{2}\right)$，

所以 $k=\dfrac{\frac{y_1+y_2}{2}-\frac{y_3+y_4}{2}}{\frac{y_1^2+y_2^2}{8}-\frac{y_3^2+y_4^2}{8}}=4\,\dfrac{(y_1+y_2)-(y_3+y_4)}{(y_1^2+y_2^2)-(y_3^2+y_4^2)}$.

因为 $y_1y_2=4(y_1+y_2)-12$，所以 $y_1^2+y_2^2=(y_1+y_2)^2-2y_1y_2=(y_1+y_2)^2-8(y_1+y_2)+24$. 同理可得 $y_3^2+y_4^2=(y_3+y_4)^2-8(y_3+y_4)+24$，所以 $(y_1^2+y_2^2)-(y_3^2+y_4^2)=(y_1+y_2)^2-(y_3+y_4)^2-8(y_1+y_2)+8(y_3+y_4)=[(y_1+y_2)-(y_3+y_4)][(y_1+y_2)+(y_3+y_4)-8]$.

因此，$k=4\,\dfrac{(y_1+y_2)-(y_3+y_4)}{[(y_1+y_2)-(y_3+y_4)][(y_1+y_2)+(y_3+y_4)-8]}=\dfrac{4}{(y_1+y_2)+(y_3+y_4)-8}$. 因为 $\frac{1}{k_1}+\frac{1}{k_2}=\frac{1}{k_3}+\frac{1}{k_4}$，所以 $\frac{1}{k_3}+\frac{1}{k_4}-\frac{1}{k}=\frac{1}{k_1}+\frac{1}{k_2}-\frac{1}{k}=\frac{y_1+y_2+y_3+y_4}{4}-\frac{(y_1+y_2)+(y_3+y_4)-8}{4}=2$，为定值.

典例 2 （2022 年全国甲卷理 20）设抛物线 $C:y^2=2px(p>0)$ 的焦点为 F，点 $D(p,0)$，过点 F 的直线交 C 于 M,N 两点. 当直线 MD 垂直于 x 轴时，$|MF|=3$.

（1）求 C 的方程.

（2）设直线 MD,ND 与 C 的另一个交点分别为 A,B，记直线 MN,AB 的倾斜角分别为 α,β. 当 $\alpha-\beta$ 取得最大值时，求直线 AB 的方程.

关键点击 直击靶心

1. 由特殊位置的弦长结合抛物线的定义求出参数 p 的值.

2. 因为直线 MN 过点 F,所以点 M 和点 N 的纵坐标之积为定值.同理可得点 M 和点 A,点 B 和点 N 的纵坐标之积也为定值.进而得到直线 MN,AB 的斜率之间的关系.

图析路径 思维可视

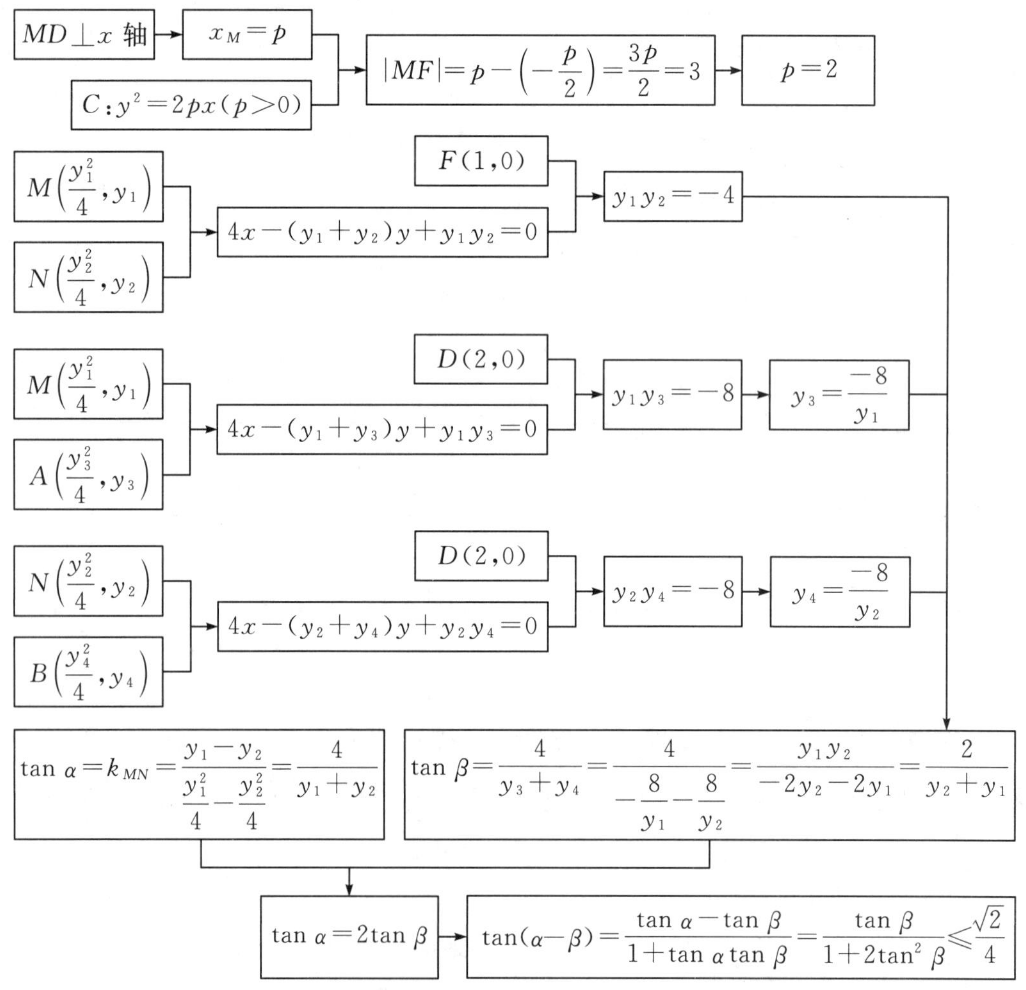

利用过 x 轴上定点的直线与抛物线相交，两交点纵坐标之积为定值，分别求出 y_1y_2，y_1y_3，y_2y_4 的值，利用抛物线上两点坐标表示直线的斜率，进而得出 k_{AB} 与 k_{MN} 的关系，利用基本不等式取最值的条件，求出当 $\alpha-\beta$ 最大时的 k_{AB}，结合根与系数的关系及等量关系求出纵截距，从而求出直线 AB 的方程.

规范解答 精准示范

解：(1) 当直线 MD 垂直于 x 轴时，$x_M=p$.因为 $|MF|=p-\left(-\frac{p}{2}\right)=\frac{3}{2}p=3$，所以 $p=2$.因此，C 的方程为 $y^2=4x$.

(2) 当 MN 与 x 轴垂直时，由对称性可知，AB 也与 x 轴垂直，此时 $\alpha=\beta=\frac{\pi}{2}$，则 $\alpha-\beta=0$.

当 MN 不与 x 轴垂直时，设 $M(x_1,y_1)$，$N(x_2,y_2)$，$A(x_3,y_3)$，$B(x_4,y_4)$，所以 $\tan\alpha=k_{MN}=\frac{y_1-y_2}{x_1-x_2}=\frac{y_1-y_2}{\frac{y_1^2}{4}-\frac{y_2^2}{4}}=\frac{4}{y_1+y_2}$，同理，$\tan\beta=\frac{4}{y_3+y_4}$.

因为直线 MN 的方程是 $4x-(y_1+y_2)y+y_1y_2=0$，且直线 MN 过点 $F(1,0)$，所以 $4+y_1y_2=0$，$y_1y_2=-4$.

因为直线 MA 的方程是 $4x-(y_1+y_3)y+y_1y_3=0$，且直线 MA 过点 $D(2,0)$，所以 $8+y_1y_3=0$，$y_1y_3=-8$，所以 $y_3=-\frac{8}{y_1}$.

因为直线 NB 的方程是 $4x-(y_4+y_2)y+y_4y_2=0$，且直线 NB 过点 $D(2.0)$，所以 $8+y_4y_2=0$，$y_4y_2=-8$，所以 $y_4=-\frac{8}{y_2}$.

因为 $\tan\beta=\frac{4}{y_3+y_4}=\frac{4}{-\frac{8}{y_1}-\frac{8}{y_2}}=\frac{y_1y_2}{-2y_2-2y_1}=\frac{2}{y_2+y_1}$，所以 $\tan\alpha=2\tan\beta$，所以 $\tan(\alpha-\beta)=\frac{\tan\alpha-\tan\beta}{1+\tan\alpha\tan\beta}=\frac{\tan\beta}{1+2\tan^2\beta}$.

因为 $\tan\alpha=2\tan\beta$，且 $\alpha,\beta\in[0,\pi)$，所以 $\alpha,\beta\in\left(0,\frac{\pi}{2}\right)$ 或 $\alpha,\beta\in\left(\frac{\pi}{2},\pi\right)$，所以 $-\frac{\pi}{2}<\alpha-\beta<\frac{\pi}{2}$，所以当 $\alpha-\beta$ 取得最大值时，$\tan(\alpha-\beta)$ 取得最大值.

当 $\tan\beta<0$ 时，$\tan(\alpha-\beta)=\frac{\tan\beta}{1+2\tan^2\beta}<0$，当 $\tan\beta>0$ 时，$\tan(\alpha-\beta)=\frac{\tan\beta}{1+2\tan^2\beta}>0$，所以当 $\tan\beta>0$ 时，$\tan(\alpha-\beta)$ 取得最大值.

因为当 $\tan\beta>0$ 时，$\tan(\alpha-\beta)=\frac{\tan\beta}{1+2\tan^2\beta}\leqslant\frac{\tan\beta}{2\sqrt{2\tan^2\beta}}=\frac{\sqrt{2}}{4}$，当且仅当 $2\tan^2\beta=1$，即 $\tan\beta=\frac{\sqrt{2}}{2}$ 时，等号成立，$\tan(\alpha-\beta)$ 取最大值.

此时，$y_3+y_4=\frac{4}{\tan\beta}=4\sqrt{2}$，$y_3y_4=\frac{64}{y_1y_2}=-16$，所以 AB 的方程为 $4x-4\sqrt{2}y-16=0$，即 $x-\sqrt{2}y-4=0$.

解后反思 迁移提升

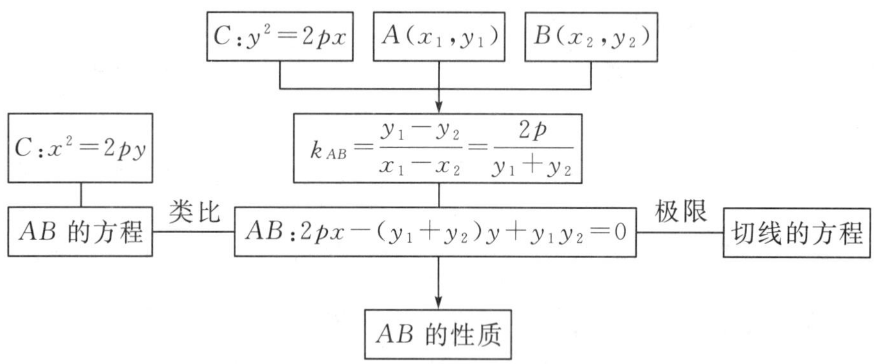

34. 求数量积 用双根式

解析几何的特点是用代数的方法研究几何问题，这就决定了解决问题的主要工具是运算，因此必要的运算是不可缺少的.运算思路的设计不够合理，运算方法的选择不够科学，往往导致运算量太大，运算不能进行到底或出现运算错误.

已知 x_1,x_2 是一元二次方程 $ax^2+bx+c=0(a\neq0,b^2-4ac>0)$ 的两个根，则 $ax^2+bx+c=a(x-x_1)(x-x_2)$.在解决解析几何问题中，常出现 $(t-x_1)(t-x_2)$ 形式的化简问题，利用上式，可得 $at^2+bt+c=a(t-x_1)(t-x_2)$，进而直接求解，回避了多项式的展开、化简和根与系数的关系的代入计算.这种方法我们称为双根赋值法，它能优化解析几何运算，降低运算量，提高速度和准确性.

典例 1 已知椭圆 $E:\frac{x^2}{a^2}+\frac{y^2}{b^2}=1(a>b>0)$ 的两个焦点与短轴的一个端点是直角三角形的 3 个顶点，直线 $l:y=-x+3$ 与椭圆 E 有且只有一个公共点 T.

(1) 求椭圆 E 的方程及点 T 的坐标.

(2) 设 O 是坐标原点，直线 $l'\parallel OT$，与椭圆 E 交于不同的两点 A,B，且与直线 l 交于点 P.求证：存在常数 λ，使得 $|PT|^2=\lambda|PA|\cdot|PB|$，并求 λ 的值.

关键点击 直击靶心

第(1)题,直线和椭圆只有一个公共点,联立方程,消去 y 得关于 x 的方程有两个相等的实数根.第(2)题,利用椭圆的几何性质,数形结合,根据根与系数的关系,进行求解.

图析路径 思维可视

(1)

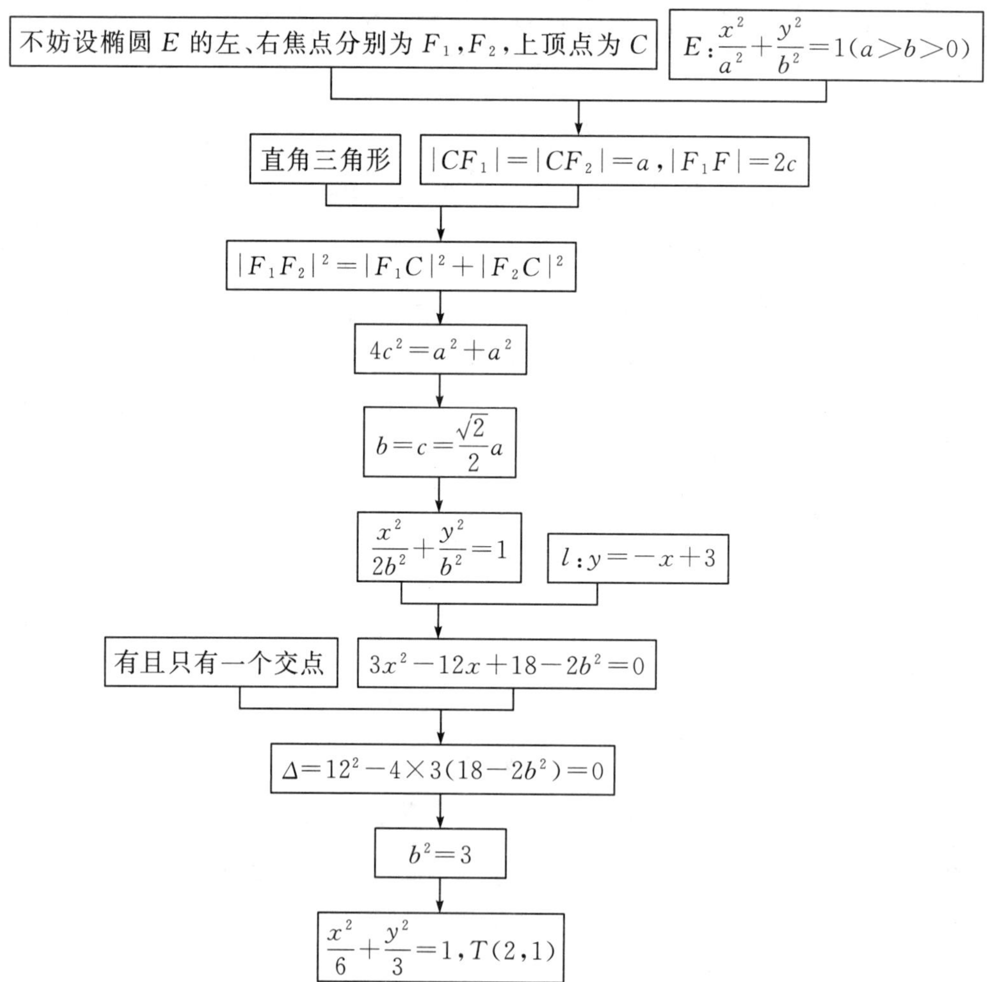

(2)

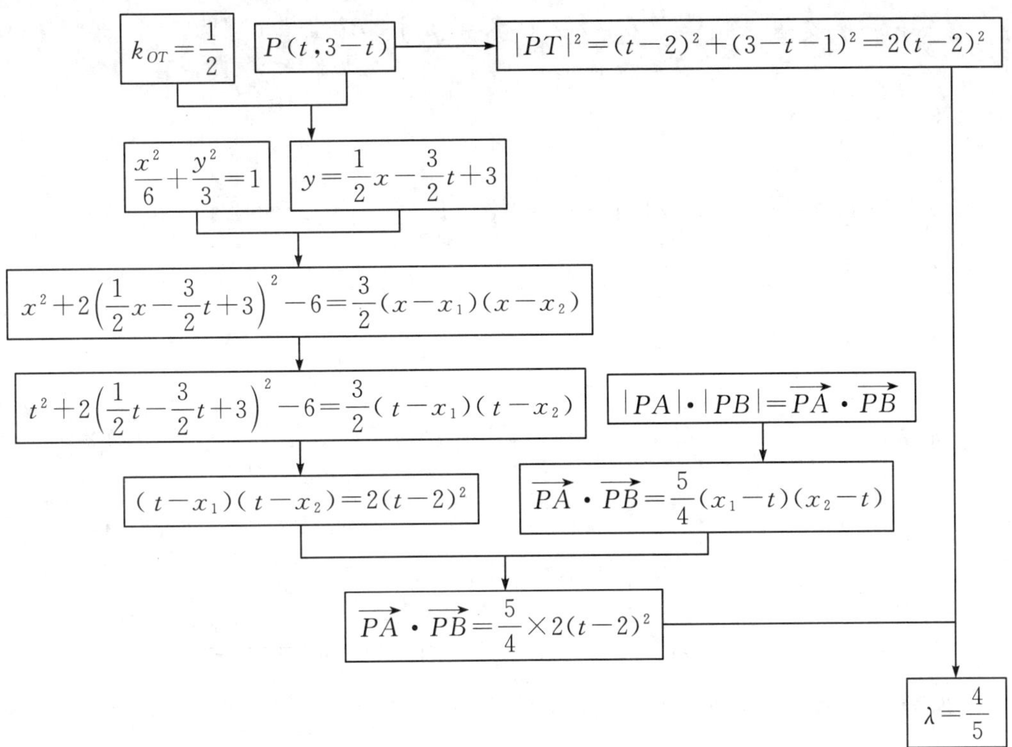

1. 根据椭圆的短轴端点 C 与左、右焦点 F_1,F_2 构成等腰直角三角形,结合直线 l 与椭圆 E 只有一个交点,利用判别式 $\Delta=0$,即可求出椭圆 E 的方程和点 T 的坐标.

2. 设直线 l'的方程,将其与椭圆的方程联立,写成双根式,求出 $|PA|\cdot|PB|$,根据 $|PT|^2=\lambda|PA|\cdot|PB|$,代入化简后可得出结论.

规范解答 精准示范

解:(1) 设短轴一端点为 $C(0,b)$,左、右焦点分别为 $F_1(-c,0)$,$F_2(c,0)$,其中 $c>0$,则 $c^2+b^2=a^2$.

因为$\triangle F_1F_2C$ 为直角三角形,所以 $|F_1F_2|^2=|F_1C|^2+|F_2C|^2$,解得 $b=c=\frac{\sqrt{2}}{2}a$,所以椭圆 E 的方程为$\frac{x^2}{2b^2}+\frac{y^2}{b^2}=1$.

与直线 $l: y=-x+3$ 联立，可得 $3x^2-12x+18-2b^2=0$，又直线 l 与椭圆 E 只有一个交点，则 $\Delta=12^2-4\times3(18-2b^2)=0$，解得 $b^2=3$，所以椭圆 E 的方程为 $\frac{x^2}{6}+\frac{y^2}{3}=1$.

由 $b^2=3$，解得 $x=2$，则 $y=-x+3=1$，所以点 T 的坐标为 $(2,1)$.

(2) 证明：因为点 P 在 l 上，设 $P(t,3-t)$. 因为 $T(2,1)$，所以 $|PT|^2=(t-2)^2+(3-t-1)^2=2(t-2)^2$.

因为 $k_{OT}=\frac{1}{2}$，$l'\parallel OT$，所以 l' 的方程是 $y-(3-t)=\frac{1}{2}(x-t)$，即 $y=\frac{1}{2}x-\frac{3}{2}t+3$.

设 $A(x_1,y_1)$，$B(x_2,y_2)$. 联立 l' 与椭圆方程 $\begin{cases} y=\frac{1}{2}x-\frac{3}{2}t+3, \\ \frac{x^2}{6}+\frac{y^2}{3}=1, \end{cases}$ 得 $x^2+2\left(\frac{1}{2}x-\frac{3}{2}t+3\right)^2-6=\frac{3}{2}(x-x_1)(x-x_2)$.

因为 $\overrightarrow{PA}$，$\overrightarrow{PB}$ 同向，所以 $|PA|\cdot|PB|=\overrightarrow{PA}\cdot\overrightarrow{PB}$.

因为 $\overrightarrow{PA}=(x_1-t,y_1-(3-t))=\left(x_1-t,\frac{1}{2}x_1-\frac{3}{2}t+3-(3-t)\right)=\left(x_1-t,\frac{x_1-t}{2}\right)$，$\overrightarrow{PB}=\left(x_2-t,\frac{x_2-t}{2}\right)$，所以 $\overrightarrow{PA}\cdot\overrightarrow{PB}=\left(x_1-t,\frac{x_1-t}{2}\right)\cdot\left(x_2-t,\frac{x_2-t}{2}\right)=\frac{5}{4}(x_1-t)(x_2-t)$.

在 $x^2+2\left(\frac{1}{2}x-\frac{3}{2}t+3\right)^2-6=\frac{3}{2}(x-x_1)(x-x_2)$ 中，令 $x=t$，得 $t^2+2\left(\frac{1}{2}t-\frac{3}{2}t+3\right)^2-6=\frac{3}{2}(t-x_1)(t-x_2)$，即 $2(t-2)^2=(t-x_1)(t-x_2)$，所

以 $|PA|\cdot|PB|=\frac{5}{4}\times2(t-2)^2=\frac{5}{4}|PT|^2$，即 $|PT|^2=\frac{4}{5}|PA|\cdot|PB|$，所以 $\lambda=\frac{4}{5}$，即存在满足题意的 λ.

解后反思 迁移提升

双根赋值法的过程如下：(以椭圆为例)

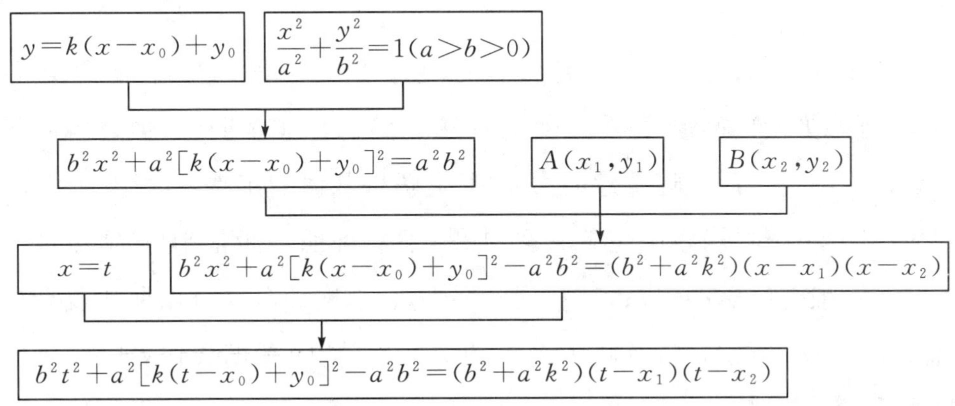

35. 先猜再证　必要探路

解题规划是指读题后进行宏观审视，包含解题思路的探寻、解题运算量的估计、解题方向的确定.解析几何的解题方向往往非常明确，但是解题思路及解题计划决定了后续运算量的大小.解决解析几何的定点（或定值）问题时，不妨先利用特殊位置、极限位置猜到结果，然后证明一般情形.先猜后证策略的依据是一般与特殊的关系，是利用必要性解题.这种策略可以回避复杂的计算，体现了方法的灵活性，反映了思维的层次性，能够帮助我们更好地回归问题的本质，更深刻地理解问题.

典例 1　（2022 年全国乙卷理 20）已知椭圆 E 的中心为坐标原点，对称轴为 x 轴、y 轴，且过 $A(0,-2)$，$B\left(\frac{3}{2},-1\right)$两点.

（1）求 E 的方程.

（2）设过点 $P(1,-2)$的直线交 E 于 M，N 两点，过点 M 且平行于 x 轴的直线与线段 AB 交于点 T，点 H 满足 $\overrightarrow{MT}=\overrightarrow{TH}$.求证：直线 HN 过定点.

关键点击　直击靶心

第(1)题不确定椭圆焦点的位置，注意假设方程的形式，第(2)题分直线 MN 的斜率是否存在进行讨论，不存在时，求出定点，存在时代入定点坐标，说明直线经过这个定点即可.

图析路径 思维可视

(1)

$A(0,-2)$
$cx^2+dy^2=1$
$B\left(\frac{3}{2},-1\right)$
$4d=1$
$\frac{9}{4}c+d=1$
$c=\frac{1}{3},d=\frac{1}{4}$
$\frac{x^2}{3}+\frac{y^2}{4}=1$

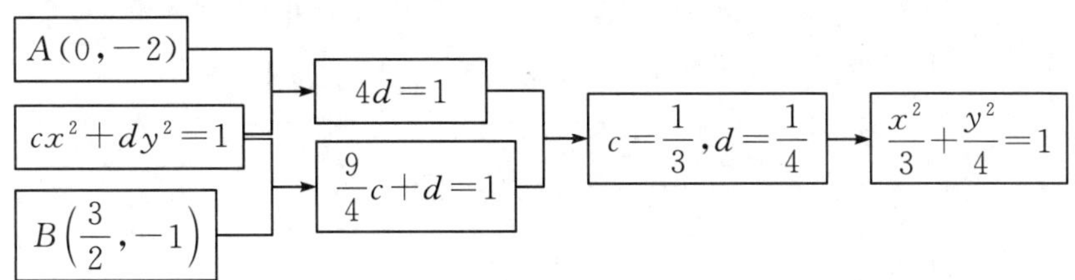

(2)

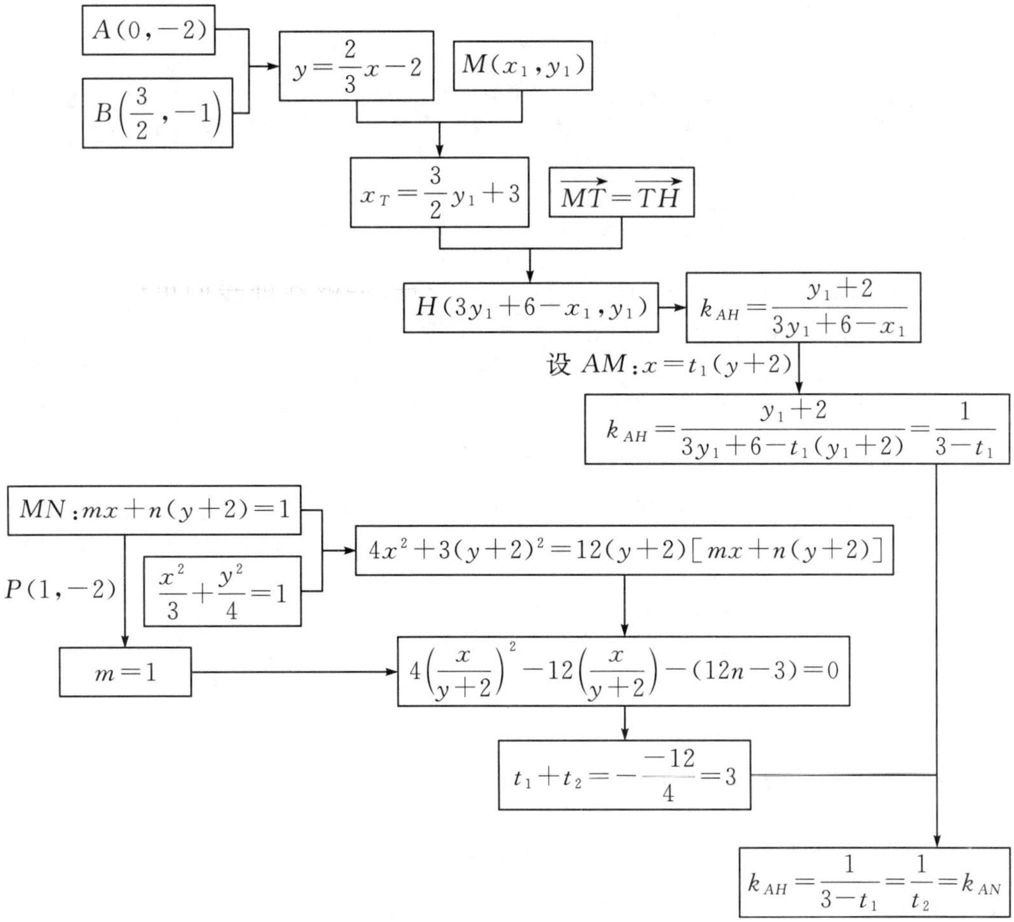

$A(0,-2)$
$B\left(\frac{3}{2},-1\right)$
$y=\frac{2}{3}x-2$
$M(x_1,y_1)$
$x_T=\frac{3}{2}y_1+3$
$\overrightarrow{MT}=\overrightarrow{TH}$
$H(3y_1+6-x_1,y_1)$
$k_{AH}=\frac{y_1+2}{3y_1+6-x_1}$
设 $AM:x=t_1(y+2)$
$k_{AH}=\frac{y_1+2}{3y_1+6-t_1(y_1+2)}=\frac{1}{3-t_1}$
$MN:mx+n(y+2)=1$
$P(1,-2)$
$\frac{x^2}{3}+\frac{y^2}{4}=1$
$4x^2+3(y+2)^2=12(y+2)[mx+n(y+2)]$
$m=1$
$4\left(\frac{x}{y+2}\right)^2-12\left(\frac{x}{y+2}\right)-(12n-3)=0$
$t_1+t_2=-\frac{-12}{4}=3$
$k_{AH}=\frac{1}{3-t_1}=\frac{1}{t_2}=k_{AN}$

1. 设 E 的方程为 $cx^2+dy^2=1(c>0,d>0$ 且 $c\neq d)$，将 A,B 两点坐标代入即可求解.

2. 设 $M(x_1,y_1),N(x_2,y_2),AM:x=t_1(y+2),AN:x=t_2(y+2)$，

$MN:mx+n(y+2)=1$，联立$\begin{cases}mx+n(y+2)=1,\\ \dfrac{x^2}{3}+\dfrac{y^2}{4}=1,\end{cases}$ 结合斜率的定义，并齐次化，得到 t_1,t_2 的关系.

3. 用极端位置猜想直线的定点，然后用斜率相等证明.

规范解答　精准示范

解：(1) 设 E 的方程为 $cx^2+dy^2=1(c>0,d>0$ 且 $c\neq d)$. 将 $A(0,-2),B\left(\dfrac{3}{2},-1\right)$两点代入得$\begin{cases}4d=1,\\ \dfrac{9}{4}c+d=1,\end{cases}$解得$\begin{cases}c=\dfrac{1}{3},\\ d=\dfrac{1}{4},\end{cases}$所以 E 的方程为 $\dfrac{x^2}{3}+\dfrac{y^2}{4}=1$.

(2) 证明：因为 $A(0,-2),B\left(\dfrac{3}{2},-1\right)$，所以线段 $AB:y=\dfrac{2}{3}x-2$.

设 $M(x_1,y_1),N(x_2,y_2),T(x_T,y_T)$，直线 $AM:x=t_1(y+2)$，$AN:x=t_2(y+2)$，易知 MN 不过点 A，故可设 $MN:mx+n(y+2)=1$.

若过点 $P(1,-2)$的直线的斜率为 0，此时 M,N,A,H 重合，故猜想直线 HN 过定点$(0,-2)$.

由线段 $AB:y=\dfrac{2}{3}x-2$ 及 $y_T=y_M=y_1$，得 $y_1=\dfrac{2}{3}x_T-2$，所以 $2x_T=3y_1+6$.

因为$\overrightarrow{MT}=\overrightarrow{TH}$，所以 $H(3y_1+6-x_1,y_1)$，所以 $k_{AH}=\dfrac{y_1+2}{3y_1+6-x_1}$.

因为直线 $MN:mx+n(y+2)=1$ 过点 $P(1,-2)$，所以 $m+n(-2+2)=1$，所以 $m=1$.

联立$\begin{cases}mx+n(y+2)=1,\\ \dfrac{x^2}{3}+\dfrac{y^2}{4}=1,\end{cases}$ 得 $4x^2+3(y+2)^2=12(y+2)[mx+n(y+2)]$，化简得 $4\left(\dfrac{x}{y+2}\right)^2-12\left(\dfrac{x}{y+2}\right)-(12n-3)=0$. 因为直线 $AM:x=$

$t_1(y+2)$，AN：$x=t_2(y+2)$，所以 $\frac{x_1}{y_1+2}=t_1$，$\frac{x_2}{y_2+2}=t_2$，所以 $t_1+t_2=-\frac{-12}{4}=3$.

因为 $k_{AH}=\frac{y_1+2}{3y_1+6-x_1}=\frac{y_1+2}{3y_1+6-t_1(y_1+2)}=\frac{1}{3-t_1}=\frac{1}{t_2}=k_{AN}$，所以点 A,H,N 在同一条直线上，可得直线 HN 过定点 $(0,-2)$.

典例 2 （2020 年北京卷 20）已知椭圆 C：$\frac{x^2}{a^2}+\frac{y^2}{b^2}=1$ 过点 $A(-2,-1)$，且 $a=2b$.

（1）求椭圆 C 的方程.

（2）过点 $B(-4,0)$ 的直线 l 交椭圆 C 于点 M,N，直线 MA,NA 分别交直线 $x=-4$ 于点 P,Q.求 $\frac{|PB|}{|BQ|}$ 的值.

关键点击 直击靶心

在求得椭圆的方程后，联立直线与椭圆的方程，然后由直线 MA,NA 的方程确定点 P,Q 的纵坐标，将线段长度的比值转化为纵坐标比值的问题，进一步结合根与系数的关系可证得 $y_P+y_Q=0$，从而可得两线段长度的比值.

图析路径 思维可视

（1）

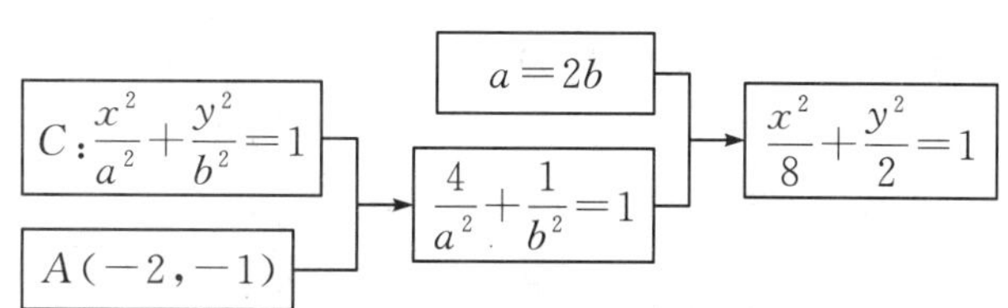

(2) 先找特殊情况，$l:y=0$

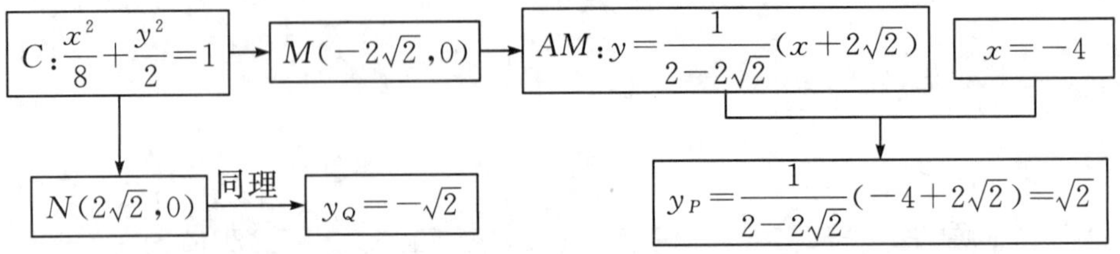

后证：寻找斜率关系

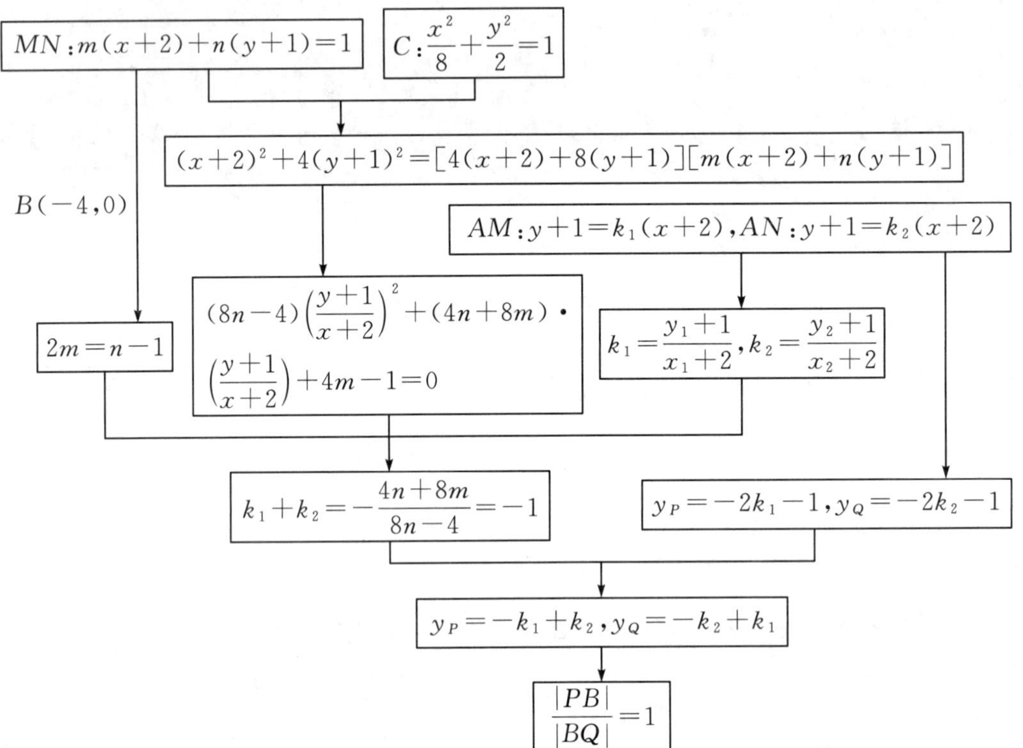

1. 由题意可得$\begin{cases}\frac{4}{a^2}+\frac{1}{b^2}=1,\\ a=2b,\end{cases}$解得$b^2=2,a^2=8$，即可求出椭圆方程.

2. 当直线l与x轴重合时，M,N分别为椭圆C的左、右顶点，可得$|PB|=|BQ|=\sqrt{2}$，所以猜想$\frac{|PB|}{|BQ|}=1$.

3. 设$M(x_1,y_1),N(x_2,y_2),AM:y+1=k_1(x+2),AN:y+1=k_2(x+2),MN:m(x+2)+n(y+1)=1$，联立$\begin{cases}m(x+2)+n(y+1)=1,\\ \frac{x^2}{3}+\frac{y^2}{4}=1,\end{cases}$结合斜率的定义得到$k_1,k_2$的关系，进而求出$\frac{|PB|}{|BQ|}$.

规范解答 精准示范

解：(1) 椭圆 C：$\frac{x^2}{a^2}+\frac{y^2}{b^2}=1$ 过点 $A(-2,-1)$，且 $a=2b$，则 $\begin{cases}\frac{4}{a^2}+\frac{1}{b^2}=1,\\ a=2b,\end{cases}$ 解得 $b^2=2$，$a^2=8$，所以椭圆 C 的方程为 $\frac{x^2}{8}+\frac{y^2}{2}=1$.

(2) 当直线 l 与 x 轴重合时，M，N 分别为椭圆 C 的左、右顶点，不妨设 $M(-2\sqrt{2},0)$，$N(2\sqrt{2},0)$，则直线 AM 的方程是 $y=\frac{1}{2-2\sqrt{2}}(x+2\sqrt{2})$. 令 $x=-4$，得 $y_P=\frac{1}{2-2\sqrt{2}}(-4+2\sqrt{2})=\sqrt{2}$. 同理可得 $y_Q=-\sqrt{2}$，所以 $\frac{|PB|}{|BQ|}=\frac{\sqrt{2}}{\sqrt{2}}=1$.

设 $M(x_1,y_1)$，$N(x_2,y_2)$，直线 AM：$y+1=k_1(x+2)$，AN：$y+1=k_2(x+2)$，易知 MN 不过点 A，故可设 MN：$m(x+2)+n(y+1)=1$.

直线 AM：$y+1=k_1(x+2)$，令 $x=-4$，得 $y_P=-2k_1-1$，同理可得 $y_Q=-2k_2-1$.

因为直线 MN：$m(x+2)+n(y+1)=1$ 过点 $B(-4,0)$，所以 $-2m+n=1$，所以 $2m=n-1$.

联立 $\begin{cases}m(x+2)+n(y+1)=1,\\ \frac{x^2}{8}+\frac{y^2}{2}=1,\end{cases}$ 得 $(x+2)^2+4(y+1)^2=[4(x+2)+8(y+1)][m(x+2)+n(y+1)]$，化简得 $(8n-4)\left(\frac{y+1}{x+2}\right)^2+(4n+8m)\left(\frac{y+1}{x+2}\right)+4m-1=0$.

因为直线 AM：$y+1=k_1(x+2)$，AN：$y+1=k_2(x+2)$，所以 $\frac{y_1+1}{x_1+2}=k_1$，$\frac{y_2+1}{x_2+2}=k_2$，所以 $k_1+k_2=-\frac{4n+8m}{8n-4}=-\frac{4(2m+1)+8m}{8(2m+1)-4}=-1$.

因为 $y_P=-2k_1-1=-2k_1+k_1+k_2=-k_1+k_2$，$y_Q=-2k_2-1=-2k_2+k_1+k_2=-k_2+k_1$，所以 $\frac{|PB|}{|QB|}=\frac{|-k_1+k_2|}{|-k_2+k_1|}=1$.

解后反思 迁移提升

1. 解析几何的运算难点主要包括：方向不够明确，思路受阻；运算量过大且运算能力不足以支持运算到底.选择运算方法、设计运算路径是数学运算素养的核心，解题策略和方法在很大程度上决定了后续计算量的大小.如果能够先根据条件分析结论，找到目标，那么运算策略与方向的选择会变得更具针对性，进而可以降低运算量，提高运算速度.先猜后证是通过结论的特殊化获得一般性结论. 从满足条件的特殊情形入手，找到这个可能的数学对象，以目标结论为运算方向，再通过逻辑推理给出一般性结论的证明.

2. 典例 1 和典例 2 的设计是基于同一个背景.

由定点得到斜率关系：

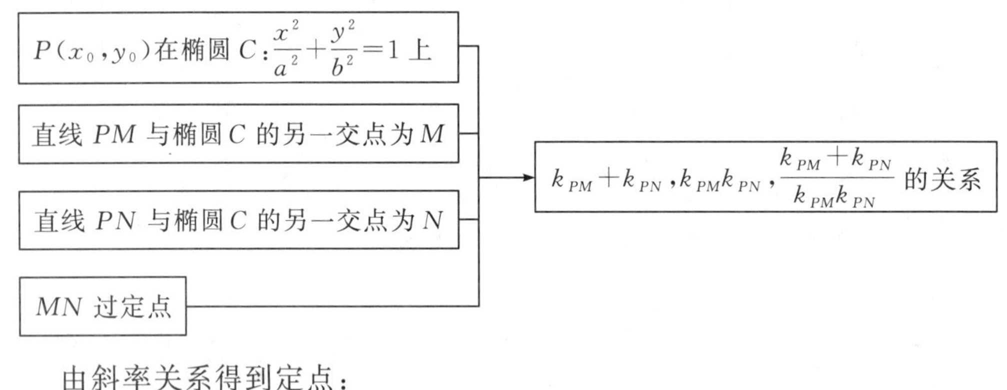

由斜率关系得到定点：

$P(x_0,y_0)$在椭圆 $C:\frac{x^2}{a^2}+\frac{y_2}{b^2}=1$ 上

直线 PM 与椭圆 C 的另一交点为 M

直线 PN 与椭圆 C 的另一交点为 N

$k_{PM}+k_{PN}$，$k_{PM}k_{PN}$，$\frac{k_{PM}+k_{PN}}{k_{PM}k_{PN}}$ 的关系

→ MN 过定点